―心理学への招待―

鈴木 清 編

人間理解の科学

［第2版］

はしがき

　本書は，前著同様，大学の一般教育「心理学」のテキストとして編集したものである。構成そのものはまったく変化がない。

　本書は教科書としてお陰様で，何度か版を重ねさせていただいた。心からお礼申し上げたい。またご採用いただいた先生方の貴重なご意見やご叱正を賜った。参考にさせていただいた。しかし，昨今大学教育における一般教育に対する考え方についていろいろな考えが議論されてきている。本書もその点を踏まえて根本的な改定を考えたが，今回は部分的な改定に止めた。

　したがって，できるだけ広く心理学の領域をおおうという従来の方針を守りながら，改定の重点として，学生諸君に一層学びやすいテキストにするように努めた。そのひとつとして初めて，『グロッサリィ』を付けてみた。その出来上がりは必ずしも素敵だなといえるものではないが，今後一層タームの充実を図っていき，本書の特徴のひとつにしていきたい，と考えている。

　また，読みやすさも追及してみた。前著に比べて，ずいぶん読みやすくなったと思っている。内容的にも前著より一層包括的になっていると考えている。一般教育テキストとしては，前著を凌いでいると自負している。さらに機会を得てさらに充実したテキストにしたいと考えている。先生方の暖かいご支援をお願い申し上げる。

　最後にいつもながらナカニシヤ出版の皆様，とくに宍倉さん，南部さんには編者の怠けぐせのために大変なご迷惑をお掛けした。心からお詫び申し上げる。

　　1995年3月

　　　　　　　　　　　　　　　　　　　　　　　　　　編　者

目　次

はしがき　1

1章　心理学とは何か ─────────────────────── 5
　1　心　と　は　5
　2　心理学の歩み　5

2章　行動の生物学的基礎 ───────────────────── 8
　1　神経生理学的基礎　8
　　(1)脳・神経系の基本的なしくみ　8／　(2)脳・神経系の働き　10
　2　エソロジーの研究からの示唆　13
　　(1)生得性と学習性　13／　(2)動物における初期行動の成立と展開　15／　(3)ヒューマン・エソロジー　17

3章　感覚と知覚 ───────────────────────── 20
　1　感　　覚　20
　　(1)感覚とは何か　20／　(2)感覚の測定　20／　(3)視覚　21／　(4)聴覚　23／　(5)皮膚感覚　24
　2　知　　覚　25
　　(1)知覚の成立　25／　(2)恒常性　26／　(3)空間知覚　27／　(4)運動知覚　30／　(5)知覚者の要因　31／

4章　学習と認知 ───────────────────────── 32
　1　学　　習　32
　　(1)レスポンデント条件づけ　32／　(2)オペラント条件づけ　34
　2　思考と言語　37
　　(1)問題解決　37／　(2)睡眠と夢　40／　(3)創造的思考　42／　(4)言語とは　42／　(5)ヒトの言語獲得過程　43／　(6)思考と言語　45
　3　記憶と情報処理　47
　　(1)記憶の意味と過程　47／　(2)記憶の構造　48／　(3)情報処理システムにおける制御過程　52／　(4)忘却　54

5章　欲求・動機づけ・感情 ─────────────────── 56
　1　欲　求　と　は　56
　　(1)動物の行動　56／　(2)欲求と行動　57／　(3)欲求不満と葛藤　60
　2　動機づけとは　61
　　(1)動機づけと行動　61　　外発的動機づけ　61　　内発的動機づけ　62
　3　感　情　と　は　63
　　(1)感情の定義　63／　(2)感情の表出　64／　(3)情動の理論　64／　(4)情動の発達　65

6章　発　　　達 ───────────────────────── 67
　1　胎児・乳幼児・児童期　67
　　(1)胎生期　67／　(2)乳児期　68／　(3)幼児期　71／　(4)児童期　73
　2　青　年　期　73
　　(1)年齢区分　74／　(2)身体的変化　74／　(3)心理的発達　76／　(4)青年期の不適応行動　77

3　青年期以降の人生　79
　　　　(1)ライフサイクルの考え方　79／　(2)生きがい　81／　(3)知能から英知へ　81

7章　パーソナリティ ―――――――――――――――――――――― 84

　1　個性・パーソナリティ・性格・気質　84
　2　パーソナリティの理解，記述　85
　　　(1)類型的記述（類型論）　85／　(2)特性的記述（特性論）　87
　3　パーソナリティの形成　89
　　　(1)遺伝的要因（生物学的基礎）　89／　(2)環境的要因（文化社会的要因）　89
　4　パーソナリティの測定　90
　　　(1)評定尺度法　91／　(2)質問紙法（パーソナリティ目録法）　91／　(3)作業検査法　92／　(4)投影法　92
　5　パーソナリティ測度の信頼性と妥当性　93

8章　臨床心理と適応への援助 ――――――――――――――――――― 94

　1　臨床心理学の考え方　94
　　　(1)現代社会と臨床心理学　94／　(2)臨床心理学とは　94／　(3)ロジャーズ――クライエント中心療法　95／　(4)フロイト――精神分析　96／　(5)ユング――分析心理学　98／　(5)アドラー――個人心理学　99
　2　適応への援助：カウンセリング・心理療法　100
　　　(1)臨床心理学的援助：カウンセリング・心理療法　100／　(2)具体的な援助方法　102／　(3)さまざまな心理療法　105／　(4)カウンセラー・心理療法家が行うこと　106／　(5)カウンセリングの地域での広がり　106

9章　社　会　行　動 ―――――――――――――――――――――― 109

　1　対　人　行　動　109
　　　(1)対人認知　109／　(2)対人魅力　110／　(3)対人距離　112／　(4)個人に対する説得　112
　2　集　団　過　程　113
　　　(1)個人と集団　113／　(2)集団過程　114／　(3)集団規範と同調　114／　(4)社会的影響の類型　116／　(5)社会的勢力と影響過程　117　(6)リーダーシップ　117
　3　社　会　的　現　象　118
　　　(1)社会的態度　118／　(2)群集行動　123／　(3)流言　125／　(4)宣伝　126／　(5)流行　127／　(6)一般大衆への説得　128

引　用　文　献　129
グロッサリィ（用語解説）　139
索　　　　引　157

1章
心理学とは何か

1　心　と　は

　心理学のことを英語で Psychology（サイコロジー）というが，これはギリシャ語で心を意味する psyche（プシヘ）と学問を意味する logos（ロゴス）から由来する。したがって字義通りには，心理学はこころの学問ということになる。

　それでは，こころとは何であろうか。広辞苑（第4版）によると，「禽獣などの臓腑のすがたを見て，コル（凝）またはココルといったのが語源か。転じて，人間の内臓の通称となり，更に精神の意味に進んだ」とある。どうもはっきりしないが，こころとは，本来は体の内部にあるものを指しているようである。

　こころを肉体と対立的にとらえたり，こころを肉体とは別な実体としてとらえたりする考え方は，今日でも通俗的には広く行われている。すなわち，こころの現象を神秘的にとらえようとしたり，物理的な因果関係を無視したり否定したりする考え方である。物質が大変肥大し，ときとしては人間の尊厳をも損ないかねない今日，なんとなく意味ふかく耳をうつ考え方であるが，こうした非科学的なこころの見方を心理学はきっぱりと否定しなければならない。

　現代心理学はこころを体と別な実体とする，肉体とこころの二元性を否定することからスタートしたということができる。

　また心理学の研究範囲は非常に広く，概観することは困難である。いわんや，1年間や半年で現代心理学の全貌を把握することは不可能というべきであろう。心理学の立場や視点は，実に多様である。人間行動の計量的な研究もあれば，動物の行動を分析する研究もある。概して今日の心理学の研究は，自然科学的な観点が主力をなしているが，まったく視点を異にした文学的な観点もまったくないわけではない。こうした相互に矛盾しあうような立場のものが，同じ心理学という名称で存在しているのが恐らく今日の心理学の実情であろう。しかし，少なくとも私たちは心理学の研究が科学的な視点を失うことなく続けられていることを強調しておきたい。こうした科学的な心理学の歩みをまず概観してみることにしよう。

2　心理学の歩み

　多くの学問がそうであるように，心理学もまた，ルーツをギリシャのアリストテレス（Aristoteles 前384～322）にまでさかのぼれる。アリストテレスは，『霊魂論』（デ・アニマ）の中で，こころを生物の諸能力の原理として，機能の面で3つの営みとしてとらえる。まず栄養的，感覚的，運動可能的，思考的という働きが見られる。植物には，栄養的能力，動物には感覚的能力，運動能力の2つが，そして，思考能力は人間にのみ加わるものである。思考能力としての理性（nous）を受動的と能動的に分けたのは有名である[1]。

　以来久しい間心理学は，哲学の一部門として歩み続けてきた。しかし，16世紀以来自然科学の急速な発展は，心に対するアプローチの方法に大きな変革のきっかけを与えることになった。フランシス・ベーコン（Bacon, Francis 1561～1626）は，アリストテレスに反対し，経験科

学と帰納法を提唱した。また，デカルト（Descartes, René 1590〜1650）は，二元論の立場には立っていたが，反射の概念を明らかにし，思惟の重要性を説いた。

またドイツ啓蒙主義の哲学者で能力心理学の提唱者であるウォルフ（Wolff, Christian von 1679〜1754）が1734年に書名に心理学（Psychologia）という名称を初めて使用した。科学的な心の認識に道を開いたのは，英国の経験論の一連の哲学者たちを逸することはできない。彼らの業績は，連合の考え方を強調し，実証の重要性を力説し，学習心理学の根本的な考え方に大きな影響を与えたということができるであろう。

17—19世紀は，心理学を生み出す関連諸科学が大きく発展した。生理学や解剖学における血液循環や脳機能の局在などの新しい発見，および生物学における進化論の確立，また社会統計の発展などは，心理学の科学的研究へ準備を整え，二元論の克服への道を用意しつつあった。

以上のような哲学や思想，および諸科学の発達を基礎として，心理学の科学的研究の幕が切って落とされたのである。それはまず，感覚の計量的研究から始まった。ウェーバー（Weber, Ernst Heinrich 1795〜1878）による閾値の測定やフェヒナー（Fechner, Gustav Theodor 1801〜1887）の精神物理学の創設である（3章1．感覚　参照）。そして，1879年ヴント（Wundt, Wilhelm 1832〜1920）によってライプチッヒ大学に心理学実験室が創設され，全世界から新しい心理学を学ぼうとする人たちが集まった。かくして，ヴントの心理学はアカデミックな心理学を支配した。

ヴントの実験心理学の特徴として，①意識内容の心理学，②実験内観法，③要素主義，の3つをあげることができる。こうした特徴に対する批判が20世紀心理学の主要な流れを形成しているといえるであろう。

また当時ヴントに対する有名な批判者であり，また現代心理学に大きな影響を与えている学者に，オーストリアのブレンターノ（Brentano, Franz 1838〜1917）がある。彼は意識内容よりもその活動性を強調して「作用心理学」を主張し，高次な精神機能について研究を行い，また優れた研究者集団を形成した。

ブレンターノの門下のエーレンフェルス（Ehrenfels, Christian von 1859〜1923）は形態質の概念を生み出した。さらにそれが，ヴェルトハイマー（Wertheimer, Max 1880〜1934），コフカ（Koffka, Kurt 1886〜1941），ケーラー（Köhler, Wolfgang 1887〜1967）によるゲシュタルト（Gestalt）心理学の創設にいたっている（3章2．知覚　参照）。

また心理学者ではないが，フロイト（Freud, Sigmund 1856〜1939）は，神経症の治療実践の中から精神分析（Psychoanalysis）の理論と技法を開発した。それは，人間の行動に及ぼす無意識の重要性を認識したものである（8章1．(3)フロイト　参照）。精神分析の治療者や研究者の組織として1903年，彼はウィーン精神分析協会を設立した。しかし，有力な共同研究者であったユング（Jung, Carl 1875〜1961）や，アドラー（Adler, Alfred 1870〜1937）らがフロイトから離れて，フロイトを中心とする精神分析とは別な学派を形成することになったが，無意識の重要性を強調する心理学の流れを生み出すことになった（8章1．(4)ユング，(5)アドラー　参照）。そして，現代臨床心理学に重要な貢献を果たしている。

アメリカにおいては，ヴントのもとで学んだ人たちが各地の大学に心理学実験室を創設し，科学的心理学の基礎を築き，今日の心理学の隆盛をもたらすことになった。1882年にキャッテル（Cattell, James McKeen 1860〜1944）は，ペンシルヴァニア大学から世界で最初の心理学の教授に任命されている。またアメリカにおいてはヴントの心理学とは異なったアメリカ独自の心理学の歩みがある。ジェームズ（James, William 1842〜1910）は，1890年に現代心理学の歴史上重要な意義をもつ『心理学原理』を出版した。またおそらく世界でもっとも早く心理学の実験室を創設している[2]。またエンジェル（Angell, James Rowland 1869〜1949）は，ヴントやその一派の心理学に反対し，機能主義の心理学をうちたて，現代心理学に重要な影響を

与えている。

　しかし，今日の心理学に決定的な影響を与えたのは，ワトソン（Watson, John Broadus 1878～1958）であろう。彼のラディカルな行動主義は，修正をうけるにいたるが，客観的な心理学を主張し，「心理学を行動の科学」に転換させた（4章　学習と認知参照）。行動の科学としての心理学は，「心なき心理学」という批判をあびたが，心理学を哲学から決定的に独立させる事になった。

　以上のように現代心理学は，今世紀にいたり重要な発展をとげてきた。そして今また転機を迎えつつある。その一つの波はいわゆる「認知革命」といわれるものである（4章3．記憶と情報処理参照）。それはある意味では意識の復権，内観法の再評価といいうるものであろう。

　今一つは，「人間性心理学」といわれるものである。これは臨床心理学から生まれてきた。マズロー（Maslow, Abraham H. 1908～1970）や，ロジャーズ（Rogers, Carl Ransom 1902～1987）によって提唱されたものである。またそれを発展させたものに，東洋思想との結び付きや宗教との接点を求めるトランスパーソナル（transpersonal）な心理学も新しい考え方として注目を集めている。こうした心理学の新しい潮流が，科学として心理学の中に定着するかどうかは未定であるが，心理学の未来を展望するにあたってきわめて興味深いものがある。

---

1)　ブリタニカ国際大百科辞典
2)　梅本堯夫・大山　正　1994　心理学史への招待　サイエンス社

2章
行動の生物学的基礎

1 神経生理学的基礎

　喜びや悲しみの経験には明瞭な心身の変化が観察される。身体の不調時には気分は優れないであろうし、ストレスによる不快感は身体の不適応症状を生じる場合がある。また事故によるけがや腫瘍などのために脳の特定の部位に損傷を受けると言葉や感情の働きに障害が生ずる。行動の理解はその神経生理学的基礎を知ることによってより深められる。本節では脳・神経系の基本的しくみとその働きについて概観する。

(1) 脳・神経系の基本的なしくみ

　1) 神経系とニューロン　神経系はニューロン（neuron・神経細胞）を中心にグリア細胞や血管系が加わってまとまりをなしている。神経系は脳および脊髄とからなる**中枢神経系**と中枢への連絡路である**末梢神経系**とに分けられる（図2-1）。中枢神経系は生活体の適応に必要なさまざまな機能の中枢であり、末梢神経系は中枢と身体の各部位との連絡の役割を受けもっている。環境からの刺激は末梢神経系を経由して中枢神経系に伝えられ、そこで分析、解釈、統合されて再度、末梢神経系に送り出され、反応や行動となる。中枢神経系にはニューロンが集まっていて灰白色に見える部分と、神経線維だけでできていて白色に見える部分とがあり、それぞれ灰白質、白質と呼んでいる。小脳と大脳では表面のほとんどが灰白質でできていて、これを皮質と呼んでいる。末梢神経系は脳・脊髄神経（体性神経）と自律神経（図2-2）より構成されている。脳・脊髄神経の働きは姿勢保持反射、防御反射などの反射活動を営み、一方、自律神経系は内臓器官の統御と調節を行い、生活体内の状態を恒常に保ち、安定させる働きをしている。自律神経には交感神経と副交感神経とがあり、その働きは相互に異なり、たとえば、交感神経は肝臓からのグリコーゲンの分解を促し、瞳を大きくさせる。副交感神経はグリコーゲンを合成し、瞳を小さくさせる。このように拮抗的な働きをしている。

　中枢神経系と末梢神経系を構成している基礎となるものがニューロンである（図2-3）。ニューロンの活動は毎秒数ミリメートルから100メートル程度の速さで**全か無**（all or none）の作用で情報を伝える。ニューロンの軸索から他のニューロンの樹状突起に情報を送る。ニューロン間の接点をシナプスと呼び、わずかな透き間があり、この間はノルアドレナリン、ドーパミン、セロトニン、アセチルコリンなどの神経伝達物質により情報が伝えられる。シナプスを介してできあがるニューロン間のネットワークと神経伝達物質の受け渡しがさまざまな反応・行動の基礎となっている。

　2) 脳　脳は毛細血管に富み、物質代謝がきわめて盛んであり、脳の重さは体重の約40分の1にすぎないのに酸素の消費量は全身の5分の1を占めている。脳でもっとも高度な統合作用を営むのが**大脳皮質**である（図2-4）。大脳皮質はニューロンよりなる灰白質でできていて、その厚さは2〜4 mm、表面積は 2,200 cm²、約 100〜140 億個のニューロンとその5倍以上のグリア細胞よりなる。グリア細胞は神経系の機能を支え、血管とニューロンとを結んで栄養の供給と異物の脳内侵入を防ぐ作用をしており、排泄を行い、軸索の絶縁性を高める働き

- 神経系
  - 中枢神経系
    - 脳
      - 大脳
        - 前脳
          - 終脳
            - 外　套
              - 大脳皮質
              - 大脳髄質
            - 嗅　脳
          - 間脳
            - 視床脳
            - 視床下部
        - 中脳
          - 大脳脚
          - 蓋　板
      - 菱　脳
        - 後脳
          - 小　脳
          - 橋
        - 延髄
    - 脊髄
      - 頸髄
      - 胸髄
      - 腰髄
      - 仙髄
  - 末梢神経系
    - 脳脊髄神経（体性神経）
      - 脳神経
        - 1　嗅 神 経
        - 2　視 神 経
        - 3　動眼神経
        - 4　滑車神経
        - 5　三叉神経
        - 6　外転神経
        - 7　顔面神経
        - 8　内耳神経
        - 9　舌咽神経
        - 10　迷走神経
        - 11　副 神 経
        - 12　舌下神経
      - 脊髄神経
        - 頸 神 経
        - 胸 神 経
        - 腰 神 経
        - 仙骨神経
        - 尾骨神経
    - 自律神経
      - 交 感 神 経
      - 副交感神経

（視床脳・視床下部・大脳脚・蓋板・小脳・橋：脳　幹（小脳は除く））

図 2-1　神経系の分類

図 2-2　自律神経系の構成（時実，1962）

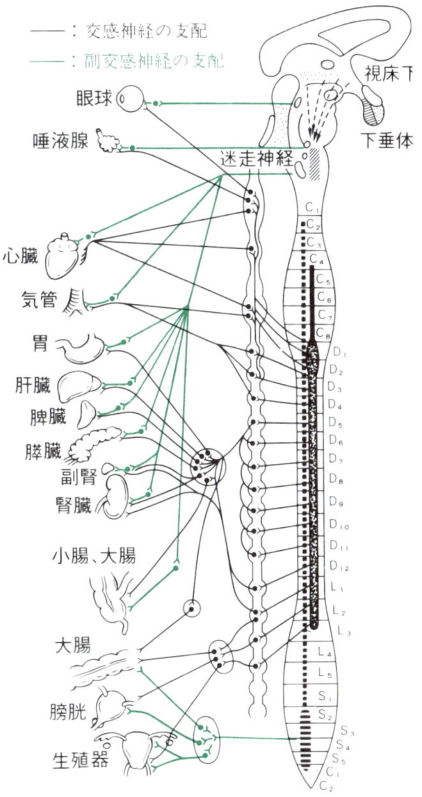

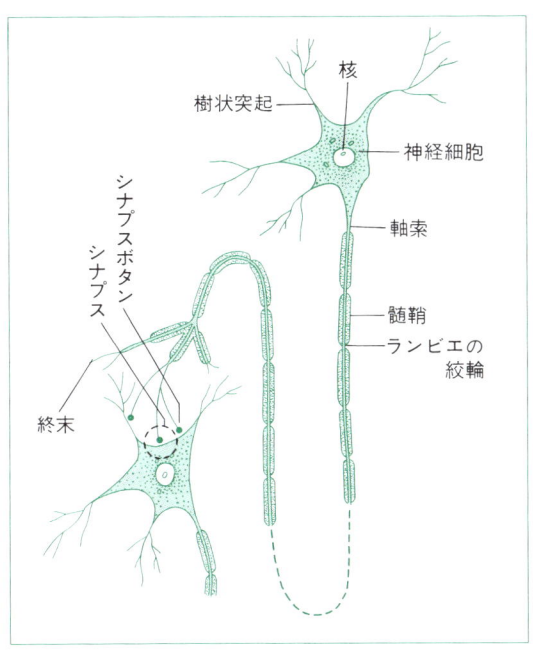

図 2-3　神経細胞とシナプス（塚田，1966）

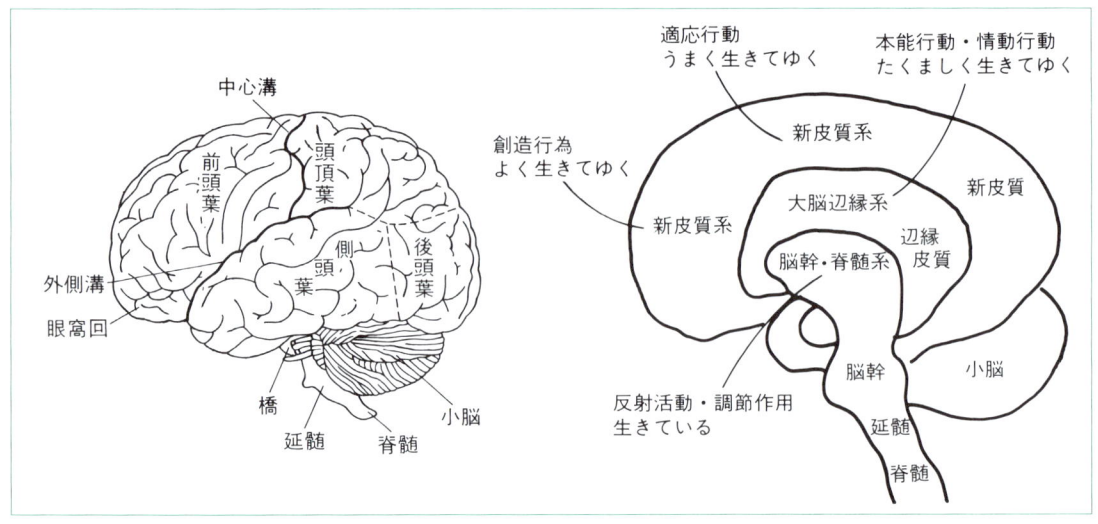

図 2-4 大脳半球の外側面（左）・そのはたらき（右）（時実，1966，1969）

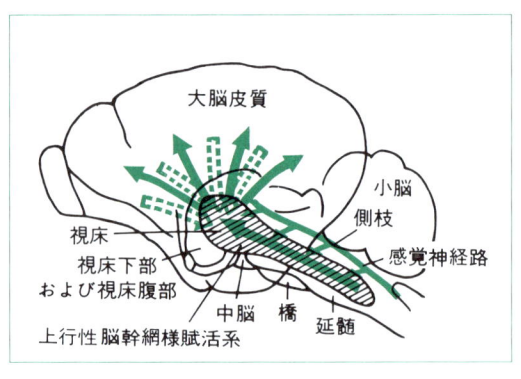

図 2-5 上行性脳幹網様体賦活系（時実，1969）

を行っている。グリア細胞の，異物の脳内侵入を防ぐ機能のことをとくに血液脳関門と呼んでいる。

(2) 脳・神経系の働き

1) 脊　　　髄　　脊髄の主要な役割は脳と受容器・効果器を結ぶ幹線道路と考えてさしつかえない。そのほかに脊髄は簡単な機械的な反射の中枢の役割も果たしており，ひざを軽くたたくと足が伸びるのはよく知られた反射である。これはひざに加えられた刺激が脊髄に伝えられ，ただちに効果器（大腿四頭筋）に連絡されて生ずる脊髄反射である。

2) 脳　　　幹　　延髄，橋，中脳は機能的に連絡しあっているのでまとめて脳幹と呼ばれている（図2-5）。脳幹の腹側には下行性の運動神経路および多くの自律系の神経核中枢が集まっている。感覚器官からの信号は感覚神経路を通り，脳幹部を通過するとき，その一部は視床を介して大脳皮質全体に送られ，大脳皮質の覚醒水準を高める。この経路を上行性脳幹網様賦活系といい，意識状態を一定の水準に保つために重要な働きをしている。また，大脳皮質から網様体への逆の経路もあり，皮質側からの統制も受けている。網様体には皮質の活動水準

を高める働きだけでなく，それを積極的に低下させる抑制の働きもある。

3) 間　脳　　中脳の上部には神経核が密集する間脳があり，視床と視床下部に区分される。この部位は脳幹，小脳と大脳皮質とを結ぶ中継所の役割を果たすとともに，自律神経活動の統合作用を行っていて各神経系器官活動のいわば交通整理機関となっている。視床下部は小指大のものであるが，自律神経系の中心であるとともに，身体内の状態を自律神経系とならび調節している下垂体ホルモンを制御する重要な器官でもある。副腎皮質刺激ホルモン，甲状腺刺激ホルモン，性腺刺激ホルモンの分泌に影響している。間脳をとりまく古皮質，原皮質は系統発生的には新皮質よりも古く，古皮質，原皮質を含めて大脳辺縁系と呼び，情動のバランスや方向性，記憶，本能的行動，自律系の反応などと密接な関連がある。この中でも情動反応は扁桃体と，記憶は海馬と関連があり，視床や視床下部が皮質中枢との中継処理を行っている。

4) 小　脳　　橋，延髄の後方に細かい横じわをもつ小脳がある。小脳の重さは大脳半球の10分の1にすぎないが，表面積は大脳の10分の3にもあたり，広い皮質を有している。しかし，その細胞構成は大脳に比べ単純なものである。小脳は中継核を通じてあらゆる感覚刺激を受け取り，姿勢・運動の中枢と連絡していて，身体活動をより精密なものにしている。

5) 大脳皮質　　心の働きを脳と関連づけて理解しようとする試みはギリシア時代の医学の祖，ヒポクラテス（Hippocrates, 460-377 B. C.）にみられ，思考や快・不快の働きは脳にあることを述べている。プラトン（Plato, 427-347 B. C.）は脊髄や脳に欲求や理性が宿るとした。ガレヌス（Galenus, C. 129-199）は3つの脳室に「精神の気」が含まれ，それが感覚や思考や運動の働きをするものとした。

19世紀初頭になりウィーンの医師ガル（Gall, J. 1758-1824）とその弟子シュプルツハイム（Spruzheim, J. C. 1776-1832）は骨相学（phrenology）を始め，頭蓋骨の隆起・凹凸により

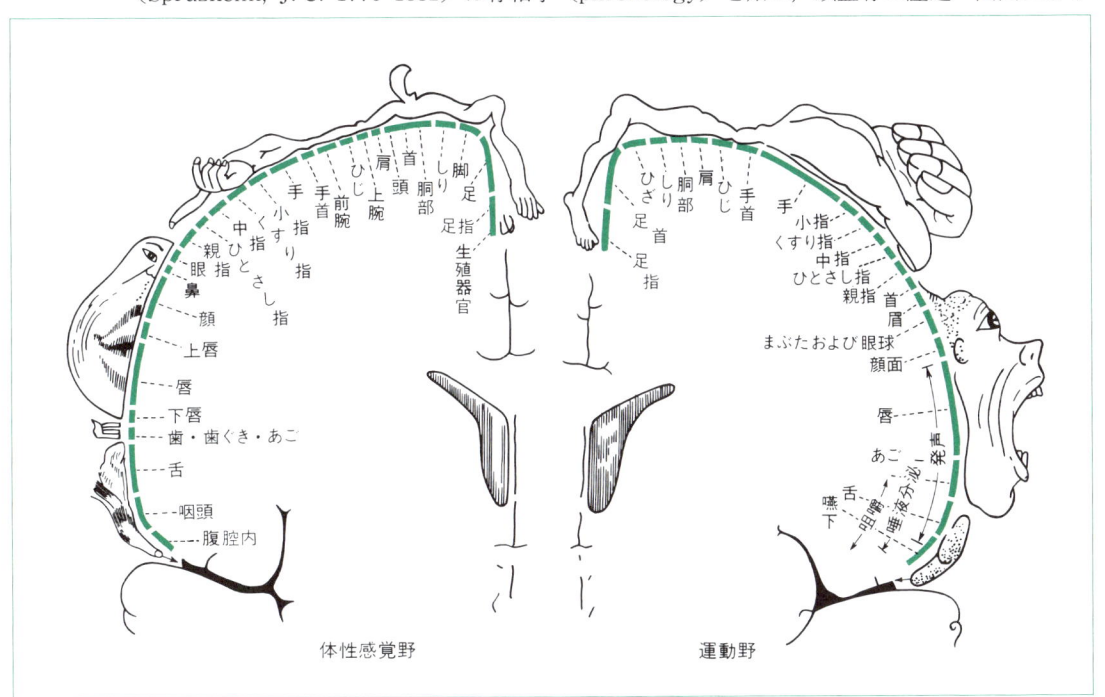

図2-6　体性感覚野と運動野における身体各部の再現を示すペンフィールドによって描かれた模型小人。皮質上に各再現部位が占める大きさは，ある程度実際と比例するように描かれている（Penfield & Rasmussen, 1950）

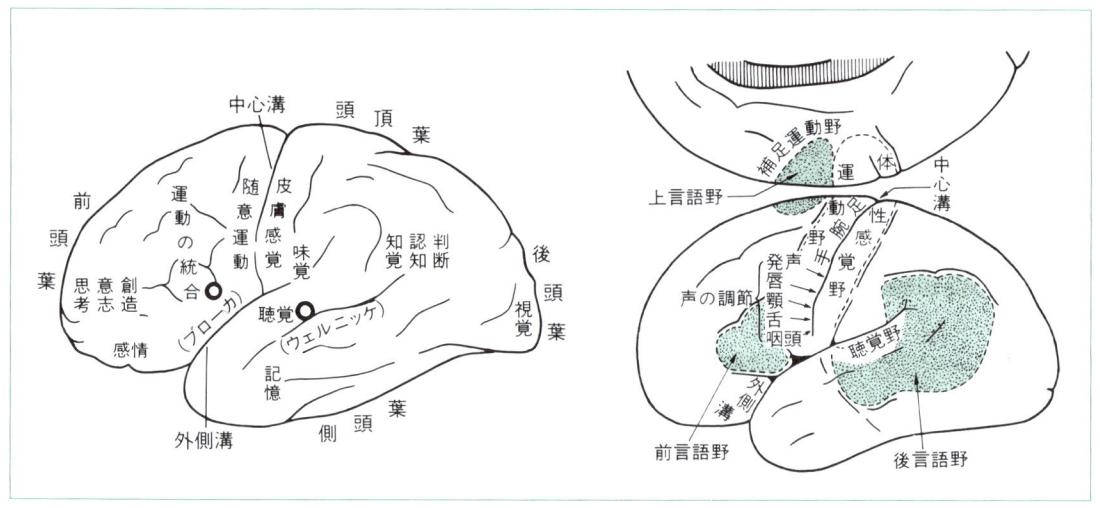

図 2-7 大脳皮質の左半球における機能局在　　図 2-8 左の大脳半球にある言語野
（Penfield & Roberts, 1965）

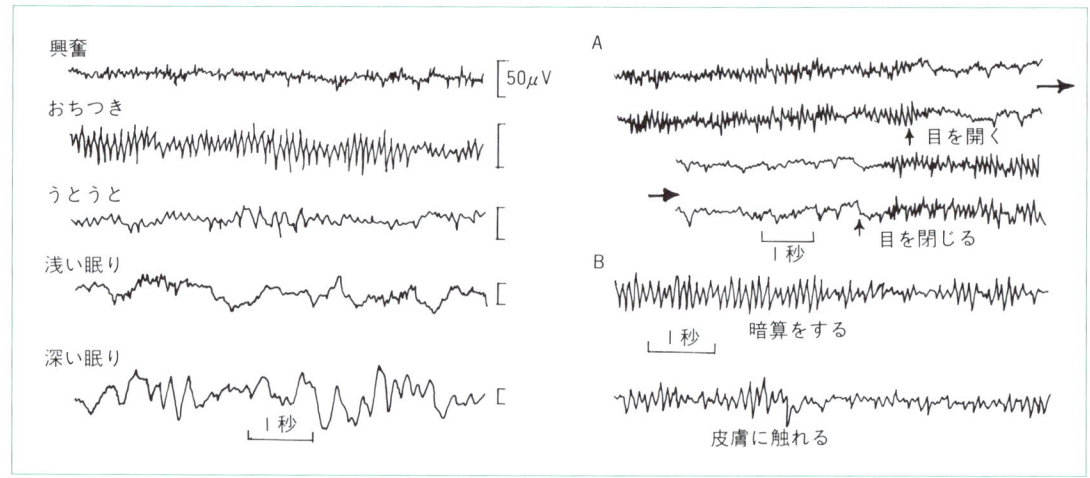

図 2-9 心理的状態と脳波（Jasper, 1941；時実, 1966）

示される頭の部位から性質や能力を推定しようとした。

　脳の特定の部位と心の働きの関連を症例から示したのは外科医ブローカ（Broca, P. P. 1824-1880）であった。患者は右半身に麻痺があり，自発的に話すことや字を書くことができないなど言語の表出面に障害が見られ，大脳の左半球第3前頭回に損傷があった。この病変による失語は運動失語といわれている。さらに，ウェルニッケ（Wernicke, C. 1848-1904）は流暢に話すことはできるが，相手の話すことは理解できないという聴覚的理解に著しい障害が見られることを特徴とする失語症を報告した。原因が大脳の左半球側頭葉第1側回の腫瘍によるとされ，感覚失語と呼ばれている。

　機能局在について大脳皮質と心の働きの関連から，皮質上の地図を最初に表したのはカナダの脳外科学者ペンフィールド（Penfield, W. 1891-1976）らであった。脳の異常分野の外科的切除による焦点性てんかんの治療に際して，後遺症について事前に予測する必要から局所麻酔下で開頭中の患者の大脳皮質に弱い電流を通じながら応答を求め，観察を行った。第4野と呼ばれる領域を電気で刺激すると身体各部の骨格筋の運動が現れることから，一般に運動野と呼

ばれている。皮質運動中枢の配列は大脳半球上に倒立した形で分布しており，口や手に関連した中枢が広い領域を占めている（図2-6）。このことは口や手の部分が細かい運動をするためには多数のニューロンが関係しなければならないことを示している。ペンフィールドらはブローカの中枢およびウェルニッケの中枢（図2-7）を中心にかなり広い領域をそれぞれ前言語野，後言語野と呼び（図2-8），さらに半球の内面，下肢運動野の前方の領域を補足運動野または上言語野とした。

6) 脳の電気活動

脳の電気活動の特徴は環境から明確な刺激がなくても電気活動をたえず起こしていることである。この電位変動は脳細胞集団の自発的活動によっている。この電位変動を縦軸に，時間を横軸として記録したものが脳波である。この脳波はさまざまな意識状態によって変化することから心理現象を分析するうえで重要な研究対象となっている。

脳波は周波数から，β波（14〜30 c/s），α波（8〜13 c/s），θ波（4〜7 c/s），δ波（0.5〜3 c/s）に分類され，目を閉じて落ち着いているときには規則正しいα波が現われる。目を開いたり，暗算をしたりするとβ波に変わる。うとうと眠くなるとθ波になり，深い眠りになるとδ波になる（図2-9）。

脳の電気活動にはこれらの脳波以外に事象関連電位（event-related potential）と呼ばれる陽性電位変動（P 300）や随伴陰性変動（contingent negative variation）などの電位変動がある。

2 エソロジーの研究からの示唆

動物の示すさまざまな行動の中には，動物の形や色と同じように，それぞれの種の特徴をよく表しているものがある。これを「種に特有な行動（species-specific behavior）」という。動物と人の行動を生物学的な見地から研究するエソロジー（ethology，比較行動学）では，自然場面で生活している動物が示す行動を詳細に記録し，さらに，実験的手法も取り入れて，動物が生きていくのに，それぞれの行動がどのような役割を担っているのかを考える。

ここでは，まず，ある魚の繁殖行動を例に取り，「種に特有な行動」の仕組みについて述べ，次に，種に特有な行動を基礎とした発達初期の子と母の関わりを概観してみる。さらに，ヒューマン・エソロジーといわれる，人を対象としたエソロジーの知見を紹介する。

(1) 生得性と学習性

1) トゲウオの繁殖行動

春の到来で，トゲウオのオスは海または淡水の深層から淡水の浅瀬に移り，なわばりを形成し，川底に草で巣を作る。また下腹が赤くなる。この雄はなわばりに近づく同種の雄に対しては闘争を挑み，雌に対しては特有の求愛行動を行なう。トゲウオの雄は何によって，雄と雌を区別して，闘争したり，求愛したりするのであろうか。ティンバーゲン（Tinbergen, N., 1951）は，さまざまな模型を作り，なわばりをもった雄に提示した。形や色を本物に似せて作った模型でも，腹部が赤く塗られていないと，雄は闘争行動を示さなかったが（図2-10のN），本物とは形が似ていなくとも，腹部が赤く塗られた模型に対しては執拗な闘争行動を示した（図2-10のR）。また，Rの模型の上下を逆にすると，雄の闘争行動を解発しなかった。したがって，トゲウオの雄は"下が赤い"という手がかりをもとに闘争を挑んでいることがわかる。この"下が赤い"のように特有の行動を引き起こす刺激を信号刺激（sign stimulus）または解発因（releaser）という。信号刺激は明瞭で目立ちやすく，かつ単純であるという特徴をもつ。さらに，赤い部分が全体のどこにあるのかという刺激位置も重要である。

トゲウオの雄は，膨らんだ白い腹によって雌を認知する。繁殖期の雌は卵をもっているので，

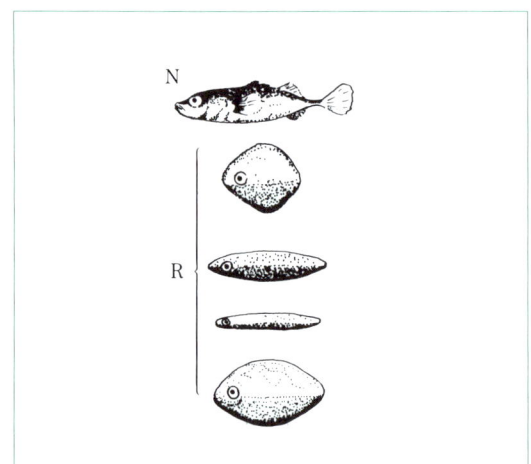

図2-10 トゲウオに闘争行動を起こさせる模型
（Tinbergen, 1951）

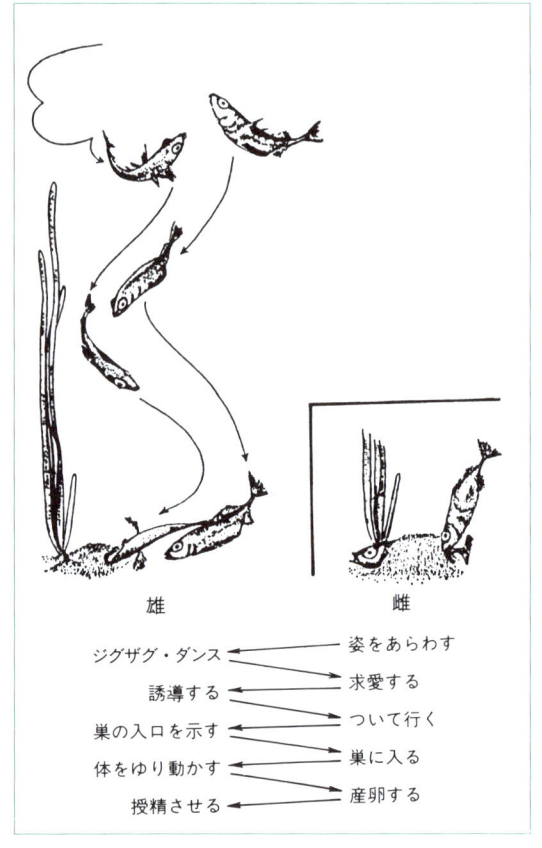

図2-11 トゲウオの求愛行動（Tinbergen, 1951）

腹部が大きくなっているのである。膨らんだ腹をした雌がなわばりに入ってくると，雄は雌に近づいたり遠のいたりするジグザグ・ダンスを行なう。産卵が間もない雌のみがこのダンスに引きつけられて雄に近づく。雄は雌を巣に誘導して入り口を示す。雌が巣に入ると，雄が雌の尾の付け根をつつき，雌が産卵する（図2-11）。このように，定型化したある行動が次の行動の信号刺激となって，行動の連鎖を作ることもある。

　ここで述べたトゲウオの行動は遺伝子に書き込まれた情報に基づいて行なわれており，生まれながらにして持っている行動，すなわち生得的な行動といわれるものである。しかし，行動の多くは，生得的な要素だけで成立するのではない。生まれた後に獲得する要素，すなわち，学習も加わって，行動が成立することがほとんどなのである。次に，このような生得性と学習性の要素がからみ合って，行動が成立している事実を紹介しよう。

　2）リスザルのヘビに対する恐怖反応の起源　　サルの目の前に，突然ヘビが現れたとしよう。ニホンザルならば，即座に跳び退く。キャ・キャと鳴き叫ぶかもしれない。ニホンザルが示したように，多くのサル類はヘビに対して恐怖反応を示す。それでは，この恐怖反応は，生まれながらに持っている特性（生得的，または遺伝的という）なのだろうか，それとも，生まれた後の成長の過程で学習する特性（または，獲得的という）なのだろうか。

　この問題を解くために，南アメリカ原産のリスザルを用いて興味深い実験が行なわれている（Masataka, 1993）。透明のプラスチックの箱の中にヘビを入れて，その箱の上にリスザルの好む果物をのせておく。それから，その透明の箱をリスザルに近づける。もし，リスザルがヘビを恐れるならば，箱の上の果物を取ることができないだろう。他方，ヘビを恐れないのならば，好物の果物を取るだろう。この実験には，①野生育ちのリスザル，②実験室の中で生まれ育ち，エサは果物だけのリスザル，③実験室の中で生まれ，エサには果物だけでなく，「生きた虫」も与えられて育ったリスザルの3つのグループが準備された。

まず，①の野生育ちのリスザルは，好物の果物にまったく手を伸ばさなかった。つまり，箱の中のヘビを恐れて手を伸ばせなかったのである。だが，②の果物だけで育てられた実験室生まれのリスザルは，ためらうことなく果物を取り，食べた。ヘビを恐れなかったのである。さて，③の実験室で生まれたが，果物と「生きた虫」を食べて成長したリスザルでは，野生育ちのサルと同じように，果物を取ろうとはしなかった。

この実験から，ヘビに対する恐怖反応は，多分に生得的なものに依存していることがわかる。つまり，ヘビを見ずに育ったリスザルでも，ヘビを恐れるのである。しかし，「生きた虫」を食べることのなかったリスザルがヘビを恐れなかったことから，ヘビに対する恐怖が完全に生得的なものだけで成立しているのでないことも理解できるだろう。「生きた虫」をつかみ取って，食べることがヘビに対する恐怖反応を解発するのに不可欠だったのである。

野外で成長するリスザルならば，当然「生きた虫」をつかまえて食べているだろう。その経験が，初めて目にしたヘビに対しても恐れを引き起こすと考えられる。一連の実験結果からわかるように，生得的な特性に経験（または，学習）がからみ合って，リスザルのヘビに対する恐怖反応が成立しているのである。

(2) 動物における初期行動の成立と展開

1) 刷り込み

ニワトリ，アヒル，カモなど早成性鳥類の雛は，ふ化後間もない時期に目にした"動くもの"に対して，それがたとえ親鳥でなくて他の鳥やイヌ，人であっても，あと追い反応を示す。ローレンツ（Lorenz, K., 1935）はこの現象を刷り込み（または，インプリンティング，刻印づけ）と呼び，通常の学習にはない次のような特徴を指摘した。①刷り込みは，ふ化後かなり早期のある特定の感受性の高い時期だけに生じる（敏感期の存在）。カモの雛はふ化後13時間から16時間に動くものに対する感受性がもっとも高く，あと追い反応を示すが，30時間を越えると刷り込みの力はほとんどなくなる（Hess, E. H., 1959）。②多数回の練習や経験を必要とせず，特定の刺激状況に置かれたときに，ほとんど一瞬に形成される。③一度できあがると，刷り込みの対象となった特定の個体を，後になってから変更することは困難である（不可逆性）。④性成熟に達した際，動物は刷り込んだ対象と同種の動物に向けて求愛する。たとえば，人を対象として刷り込んだガンは，人に向けて求愛行動を行なう。

自然場面において，ふ化した雛が目にする最初の動くものは通常母鳥である。この母鳥を対象とした刷り込みを行なうことによって，雛の発達初期の生存が可能になり，さらに，性成熟後の同種の鳥との配偶行動ができるのである。

2) 代理母実験

ハーロー（Harlow, H. F., 1959）は，子どもが母に対して示す愛着が学習されるのか，それとも母に本来備わっているある刺激特性がこの愛着を解発するのかを調べるために，アカゲザルを用いた実験を行なった。誕生直後に母ザルから離された子ザルを2種類の母親模型のあるケージに入れて飼育した。母親模型の一つは針金で作ったもの（針金母）で，他方は柔らかく弾力性のある布でおおわれたもの（布母）である。子ザルはどちらか一方の代理母からミルクを飲むことができたのだが，ミルクの有無に関係なく，子ザルは針金母よりも布母を好んだ（図2-12）。この事実から，子ザルが母ザルに対して空腹やのどの渇きをいやしてくれることを求めているのではなく，子ザルが本来的に持つ接触欲求を母に求めていることがわかる。つまり，子ザルにとっては，肌の温もりを与えてくれる存在が愛着を示すべき存在であり，母なのである。

3) 母性的行動

クロッファー（Klopfer, P. H., 1971）によれば，雌のヤギが子ヤギに対して母性行動を行なうためには，分娩後の数分間というわずかな時間がきわめて重要である。分娩後5分経過してから子ヤギを母ヤギから離し，1，2時間経過してから母ヤギに戻すと，母ヤギは直ちに子ヤギを受容し，他のヤギの子どもを絶対に寄せ付けなかった。一方，分娩直

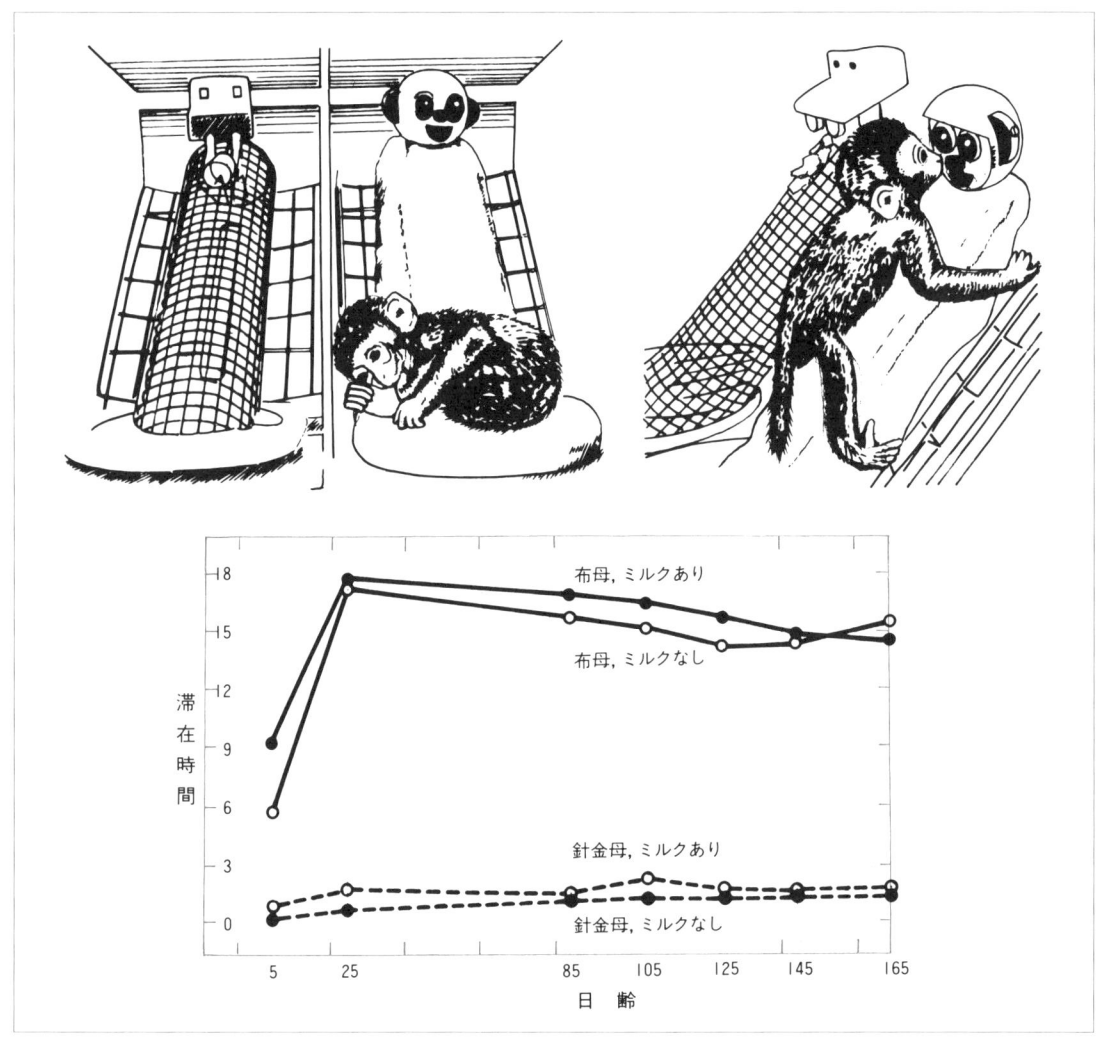

図 2-12 代理母に対するサルの反応 (Harlow, 1959)

後に子ヤギを離して1，2時間後に，母ヤギに戻すと，母ヤギは自分の子ヤギも他の子ヤギも受容しなかった。また，分娩直後の5分間に自分の子ヤギから離されて，他の子ヤギを与えられた母ヤギは，自分の子ヤギではなく与えられた子ヤギに対してのみ母性的行動を示した。

自然の場面では，分娩直後の短い敏感期に母ヤギは子ヤギをなめ，においを覚え，自分の子どもを認知する。こうして，母ヤギがひとたび子ヤギを受容すると，その後も母性的行動を続けるのである。雌のヤギの子宮収縮ホルモンであるオキシトシンの血中濃度は分娩直後では高いが，5分後には低いレベルまで下降する。このような分娩直後に特有の生理的状態によって子ヤギに対しての感受性が高められた母ヤギは，この時期に一緒にいる子ヤギのみを受容することができるのである。

アカゲザルやカニクイザルでも分娩後1，2週間以内であれば，雌は他の子どもを育てるだけでなく (Cho, F. et al., 1986)，子ネコに対しても抱き続けようとする (Harlow, H. F. et al., 1963)。これらのことから，サル類においても子育てに対する感受性の強い時期（敏感期）が存在することがわかる。また，健常な子ザルは誕生直後から母ザルの胸にしがみつくことができるのだが，生まれたときから，指がなかったり，手がない先天性四肢奇形の子ザルは母ザ

ルにしがみつくことができない。しかし，母ザルはそのような身体的なハンディキャップをもった子ザルに対しても十分な母性的行動を示す（Nakamichi, M. et al., 1983）。これらの事実から，子ザルのしがみつき行動が母性的行動を引き起こすのに不可欠な刺激でないこともわかる。さらに，一度敏感期に特定の子どもとの特別な絆をきずいた後は，母ザルは子ザルからの特定の信号刺激に解発されて母性的行動を続けるのではなく，「自分の子ども」として認知された存在そのものが持続的な母性的行動を保証しているのである。

(3) ヒューマン・エソロジー

1) 人の新生児の行動　従来，人の子どもは生まれたとき，乳首を探す口唇探索反射や手掌に触れたものに対して指を曲げて握ろうとする把握反射などの能力を持ってはいても，本質的に無力な存在であると考えられてきた。しかし，近年の研究は出生直後の新生児でさえ外界からの刺激の単なる受動者ではなく，外界に積極的に働きかける能動的存在であることも明らかにしつつある。

新生児の顔の前で，舌を出す，口を大きく開ける，口を突き出すなどをすると，それを見た新生児も同じことをする（Meltzoff, A. N., & Morre, M. K., 1977）。さらに，「喜び」，「悲しみ」，「驚き」の表情に対しても，生後36時間以内の新生児が識別して模倣する（図2-13, Field, T. M. et al., 1982）。これを共鳴動作（coaction）という。

新生児は人の顔を凝視する傾向がある。ファンツ（Fantz, R. L., 1961）は，図2-14に示された①人の顔，②人の顔の要素が無秩序に配置された図形，③白黒の面積比率が①，②と同一の図形のそれぞれを新生児に呈示した。新生児の凝視時間がもっとも長かったのは，人の顔の図形に対してであった。つまり，生まれて間もない新生児でも人の顔を好み，引き付けられるのである。

コンドンとサンダー（Condon, W. S., & Sander, L., 1974）は生後1，2日の新生児が人の言葉に合わせて，手足を微妙に運動させること（相互作用の同期現象；interactional synchrony）を指摘した。新生児に①英語の会話，②母音の連続音，③物をたたく規則的な音，④中国語の会話のそれぞれの再生音を聞かせ，さらに，⑤直接話しかけることもした。新生児は①，④，⑤の人の会話に対してはリズミカルに音節に同期して手足を動かしたが，②と③に対してはそのようなリズミカルな動きをしなかった。これらの結果は，新生児と話し手との間にコミュニケーションが成立することを意味している。会話を交わしている2人を撮影して分析すると，聞き手が話し手の動きと言葉の調子

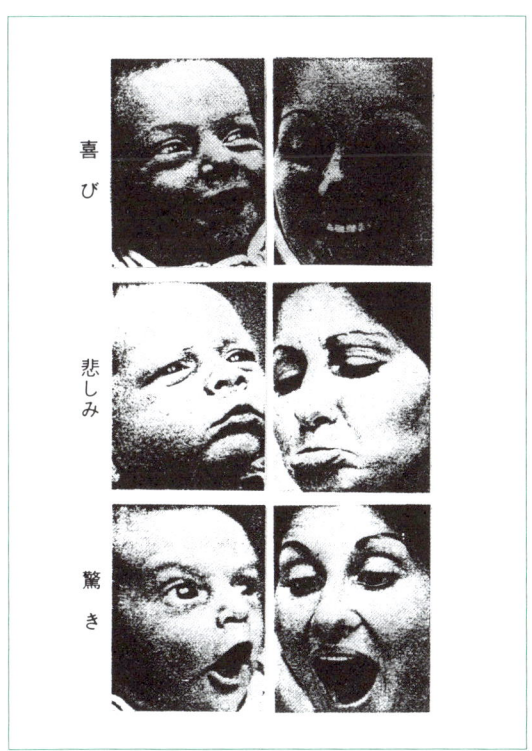

図2-13　新生児の共鳴動作（Field et al., 1982）

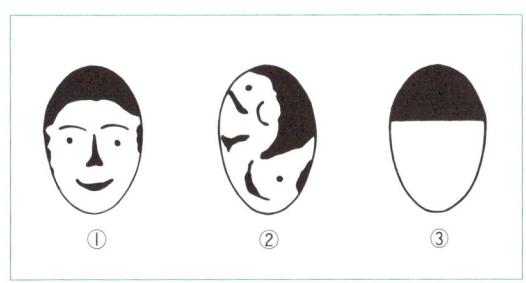

図2-14　人の顔に対する新生児の凝視（Fantz, 1961）

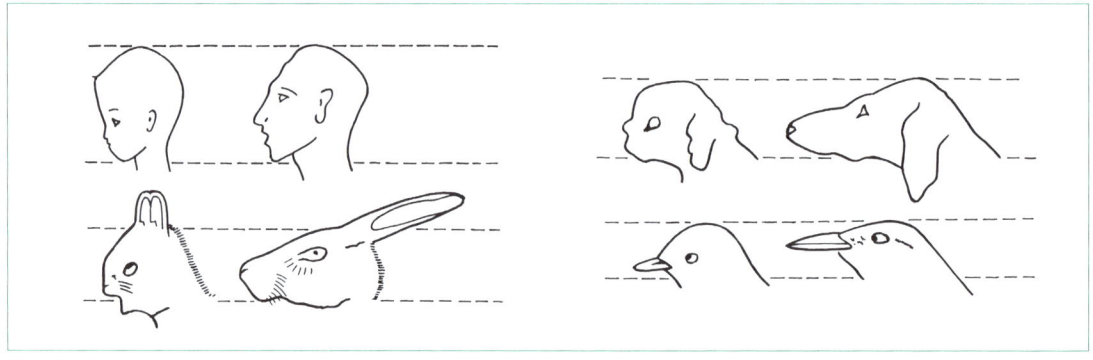

図 2-15 「かわいらしさ」を感じさせる信号刺激 (Lorenz, 1943)

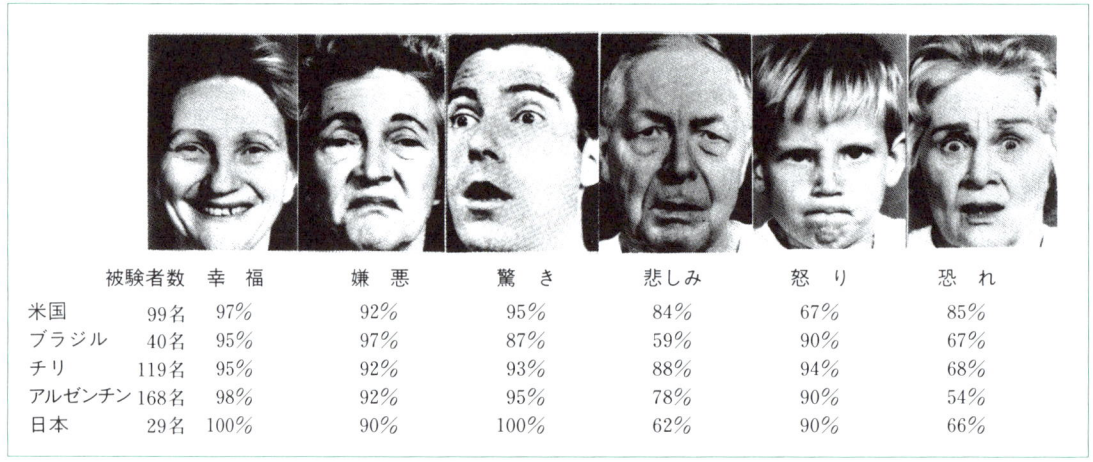

	被験者数	幸福	嫌悪	驚き	悲しみ	怒り	恐れ
米国	99名	97%	92%	95%	84%	67%	85%
ブラジル	40名	95%	97%	87%	59%	90%	67%
チリ	119名	95%	92%	93%	88%	94%	68%
アルゼンチン	168名	98%	92%	95%	78%	90%	54%
日本	29名	100%	90%	100%	62%	90%	66%

図 2-16 「異文化間」での表情判断の一致度 (Ekman, 1973)

に合わせて無意識のうちに体を動かしているのがわかる。これと同じことが新生児と話し手の間に起こるのである。中国語の会話にも英語の会話にも同じように反応したことから，新生児が言葉の意味を理解していないことは当然のことだが，新生児は話し言葉がもつリズムを受信しているだけでなく，そのリズムに同期した身体運動をして話し手に語りかけているのである。

新生児がもつさまざまな能力に対して母親も積極的に対応する (Klaus, M. H., & Kennell, L., 1976)。出産後数分から数時間後に，裸のままの子供を母親の横に寝かせると，たいていの母親は一定のパターンで子どもに触れる。最初は指先で子どもの手足に触れ，徐々に手掌全体で軀幹をなではじめる。この時に，母親は子どもと目と目を見合わせるようにする。これは子どもが顔に引き付けられるという形態選択性を備えていることに適合している。さらに，母親は普通よりも調子の高い声で子どもに語りかける。これも子どもが高周波数領域に感受性の高い聴覚をもっていることに適合している。

このように，人の子どもは生まれたときからヒトという種に特有な行動を行ない，これらを用いて周囲の人，とりわけ母親と積極的に関わることが可能な社会的存在であるといえる。さらに，このような子どもの能動性が母性行動をより一層解発すると考えられる。

2) **幼児図式** 多くの幼鳥や哺乳類の幼体の顔は成体よりも丸く，おおむね顔のまん中よりも下に大きな目がついている（図 2-15）。また幼鳥や幼体の体つきは全体として丸みをおびており，動作も不安定である。このような特徴を幼児図式といい，われわれが動物の赤ん坊を見たとき，"かわいらしい"と感じさせる信号刺激であり，それぞれの親を赤ん坊に引き付

け，逆に，赤ん坊に対しての攻撃行動を抑制する信号刺激でもある（Lorenz, K., 1943）。

　ディズニー映画に登場する動物や，マンガに描かれている人，動物のぬいぐるみなどは，極端に幼児的な特性をもち，一層のかわいらしさをわれわれに感じさせ，それらを見たり，手にしたりする人々にとっては抵抗できないものとなっている。

3) 表情の伝達　イヌが尾を立て，ピンと立てた耳をやや前方に向け，そして相手を凝視しているとき，このイヌが相手を威嚇していることがわかる。このように，動物はそのときどきの情動に対応した表情や姿勢を種に特有な様式で行ない，かつ，その行動様式が信号刺激となり相手に伝達される。動物と同様に，人の表情や行動の中にも，特定の情動と結びついた種に特有な行動の存在が予想される。

　エクマン（Ekman, P., 1973）は特定の情動が特定の表情と結びついており，文化による差異がほとんどないことを明らかにした。図2-16に示された表情写真をアメリカ人，ブラジル人，チリ人，アルゼンチン人，日本人の5つの異なる文化に属する人に見せて，写真の表情がどのような情動を表しているかをたずねた。どの写真についても，文化の違いに関係なく多くの人が同一の情動を指摘した。たとえば，「幸福」を表すとエクマンが期待した写真にはほぼ全部の人が「幸福」の情動を指摘したのである。これらの事実は，ある種の表情がある特定の情動と結びついた種に特有の行動であることを物語っている。

3章
感 覚 と 知 覚

1　感　　覚

(1) 感覚とは何か

　ユクスキュルとクリサート（Uexküll, J. J. V. & Kriszat, G. 1970）によると「主体が知覚するすべてのものが知覚世界となり，主体の行うすべてがその作用世界となる。そしてこの2つが共同でまとまりのある環境世界を作り上げる」。この環境世界がわれわれの世界なのである。

　1) 感覚とは　環境を認知する機能を知覚というが，知覚が成立する生理的な機構として，感覚器官，求心性神経系，それに感覚中枢をあげることができ，これらは総称して感覚系という。感覚系はほかの感覚中枢や運動系などと複雑な連絡をもっていて決して独立したものとはいえないが，仮に感覚系のみの興奮に規定される知覚の部分があると仮定すれば，これを感覚と名づけることができる（苧阪, 1976）。

　感覚器官は，それぞれ光線や音波など，この世界の中のある種のエネルギー（刺激）に応答し，そのエネルギーを感覚情報として神経系のエネルギーに変換するインターフェイスの機能をもつ。知覚過程は，これら感覚情報をそのほかの情報とともに用いて，外界で何が生じているのかを推定する。このように感覚は知覚過程の一部であって，感覚受容器の受けた刺激による興奮が複雑な中枢的処理を受けて加工される前の主体的経験やその過程をいう。したがって感覚には，過去経験や情意などの機能は入りにくい。

　2) 適当刺激と不適当刺激　ある感覚器官は，ある特定の刺激に対してだけ応答をするようにできている。眼に対する光線，耳に対する音波がそれであり，このような刺激は適当刺激といわれる。しかしほかの種類の刺激からも同じ感覚を生じさせることがないわけではない。頭をぶっつけて「目から火が出た」と感じることがあるし，瞼の上を指で押さえるとある種の光覚を感じる。このような衝撃や圧力は視覚に関して不適当刺激である。しかしこの場合も視覚器官は，衝撃や圧力に対して痛覚や圧覚ではなく光覚を生じ，特定の感覚器官は特定の感覚しか起こさない。ミューラー（Müller, G. E., 1926）はこの現象を，感覚神経に関する特殊エネルギーの法則と名づけた。

　3) 感覚の分類　感覚は器官の種類にしたがって，視覚，聴覚，味覚，嗅覚，皮膚感覚，運動感覚，平衡感覚，内臓感覚の8種類に分類され，皮膚感覚はさらに圧覚，温覚・冷覚，痛覚に分けられる。この分類は必ずしも一定しているわけではなく，視覚，聴覚，嗅覚，味覚以外の感覚を総称して身体感覚という場合もある。感覚相互の間に連続性は考えられないので，これらは様相（modality）といわれる。本章では，視覚，聴覚それに皮膚感覚の様相を取りあげることにする。

(2) 感覚の測定

　われわれが光を感じるにはどれほどのエネルギーが必要であり，音を感じるにはどれほどの音波が必要なのであろうか。**精神物理学**は，この感覚とそのもとになる刺激の特性との間にどのような関係があるのかを問題にする。前述したように，ある感覚器官はある特定刺激にのみ

反応しその刺激を適当刺激というが，適当刺激であっても刺激の強さによっては知覚を生じない場合もある。暗室の中で弱い光のビームを照射し，「光が見える」と被験者が答えるまで光の強さを少しずつ増大させる，または，まず強い光を照射して「光が見えない」と答えるまで光を少しずつ弱める手続きを繰り返す。この刺激量が弱くて知覚されるかされないか，あるいは知覚される刺激の有無の境目を刺激閾あるいは絶対閾といい，逆に刺激量が多すぎて感覚の限界に達した境目を刺激頂という。

絶対閾に対して，二つの刺激量の違いがわかるか否かの境目は弁別閾，あるいは丁度可知差異（jnd）といわれる。これは暗室中にいる人が，「この光は前に見た光よりも明るい」というためには光をどれだけ明るくしなければいけないか，あるいは「前とは違う」というまでには光の強さをどれだけ増大させなければならないかを示す値である。この値は刺激の強さによって異なり，弱い刺激の場合にはわずかな差異にも気づくが，強い刺激の場合には差異が大きくないと気づかない。「丁度可知差異を生じるのに必要な刺激の大きさは刺激の強さに対して一定比を保っている」というのがウェーバーの法則であり，$\Delta R / R = C$（Rは刺激量，ΔRは増分）と表せる。この法則をもとに，弁別閾を越えて感覚全体にまで一般化しようとしたのがフェヒナーの法則である。この法則は，刺激が幾何級数的に増加すれば感覚は算術級数的に増加するというものである。この関係は中等度の刺激に対しては当てはまるけれども，非常に強い刺激や弱い刺激に対しては成り立たないことがわかっている。

その後，感覚の大きさは刺激の大きさの何乗かに等しく，その指数は感覚の種類によって異なるという公式が提出された。線の見かけの長さに関しては指数は1.0に近く，電球の明るさの場合0.33，指先への電気ショックの場合には3.5である。つまり線分の長さは2倍にすると2倍に見え，電気ショックの強さを2倍にすると痛みの感覚は10倍になる。これはスチーブンスのベキ法則といわれている。

近年感覚の絶対閾を測定するために信号検出理論が提案された。この理論は，個人の閾が感覚の存在非存在だけによって決まるものではなく，刺激を感じたか否かの判断は多くの要因によって影響されるけれども，いくつかにまとめると，まず信号である刺激とノイズとの相対的な強さ，次に聴力の良し悪しによる感度の個人差，そして3つめは場面やパーソナリティ変数などの反応基準に関係する。

(3) 視　覚

1) 眼の構造　　図3-1は眼球の構造を示している。眼はしばしばカメラにたとえられるが，網膜をフィルム面とすれば水晶体はレンズの役目を果たす。虹彩の中央にある丸い穴は瞳孔である。この瞳孔は穴の大きさを調節して絞りの役目を果たし，光量を加減して対象物を網膜の視細胞の感受性にあった刺激に調節する役目をもつ。網様体筋は引っ張ったり緩めたりして弾力性のある水晶体の厚みを調節し，ピントの働きをする。光を受けて直接生理的に変化する部分は網膜であるが，網膜は桿体と錘体の2種類の視細胞により物理的エネルギーを神経エネルギーに変換する。桿体は明暗を感受し，錘体は色の相違を感受する。網膜の中心部にわずかに凹んだ中心窩があり，このあたりは錘体細胞の密度が高く，もっとも明瞭な映像をつくる部分である。中心窩より11度離れた鼻側にある盲点は全網膜の神経を集中して眼球の外に送り出す部分であり，神経線維のみで神経細胞がないために光刺激を受容することができない。桿体や錘体からの情報を受け継ぐのは双極細胞であり，アマクリン細胞，神経節細胞を介して80～100万本の視神経を伝わって外側膝状体を通り，大脳皮質の第一次視覚野へ送り込まれることになる。

2) 視覚の働き　　人間は視覚的動物であるといわれるように，人間にとってもっとも主要な感覚は視覚である。視覚の適当刺激は光であるが，この光のエネルギーは図3-2に示す

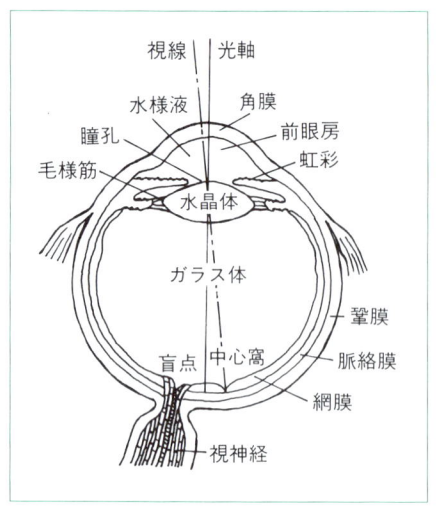

図3-1 眼球水平横断面図

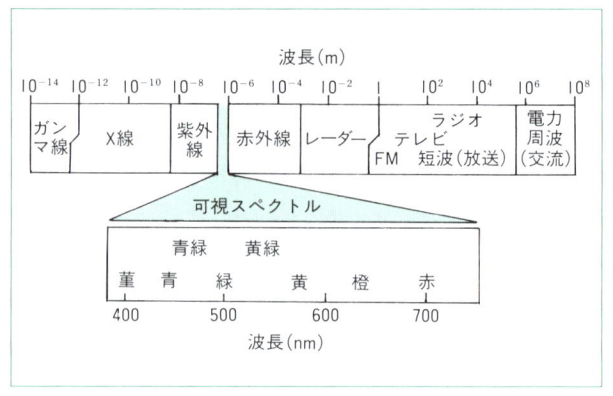

図3-2 可視スペクトル (Hochberg, 1963)

10^{-14}〜10^8 m に及ぶ電磁波のうち，人間の眼で観察できるのは，ほぼ 400〜750 nm の波長だけである。

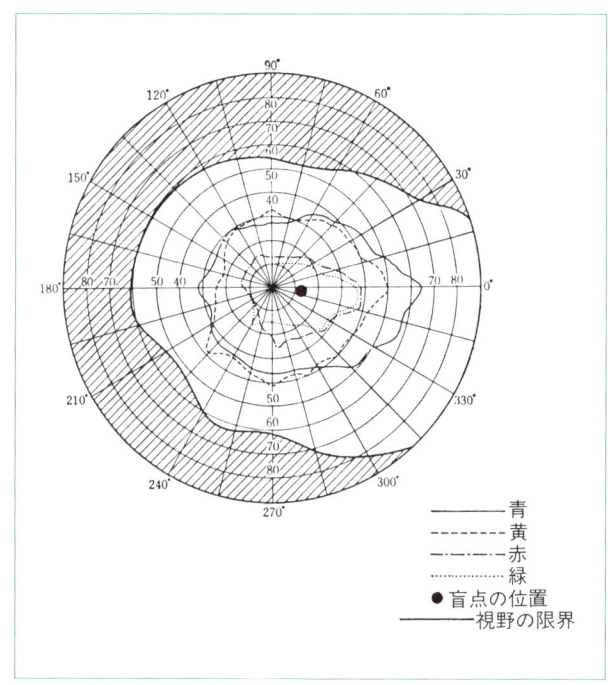

図3-3 右眼の色彩視野図

ようにラジオ用の電波，X線，ガンマー線なども含む電磁波スペクトルといわれるエネルギー範囲に含まれる。しかし視覚的な適当刺激になるのはその中のごく一部であり，可視光線といわれる400〜750 nm（ナノメートル；10^{-9} m）の波長の部分だけである。この周辺にある紫外線は眼では感じないが，皮膚の細胞に作用して色素を作らせて日焼けを生じさせる。また赤外線はわれわれに熱として感じられるけれども，視覚には不適当刺激である。このように眼の物理的な刺激である光の，明るさは光の強度あるいは振幅の大きさに関係し，色の感覚は光の波長に大きく依存する。

① **明 る さ** 光のまったくあたらない暗室の中でも，視覚は無になるのではなく暗灰色のもやが見える。これは**固有灰色**または**眼灰**といわれ，視覚の素地になっている。固有灰色にも明るさまたは白さが認められ，黒の色は白との比較で現れてくる。刺激面が大きいと明るさの感受性は増加する。絶対閾と同様に弁別閾は刺激面の大きさが増すにつれて低くなるが，網膜部位によってその閾は異なる。明るいところから急に暗いところに入ると真っ暗闇となるが，

しばらくすると物が見えるようになってくる。これはロドプシンなどの受容器色素が回復するまでに時間を要するためである。長い間暗黒の中にいると光に対して敏感になる現象を暗順応という。一方光にさらされると眼の感受性は急速に閾が高くなるが，これは明順応といわれる。明順応は暗順応に比べて進行はきわめて速い。

　　②**色　　覚**　太陽光線のようなあらゆる波長を含むものは無色の光覚を生じ，特定の波長およびその部分的混合は色覚を生じる。太陽光線のスペクトルは図3-2に示すように波長の短い方から紫，青，緑，黄，橙，赤色に見え，その間に何百色あるいは何千色の色が弁別されるという。しかしこれらの色も基本的には赤，黄，緑，青の四色，また光の受容度から黒，灰，白などを加えた固有色といわれるものの度合いによって表される。これらの波長によって網膜部位における絶対閾が異なり，図3-3のように表される。

(4) **聴　　覚**

　1) **耳の構造**　音波は図3-4に示すように，外耳を空気の振動として伝わり鼓膜を振動させ，中耳では耳小骨の振動に変わる。内耳ではさらにリンパ液の振動となってカタツムリの形をした蝸牛内を奥に向かって進み，その中にある基底板の一部を振動させる。基底板は細長く，入り口の広い部分が高い振動の音を受け，奥に行くに従って低音を受ける。その振動がさらに基底板に付着するコルティ器官を振動させる。コルティ器官の有毛細胞は蓋膜に覆われた延長部，すなわち腺毛をもつ。この腺毛が屈曲すると有毛細胞が聴神経に神経インパルスを送る。そして聴神経はそれらのインパルスを脳へ伝える。

　2) **聴覚の働き**　聴覚への刺激は空気の粗密波であり，一定時間内に通過する粗密の周期の数が周波数といわれる。周波数は音の高さの感覚に対応し，波の圧力の大きさである強度は音の大きさの感覚に対応する。聴覚の適当刺激は音波であるが，われわれはあらゆる音響を聞き取れるわけではない。この限界には高さに関するものと強さに関するものがある。図3-5は音の高さにかかわる可聴周波数成分を音の強さの水準とともに示している。人間における絶対閾は20振動にあり，刺激頂は20,000 Hz付近にあるが，個人差が大きく，病気や年齢によって変化する。とくに刺激頂の値は年齢とともに下がってくる。200～4,000振動の間の音はもっともよく弁別される。最大可聴周波数以上の音ではかゆみまたは痛みの感覚が起こり，100振動以下の低い音には圧覚や運動感覚を伴う。聴力は年齢と関係し，同じ振動数の音でも年齢

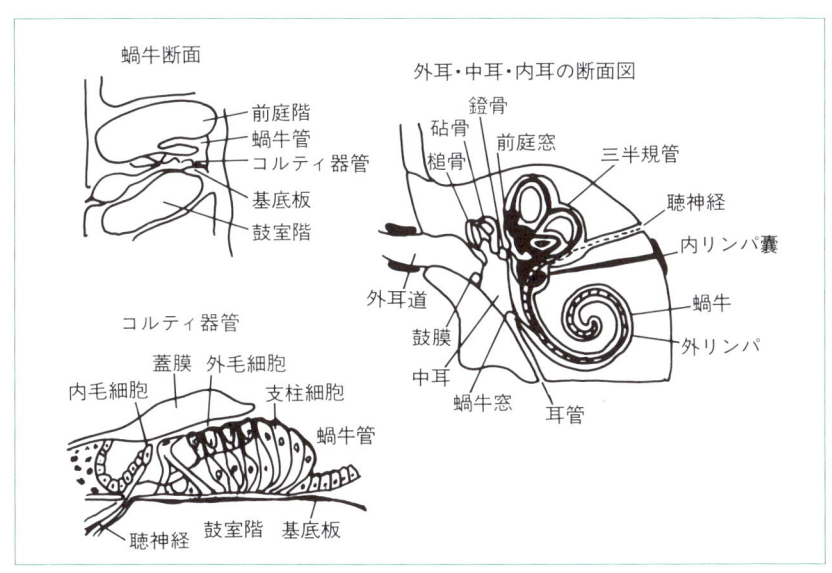

図3-4　外耳・中耳・内耳の断面図

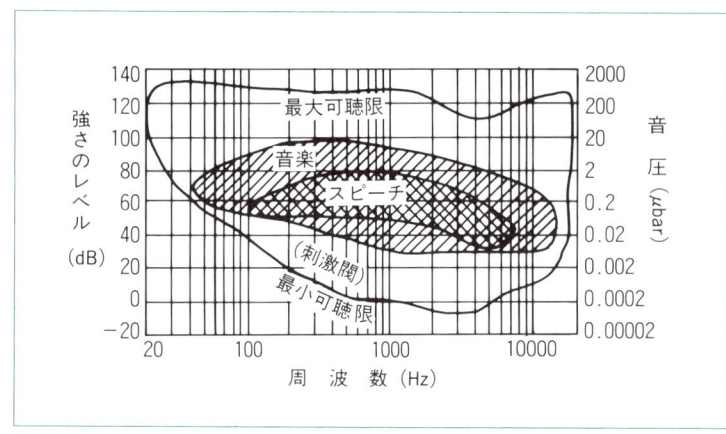

図3-5 可聴周波数成分と音の強さ
ほぼ20～20,000 Hz の周波数の音を聞くことができるが，年をとると一般に高音は聞こえにくくなる。太線は音として聞こえる最小の強さと最大の強さを示す。斜線の部分は音楽ならびに音声の成分の周波数範囲と音量範囲を示す。

とともに強さの刺激閾が高まり，音が強くないと聞きとれなくなる。

(5) 皮 膚 感 覚

　皮膚は表皮，真皮，皮下組織の3層からなり，表皮はさらに3ないし5層からなる（図3-6）。表皮は所々落ち込んで汗腺，脂腺，乳腺をつくる。爪や毛も表皮からできた組織である。皮膚に対する接触は圧・痛・温冷感覚によって気づかれる。それを感じさせる皮膚上の位置をそれぞれ圧点，痛点，温点，冷点という。これらの感覚は神経終末がすなわち受容器であるという原始的な構造をもっており，これから感覚情報を脳に送る。

　①圧　覚　圧力に対する感受性は圧力そのものの強さによるよりもその変化によって感じられる。圧の閾あるいは感覚の敏感さは皮膚上の場所によって異なり，指先，唇，舌，前腕の内側などは閾の低い部位である。しかしそれでもこの圧の閾は視覚や聴覚において目や耳が必要とするエネルギーの1億倍から100億倍にも相当する。

　②温覚と冷覚　暖かさも冷たさも感じない温度を生理的零度というが，これは普通皮膚温度と同じ摂氏32度である。これよりも温度が高いと暖かさを，低いと冷たさを感じることになる。しかしこの温覚と冷覚は皮膚上のどの部分でも同じように感じるわけではない。皮膚には温覚を感じる点と冷覚を感じる点があり，暖かい，あるいは冷たい細い棒の先端を皮膚に当てると，平均して1cm²の中に6個の冷点と1～2個の温点がある。熱い刺激で冷点を刺激すると冷た

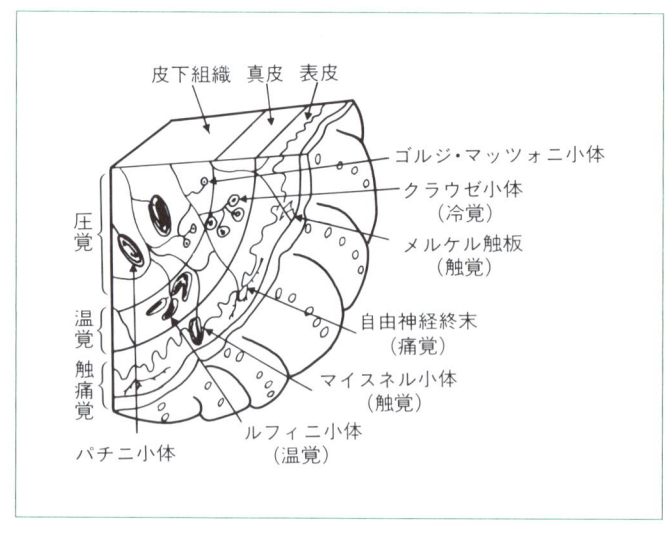

図3-6 指先の各種知覚受容器の模式図
（Delmas & Delmas, 1962）

い感覚が生じることから，温点と冷点は別な感覚であることがわかる。

　③ **痛　　覚**　痛みは皮膚への刺激のみならず視覚や聴覚などの感覚様相においても生じ，一般に過剰な刺激である刺激頂付近で感じる。この強い刺激は身体組織に危害が及ぶか，あるいはその可能性がある場合に生じる。通常の条件下では身体は痛みに対して順応をしにくいし，個人差も小さい。そして皮膚面の定位は圧よりも容易である。ただ内臓痛は，定位しやすい皮膚痛とは異なって，痛みが鈍く皮膚面に投射されるとき，かなり隔たった部位に感じることがあり，これは波及痛または関連痛といわれる。

2　知　　覚

　世界があるがままに見えるのは，われわれの知覚（perception）の素晴らしい業なのであるが，これにはっきりと気付いている人は意外と少ない。それは，知覚が自動的に成立する過程だからである。今，テニスボールを打ち返そうとしていると仮定しよう。網膜上に映った黄色い丸が赤レンガ色の面の模様ではないこと，その黄色い丸い物体までの距離や方向，速度，さらにその黄色い丸い物体の網膜像（retinal image）の大きさの漸次的拡大にもかかわらず，その物体の実際の大きさは一定であるといったことなどの把握が必要となる。これらがなぜわれわれにできるのかを扱うのが心理学の知覚の分野である。

(1) 知覚の成立

　われわれの知覚世界は単なる外界の正確な写しではない。それは感覚（sensation）を介して精神（あるいは脳）によって構築された外界の内部表現だからである。したがって，物理学者の記述とは質的に異なる。われわれは色（色相）を知覚するというが，物理学者は色をある周波数の電磁波と記述する。「森の中で木が倒れるとき，もしその近くに聴覚を持った生物がいなければ，音は存在するだろうか」という哲学者の問に対して，われわれは振動は存在するが音は存在しないと答える。なぜなら，音は振動により生体内に引き起こされる感覚だからである。

　知覚の成立については，いくつかの対立する学説がある。

　第1は知覚は感覚や観念（idea）といった**心的要素の連合**により成立するというイギリス経験論の流れをくむ考え方である。バークリ（Berkeley, G., 1709）は触覚の観念と視覚の観念との経験的結合によって距離の知覚が成立するとした。先天性開眼盲者の視覚が触・運動感覚の助けで形成されていくという事実はこれを支持する。ヘルムホルツ（Helmholtz, H., 1866）は，過去経験に基づく感覚の無意識的推論（unconscious inference）の結果，知覚は成立し，またこの推論が無意識的であることで，知覚の自動的成立を説明している。近年の情報処理的考え方では，コンピュータモデルの発達により，知覚における推論の過程が過去経験によらずとも成立することが明らかにされ（Roberts, L. G., 1963），無意識的推論に代わって知覚的推論という語が用いられている。

　第2はゲシュタルト学派の考え方で，知覚は単なる感覚の寄せ集めではなくそれ以上のものであるとする考え方である。ウェルトハイマー（Wertheimer, M., 1912）は仮現運動を問題として，運動知覚が二つの別々の感覚要素の集合ではなく，要素を越えた全体的性質，すなわち形態（Gestalt）によるものだとした。このような形態が形成される要因，すなわち知覚の体制化の要因として次のようなものをあげている。他の条件が一定であれば，近い距離のものがまとまりとして知覚されるという近接の要因（factor of proximity）（図3-7a）。異なった種類の刺激があるとき，他の条件が一定なら，同じ大きさ，同じ色といった同種のものがまとまりとして知覚されるという類同の要因（factor of similarity）（図3-7b）。互いに閉じ合うものは

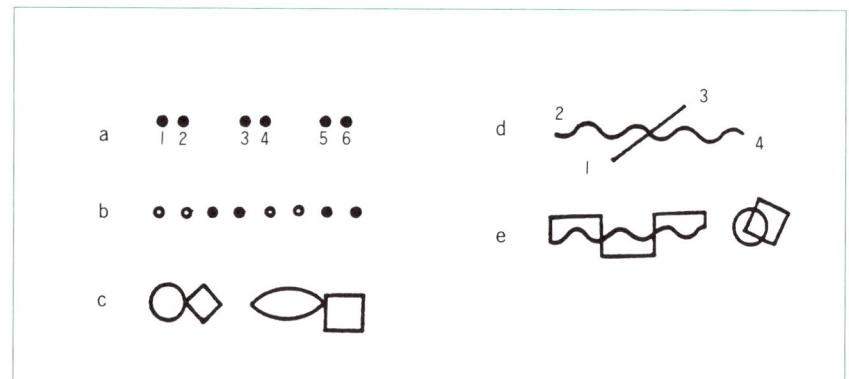

図3-7 知覚の体制化の要因（Wertheimer, 1923）

開かれたものより，一つのまとまりとして知覚されやすいという閉合の要因（factor of closure）（図3-7c）。よい連続性をもつものは不連続なものより，一つの流れとして知覚されやすいというよい連続の要因（factor of good continuity）。d図で線分1，2はそれぞれなめらかな連続をなす3，4とまとまり，経過に折れ目の生じてしまう1と4，2と3のまとまりは生じにくい（図3-7d）。規則的な，左右相称的な図形は一つのまとまりとして知覚されやすいというよい形の要因（factor of good form）（図3-7e）。運命をともにするもの，すなわち，ともに動くものは一つのまとまりとして知覚されやすいという共通運命の要因（factor of common fate）。これらの要因による知覚の体制化は，「そのときの条件の許す限りにおいて，全体がもっとも簡潔で，よい形になろうとする」傾向がわれわれの知覚にあるためだとされ，この傾向はプレグナンツの法則（Gesetz der Prägnanz）と呼ばれている。

　第3は，**精神物理学的考え方**の流れをくむものである。経験論的な考え方やゲシュタルト学派の考え方では，感覚刺激は知覚の成立にとってあいまいで不十分なものとされている。しかし，ここでは，感覚刺激にはあらゆる知覚現象に対応した情報がすでに含まれており，知覚の成立はそれらのうちのどの情報を取り出すかに依存しているのだとする考え方である。ギブソン（Gibson, J. J., 1979）は，生理学者ウォールズの影響下に，視覚の成立は多様な仕組みをもつ視覚器官の存在を前提にして説明されるべきだという立場をとった（佐々木，1994）。多様な視覚器官が共通にとらえている環境からの情報としてギブソンは次の3つのものをあげている。「自然環境のレイアウト」「環境の変化」「自己身体の動き」である。

　次に，代表的な知覚現象を具体的に検討し，知覚過程解明の足がかりにしたい。

(2) 恒　常　性

　テニスのたとえのように，ボールの網膜像の大きさは変化しているが，実際の大きさは変化しているようには見えない。また，図3-8a,bに示すように，遠方の人は網膜像通りの小人のようには見えない。これは大きさの恒常性（size constancy）といわれるが，一般に網膜像の変化によらない安定した知覚を恒常性（constancy）と呼ぶ。

　恒常性を環境内の情報に帰着させる考え方では，ある対象とその枠組みまたは背景となる他の対象とが作るそれぞれの網膜像の大きさの比率を重要な情報としている。図3-8cに示すように，きめ（texture）が均一な背景に対して大きさの一定な対象の網膜像は，距離とともに縮小していくが，常に等しい単位のきめをおおう。すなわち，視野内のいろいろな対象の網膜像の大きさの比率は距離の変化にかかわらず一定である。知覚過程はこの情報を取りあげさえすればよいのである。

　しかし，暗室では枠組みが存在しなくても距離手がかりがあれば恒常性は成立するが，距離

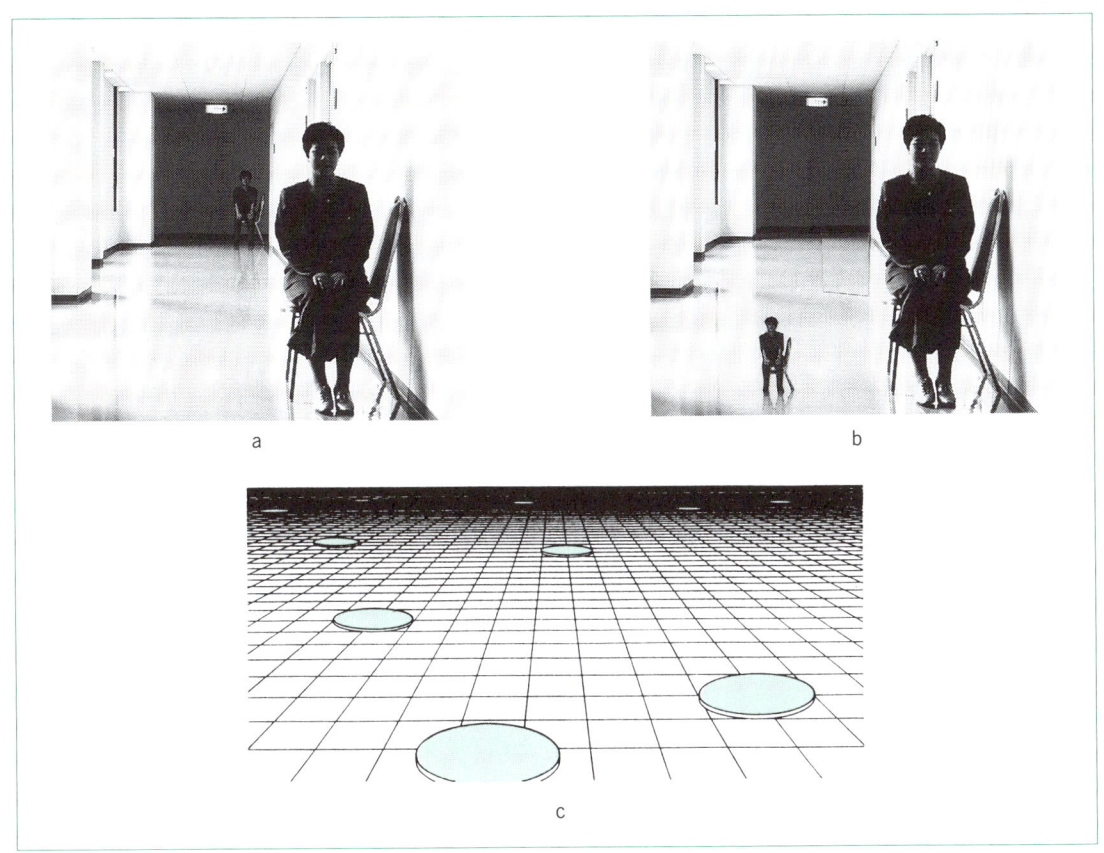

図 3-8　a，b 恒常性，c 恒常性の説明（Neisser, 1968）

手がかりがなくなると恒常性は成立しなくなる。この場合，網膜像の大きさの比率に関する情報はないので，恒常性の説明概念として距離情報に基づく知覚的推論を仮定する考え方が出てくる。

　残像（afterimage）は，コントラストの鮮明な対象を数十秒間凝視した後，その対象を除去しても見える像である。十分な照明下で白い紙の上に置いた色紙を40秒間ほどじっと見た後その色紙を除去すると，色紙が元あった位置にその色紙と同じ大きさの残像が見える。次に，遠方の壁に眼をやると，かなり大きな残像が見える。色紙の網膜像の大きさは一定であるのに観察距離が変わると，みかけの大きさが変わるのである。これは，遠くの対象が近くの対象と同じ大きさの網膜像を形成する場合，遠くの対象は大きいという知覚的推論が働くからである。この残像の例では，同じ大きさの網膜像が異なる大きさの知覚を生じているが，恒常性の場合は，異なる大きさの網膜像が同じ大きさの知覚を生ずる。しかし，どちらも，対象の大きさの知覚には距離を考慮に入れた知覚的推論が働いているのである。恒常性は，大きさの他に，形，明るさ，色，音についてもみられる現象である。

(3) 空間知覚

　われわれを取り囲む空間全体の構造，自己と対象との空間関係，および対象の空間的属性についての認識を空間知覚（space perception）という。

　1) 異方性（anistropy）　　われわれが知覚している空間はすべての方向において等価ではないことをいう。地球をとりまく空気層を含んだ空の形は物理学的には半球状であろうが，

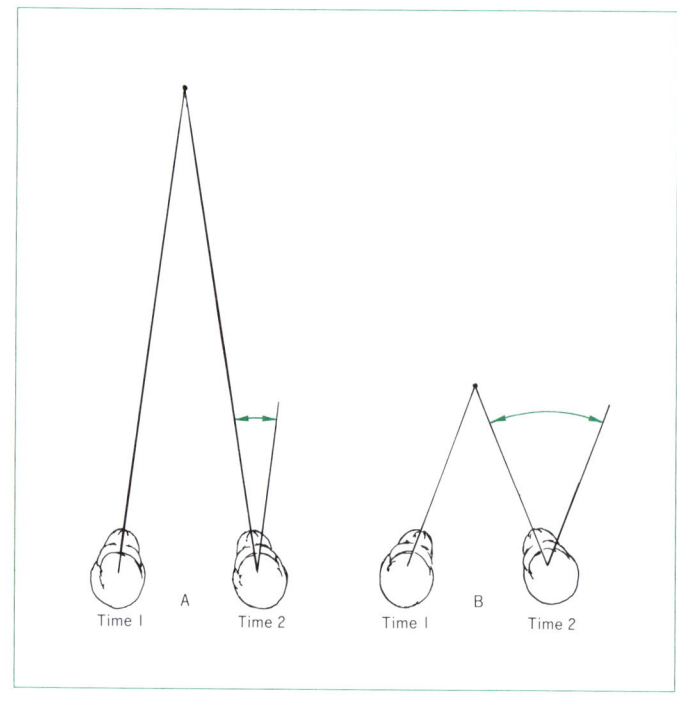

図 3-9　運動視差と距離の関係　A 遠距離 B 近距離 (Rock, 1982)

われわれは半球よりも平たい偏平状に知覚している。網膜上では同じ大きさの月が，天頂より地平で大きく見えるという月の錯視の説明としてこの異方性をあげる説がある。

2) 距離および奥行知覚　　われわれは二次元的な網膜像からどのようにして三次元的世界をとらえ，対象までの距離 (distance) やその奥行 (depth) を知覚するのであろうか。距離や奥行知覚の手がかりとして網膜像以外のものと，網膜像的なものとに大別される。網膜像以外の手がかりには調節 (accommodation)，輻輳 (convergence)，両眼視差 (binocular parallax)，運動視差 (motion parallax) がある。

調節はさまざまな距離にある対象の鮮明な像形成のための眼のレンズの厚みの変化である。この調節の状態は対象までの距離手がかりとなる。また，焦点の合っている対象より遠くあるいは近くにある対象の像はぼけるので，対象間の相対的な距離，すなわち奥行の手がかりともなる。

輻輳は空間内のある1点を見るときに生ずる両眼の回転運動で，この時両眼の視線によって作られる角を輻輳角と呼ぶ。対象が比較的近いと輻輳角は大きく，遠いと小さくなり，無限遠にあるとゼロになる（図3-9a）。したがって，対象までの距離手がかりとなる。

両眼視差は，われわれの眼が左右に6 cmほど離れているために左右眼で網膜像にズレを生じることをいう。この網膜像のズレは網膜非対応 (retinal disparity) と呼ばれ，奥行手がかりとなる。左右眼に少しズレた像を与えることによって奥行感を生じるのが実体視 (stereopsis) であり，近年はやりの3Dアートは，この両眼視差を利用したものである。

運動視差は，移動によって生ずる対象の視方向の変化で，近い対象ほどその変化量は大きいので（図3-9b）奥行手がかりになると考えられている。しかし，後述する網膜像的手がかりを除去し運動視差だけを与えた条件では奥行は生じない。車窓から外を眺めているとき，ある対象に眼を向けた場合，それより手前のものは車とは反対方向に，遠くのものは同方向に動いて見え，確かにはっきりと奥行きを知覚することができる。ギブソン (Gibson, J. J., 1950) はこのようなある面内の諸要素の運動知覚から得られる情報を運動遠近法 (motion perspective) と呼んでいる。また，図3-10に示したように，傾斜した棒を垂直軸の回りに回転させ，

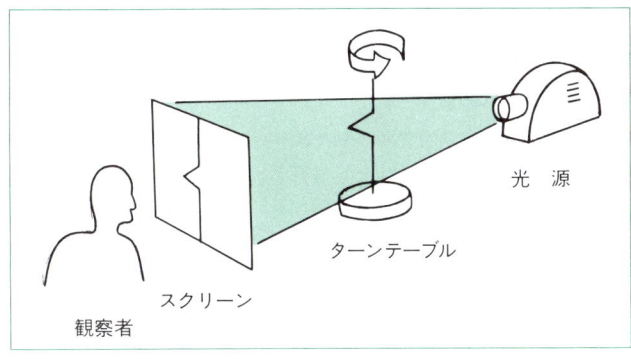
図 3-10　運動奥行効果

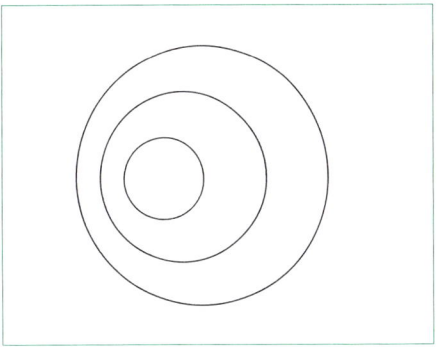
図 3-11　立体的運動の知覚

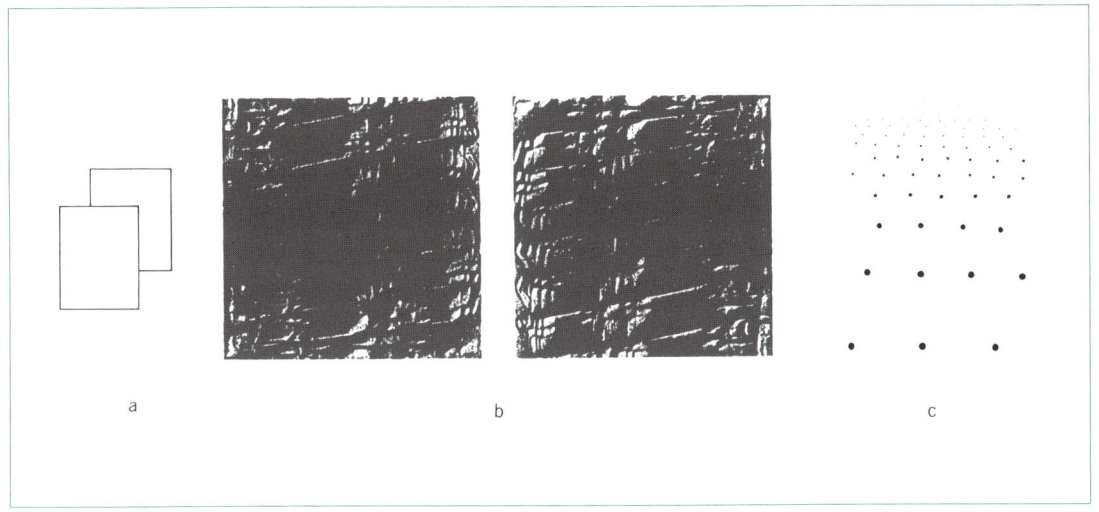

図 3-12　網膜像的手がかり
　a 重なり　b 陰影　バビロンのくさび形文字　右の写真は左の写真を上下反転したもの（The university museum, University of Pennsylvania）　c きめの勾配

　それが映す影を見たときに奥行を生ずる運動奥行効果（kinetic depth effect）（Wallach, H. & O'Connell, D. N., 1953）や，図3-11のような円パタンを回転板上で回転させると奥行が生ずる立体的運動の効果（stereokinetic effect）（Mustatti, C. L. 1931）は運動が奥行を生ずる現象であるが，これらが定義で示した運動視差に起因するものであるかどうかについては議論の余地がある。
　網膜像的手がかりとしては，重なり（interposition），陰影（shadow），きめの勾配（texture density），線遠近法（linear perspective），既知対象の大きさ（familiar size）などがある。これらは絵画で奥行を表す手法として用いられてきたもので絵画的手がかり（pictorial cue）ともいわれる。
　重なりは手前のものが遠くのものをおおい隠すことによって奥行が知覚される際の手がかりである（図3-12a）。
　陰影は平面図形の下に陰が付けられていると手前に突き出して見え，逆に上に陰が付けられているとくぼんで見える（図3-12b）。われわれのいる環境では，光は上方からくるという知

覚的推論が働く結果だと考えられている。

きめの勾配は，田植えのすんだ田んぼや砂利の河原を見ると，距離が遠くなるほどきめが細かくなっていくように見えることをいう（図3-12c）。このきめの勾配は面の傾きすなわち奥行を知覚させる。線遠近法，大気遠近法（areal perspective）もきめの勾配の一種と考えられる。

既知対象の大きさとは，ある対象の典型的な大きさが記憶されている場合，網膜像の大きさがその対象までの距離手がかりとなることをいう。

網膜像的手がかりがどうして奥行手がかりとして有効になったのかという問題に関しては，ゲシュタルト学派の考え方では，プレグナンツの法則による説明がなされる。図3-12aの重なりの場合，二つの長方形とみなすほうがL字型の図形と長方形とするよりは簡潔であるからである。ホッホバーグ（Hochberg, J., 1964）は情報理論に沿った考え方から，簡潔性を情報処理の経済性という観点でとらえ，視対象の記述あるいは符号化を行うさいの最小の情報と考えている。これに対して，網膜像的手がかりは，網膜像以外の手がかりのような生理学的手がかりによって成立した奥行知覚と連合することによって，奥行手がかりとして働くようになるとする考え方もある。

(4) 運 動 知 覚

雲間を月が動いているように見えることがある。動いているのは雲の方だとわかっていてもそう見えてしまう。物理学的には確かに月も動いているのだが，その動きは遅すぎてわれわれには感じられないはずである。動いていないものが動いて見えるのは，われわれの知覚過程がそうさせるのである。では，動いているものが動いて見えることの説明は容易であろうか。運動知覚（motion perception）は，こういった問題を扱うのである。

1) 実際運動（real motion） 網膜上の像の移動によってのみ興奮する細胞，すなわち運動検出器（motion detector）の存在が生理学的に明らかにされている。しかし，動いている対象を眼で追う場合，その対象の像は網膜上では静止しており上記の運動検出器を刺激することはできないはずである。にもかかわらず，われわれは運動を知覚する。また，あたりを見回すとき，さまざまな対象の像が網膜上を移動するにもかかわらず，それらは静止して見える。位置の恒常性（position constancy）が成立している。したがって，網膜像の移動の情報の他に眼の動きに関する情報が必要となる。これには求心性（眼が動いたという眼筋からの）のものと，遠心性（眼を動かせという脳からの）のものとがある。

2) 誘導運動（induced motion） 周囲にあるものが動いているために静止したものが動いて見える現象をいう。大きい対象は他のいろいろな対象の相対的な位置変化を計る関係枠（reference frame）として働くので静止して見える。月を取り囲む雲は関係枠として働くので実際には動いていても静止して見え，相対的に月が動いて見えるという説明がなされている。向かい側の電車が動くと，自分の乗っている電車が動いているように見えるのもこの原理があてはまる。もし，視野いっぱいに広がっている向かいの電車の外側に新たな関係枠を導入すれば（眼を下にやり線路や地面を視野に入れる）とたんに向かいの電車が動いて見えるようになる。

3) 仮現運動（apparent motion） 類似した2つの光点を継時的に呈示する際，光点間の距離と時間間隔を適当におくと，1つの光点が最初に呈示された位置から後に呈示された位置へ動いて見える現象である。網膜上の離れた2つの細胞を継時的に刺激することが運動検出器を興奮させる上で，実際運動と同じ効果をもつとする単純な生理学的説明では不十分である。A点に光がつくとすぐそれを注視させ，光が消えるやいなやB点へ眼を移動させ，そこへ達すると光を点滅させても運動は生じる。この場合，2光点は網膜の同一部位を刺激しているにもかかわらず運動が知覚されているのであるから，知覚空間内の対象の位置についての推論過程

を考慮する必要がある。

4) 自動運動 (autokinetic effect) 暗室内で静止した光点を凝視していると光点が動いて見える。静止しているという情報は，背景との相対的な位置の変化がないということから得られる。暗室内ではこの背景となる枠組みがないため，光点が動き眼がそれを追跡しているという知覚的推論が働くという解釈がなされている。

ここまでは世界があるがままに見えるのはなぜか，すなわち知覚の妥当性（veridicality）を問題にしてきた。次に，経験，期待，動機といった知覚者の側の要因が知覚に影響を及ぼす場合を考えてみることにする。

⑤ 知覚者の要因

刺激を特定の仕方で知覚する準備状態を知覚の構え（perceptual set）という。これは前述の知覚的推論の一つと考えられ，この構えに影響を及ぼす要因として以下のものがある。

1) 文脈効果 Bとも13とも見える刺激は，アルファベット文字列の中で呈示される場合と数字列の中で呈示される場合とで知覚のされ方が異なる。

2) 期　待 教示や先行経験は知覚者に期待をいだかせ，それが構えに影響を及ぼす（図3-13a, b）。

3) 初期学習 生後のある短い期間，正常な知覚経験を受けないと，後の知覚に大きな影響を残すことがある。先天的開眼盲者の例などが考えられる。

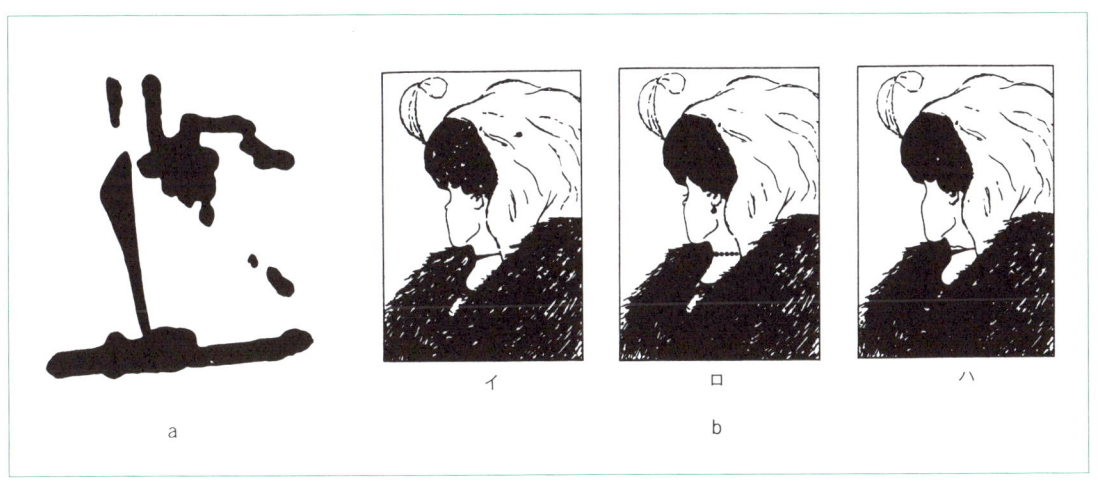

図3-13　あいまい図形
a 「船」が見えますという教示が与えられると，あいまいな図形がまとまって見えるようになる（Street, 1931）
b イは若い女性にも老婆にも見えるが，ロを見てからイを見ると若い女性に，ハを見てからイを見ると老婆に見える（Boring, 1930 ; Leeper, 1935）

4章
学習と認知

1 学　　習

　動物にはさまざまの種類があり、それぞれ違う。ヒトとサルとは違うし、ヒトとハトとも違う。ヒトは、木から木へ身軽に跳び移ることはできないし、空を飛ぶこともできない。しかし、ヒトもサルもハトもそれぞれをとりまく環境の中で生きている。環境の中で生きているとは環境の中でさまざまの行動をしていることである。行動とは動物と環境との相互作用である。この点から見れば、ヒトもサルもハトも同じである。気温が上がって体温が高くなれば汗をかく。暑さをしのぐために木陰に入る。空腹を感じて餌を探しそれを食べ、水を飲む。

　動物をとりまく環境は絶えず変化している。しかも、まったく同一の環境は二度と存在し得ない。しかし同じような、類似の環境は何度も起こり得るし、実際起こっている。ここに、経験を生かせる点がある。経験を通して行動に比較的永続的な変化が起こることを学習という。「レモン」という言葉を聞いて唾液が出てくるのも、赤信号では止まり、青信号では進むのも経験のせいである。どのような経験がどのように作用して、「レモン」という言葉を聞いて唾液が出るのか、赤信号では止まり、青信号では進むのか。ここでは、環境の単位としての刺激と行動の単位としての反応との関連で、学習を述べることにする。

(1) レスポンデント条件づけ

　食物が口に入ると唾液が出てくる。これは動物に生得的に備わっている刺激と反応の関係であり、その関係を反射と呼ぶ。この場合、食物を**無条件刺激**（unconditional stimulus；US）、この刺激によって引き起こされた唾液分泌反応を**無条件反応**（unconditional response；UR）という。突然大きな音がすると非常に驚く場合や熱いものに手を触れると思わず手を引っ込める場合でも事態は同じであり、突然の大きな音や熱いものが無条件刺激、驚き反応や手を引っ込める反応が無条件反応である。

　唾液分泌反応を引き起こすことのないベルの音のような刺激を無条件刺激と対提示すると唾液分泌反応を引き出すようになる。この時、ベルの音を**条件刺激**（conditional stimulus；CS）といい、引き起こされた反応を**条件反応**（conditional response；CR）という。また、この手続を**レスポンデント条件づけ**（respondent conditioning）という。

　1）**条件づけの手続**　図4-1, Iに示すように、唾液分泌反応を引き起こすことのないベルの音を鳴らし、そのすぐ後に食物を口に入れる。これを何度か繰り返すと食物だけでなく、ベルの音によっても唾液が分泌されるようになる（図4-1, II）。ベルの音によって唾液が分泌されたかどうかは、ベルの音だけを聞かせればわかる（図4-1, III）。

　2）**条件刺激−無条件刺激の時間関係**　条件刺激と無条件刺激とを対提示することを**強化**（reinforcement）という。条件刺激と無条件刺激との時間間隔が短い方が、一般に、条件づけは早く進み、条件反応も大きい。しかし、両者の時間間隔が短いことは、条件づけができる上で必ずしも必要ではない。条件刺激と無条件刺激との時間間隔が1時間近くあっても条件づけができる例もある（Garcia, J. *et al.*, 1966）。

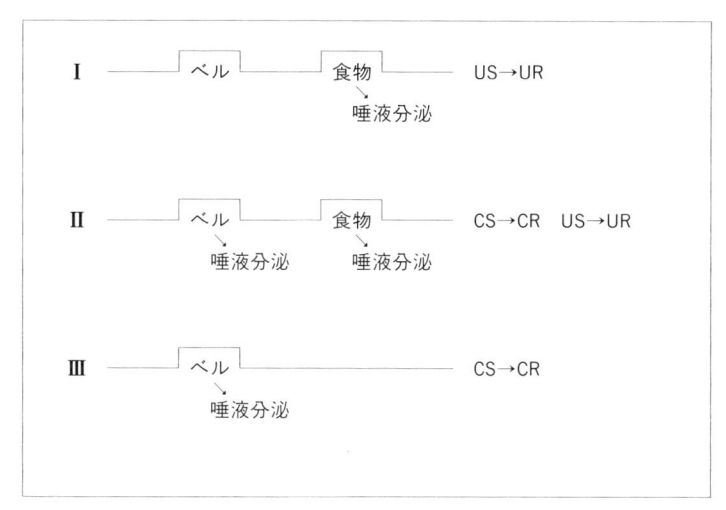

図 4-1 レスポンデント条件づけの手続き
(Catania, 1992 より坂根が改変)

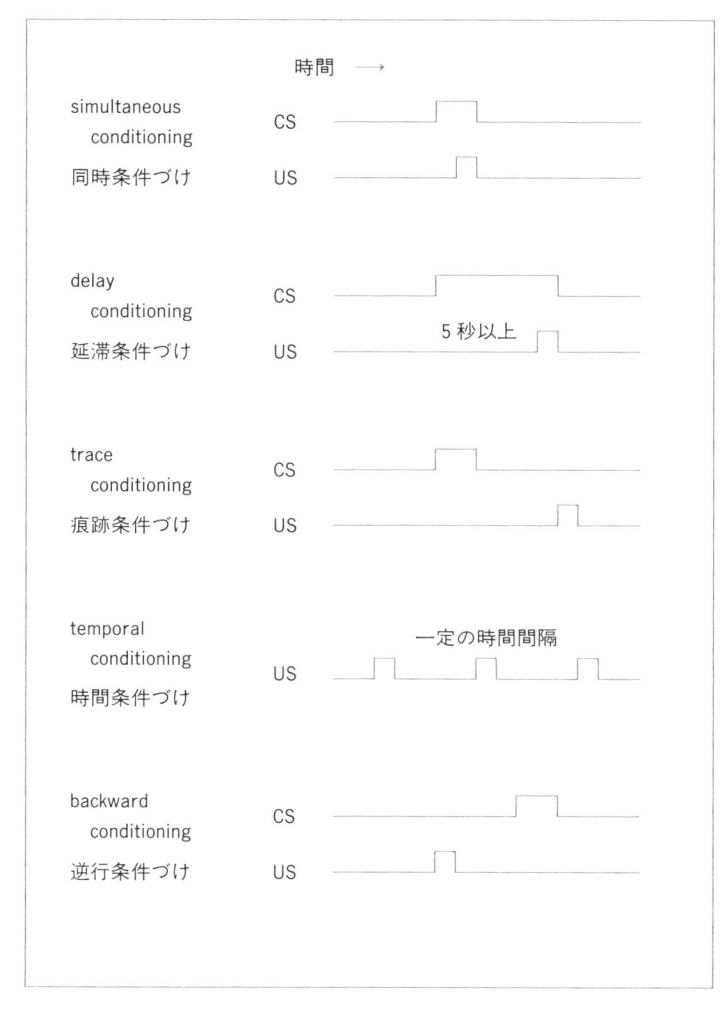

図 4-2 レスポンデント条件づけのタイプ　CS-US の時間関係
(Catania, 1992 より坂根が改変)

図 4-2 に示すとおり，条件刺激と無条件刺激の時間間隔によって，条件づけは同時条件づけ，遅延条件づけ，痕跡条件づけ，逆行条件づけに分けることができる。逆行条件づけの手続では条件づけはできないと考えられている。

一定の時間間隔で無条件刺激が提示されると，一定の時間の経過が条件刺激として作用するようになる。これを時間条件づけという。

3) 消　　去　　条件づけができたのち，条件刺激だけを提示して無条件刺激を提示しないでいると，条件刺激によって条件反応は引き起こされなくなる。この手続と現象を**実験的消去**（experimental extinction）という。いったん消去された条件反応は，しばらく時間をおくと条件刺激によって，引き起こされることがある。これを**自発的回復**（spontaneous recovery）という。

4) 般化と分化　　条件刺激だけでなく，条件刺激によく似た刺激も条件反応を引き起こすことがある。これを**刺激般化**（stimulus generalization）という。条件刺激は強化し，それ以外の刺激は消去を行うと，条件刺激だけが条件反応を引き起こすようになる。これを**分化**（differentiation）という。

5) 条件反応の性質　　唾液分泌反応では条件反応と無条件反応とは区別しにくい点もあって，条件反応と無条件反応とは同じような反応であると当初は考えられていた。しかし，分泌された唾液の性質を調べると，条件反応として分泌された唾液と無条件反応として分泌された唾液とは違う。条件刺激が引き起こすのは唾液分泌反応だけではないという報告もある（Zener, K., 1937）。また，条件反応と無条件反応とが拮抗関係にある例も報告されている（たとえば Siegel, S., 1975）。

(2) オペラント条件づけ

動物の反応には，それを引き起こす刺激を特定できない，いわゆる「意図的な」反応がある。この反応は，それが自発された結果としての刺激によって自発される頻度が変わる。この考え方は，ソーンダイク（Thorndike, E. L., 1911）の効果の法則（the law of effect）まで歴史上を遡ることができる。反応とその結果としての刺激との関係を強化の随伴性といい，図 4-3 に示すとおり，4 種類が考えられる。この場合，反応をオペラント反応といい，この手続をオペラント条件づけ（operant conditioning）という。

1) 強化の随伴性　　反応に随伴して刺激を提示した時，その反応の自発頻度が増加すれば，その刺激を**正の強化子**（positive reinforcer）といい，この手続を**正の強化**（positive reinforcement）という（図 4-3, I）。反応に随伴して刺激を提示した時，その反応の自発頻度が減少すれば，その刺激を**罰刺激**（punisher）といい，この手続を**正の罰**（positive punishment）という（図 4-3, II）。反応に随伴して強化子を除去した時，その反応の自発頻度が減少すれば，それを**負の罰**（negative punishment）という（図 4-3, III）。反応に随伴して罰刺激を除去した時，その反応の自発頻度が増加すれば，それを**負の強化**（negative reinforcement）という（図 4-3, IV）。

正負どちらの場合でも，強化は反応の自発頻度を増加させ（図 4-3, I, IV），罰は反応の自発頻度を減少させる（図 4-3, II, III）。

2) 反応形成　　オペラント反応は自発される反応であるが，自発頻度が低いときは反応形成（shaping）という方法を用いて，自発頻度をある程度高めることが必要である。自発頻度のある程度高い反応のうち，目標の反応に近い反応だけを選択的に強化して，目標の反応に近づける方法であり，逐次接近法（method of successive approximation）という。この方法は，水泳や自転車の練習などヒトに新しい行動を習得させる場合にも使われている。

3) 条件性強化　　動物が経験をしなくても強化子としての働きをもつ刺激がある。その

	刺激の種類	
	好ましい刺激	好ましくない刺激
反応の結果　刺激の提示	Ⅰ　正の強化　↗	Ⅱ　正の罰　↘
反応の結果　刺激の除去	Ⅲ　負の罰　↘	Ⅳ　負の強化　↗

↗は反応の自発頻度の増加，↘は減少を示す

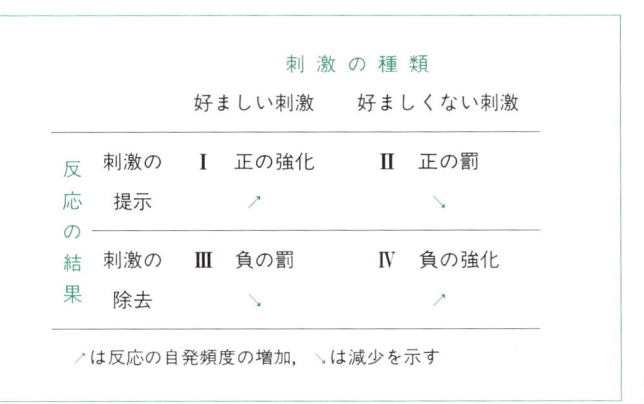

図 4-3　反応―結果の 4 タイプ

表 4-1　部分強化スケジュール

スケジュール	手続	日常生活での例
固定反応比率スケジュール（Fixed Ratio ; FR）	一定の反応数ごとに強化される	出来高払いの仕事
変動反応比率スケジュール（Variable Ratio ; VR）	反応数に依存して強化されるが，その数は一定ではない	ギャンブル
固定時間間隔スケジュール（Fixed Interval ; FI）	反応数にかかわらず，一定時間経過後の初発反応が強化される	月給
変動時間間隔スケジュール（Variable Interval ; VI）	反応数にかかわらず，ある時間経過後の初発反応が強化されるが，その時間は一定でない	通話中の相手に電話する

ような刺激を無条件強化子（unconditioned reinforcer），または一次強化子（primary reinforcer）という。無条件強化子と対にされることによって強化子としての働きをもつようになった刺激を条件強化子（conditioned reinforcer），または二次強化子（secondary reinforcer）という。種々さまざまの無条件強化子と関連がある条件強化子を般性強化子（generalized reinforcer）といい，「お金」がそれの典型である。ヒトの日常生活でのさまざまの行動のほとんどは無条件強化子よりも条件強化子によって強化されていると考えられる。

　4）**強化スケジュール**　　自発された反応に対する強化の仕方を強化スケジュールという。反応が自発される度に毎回強化されるスケジュールを連続強化（continuous reinforcement ; CRF）スケジュールという。自発された反応がまったく強化されないスケジュールを消去（extinction ; EXT）スケジュールという。自発された反応がすべて強化されるわけではないスケジュールを部分強化（partial reinforcement ; PRF）スケジュールという。部分強化スケジュールは，自発される反応数に依存するスケジュールと，時間の要因が加わったスケジュールとに分けることができる（表 4-1）。

　部分強化スケジュールは，それぞれ独特の反応パターンを生みだすことが知られている（図 4-4）。

　5）**弁別刺激**　　動物をとりまく環境には，反応を自発する機会を示す手がかりとしての刺激が存在し，それを弁別刺激という。つまりオペラント反応は，弁別刺激→反応→強化子の関係にある。これを三項随伴性（three-term-contingency）という。先に述べた，交通信号は弁別刺激の例であり，青信号という弁別刺激のもとで，道路を渡るオペラント反応は安全に向い側に移動できた事態という強化子によって強化されている。

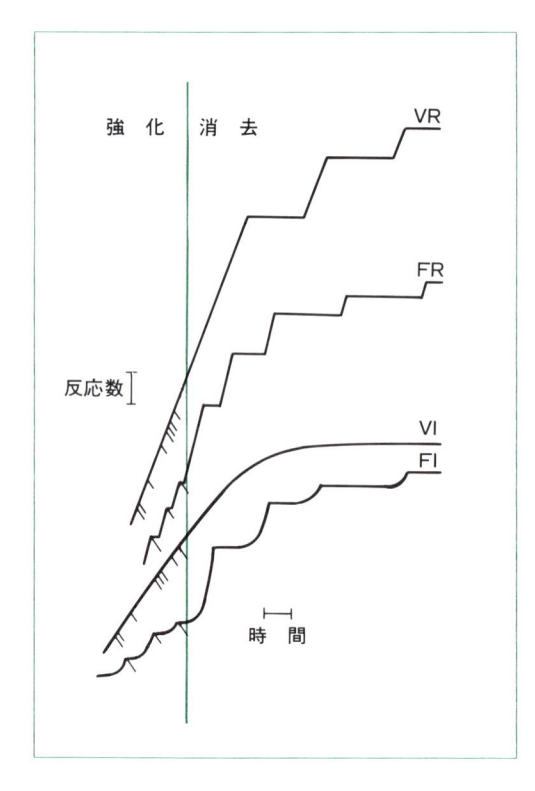

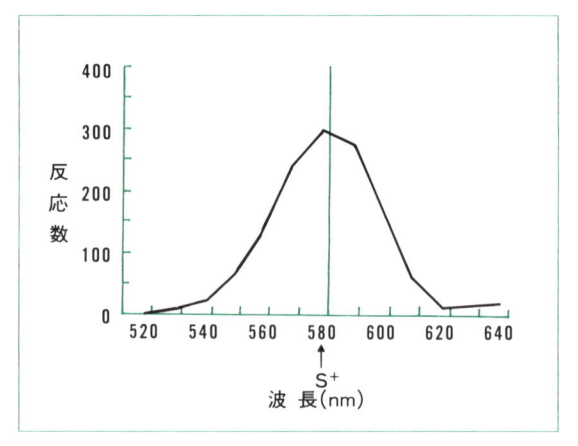

図 4-5 ハトを被験体とした般化勾配
波長が 580 nm の光に対する反応を強化した後，他の波長の光に対する反応を消去のもとで測定した（Guttman & Kalish, 1956）

図 4-4 部分強化スケジュール（VR, FR, VI, FI）による反応パターン
（Reynolds, 1975 浅野訳，1978）

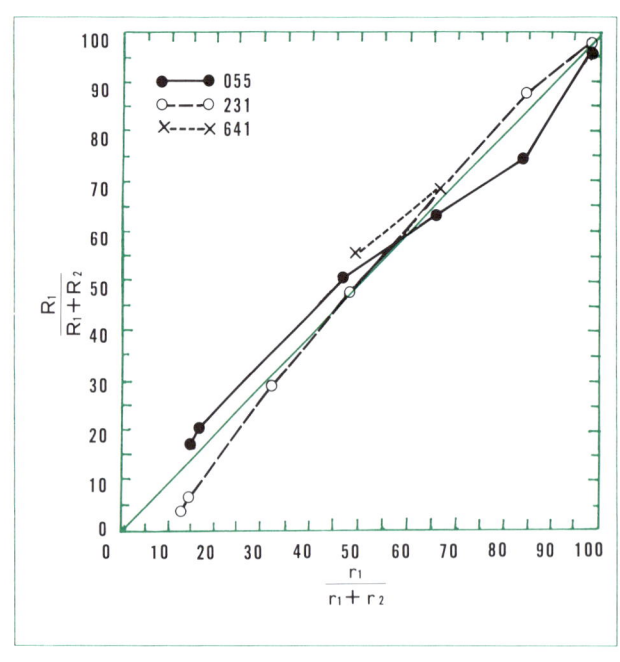

図 4-6 相対強化率の関数としての相対反応率
並立 VI VI スケジュールでのハトの選択反応が対応法則に従う
（Herrnstein, 1961）

　オペラント条件づけでの弁別刺激の実験は，2つ以上の刺激について，一方の刺激のもとでの反応をある強化スケジュールで強化し，他方の刺激のもとでの反応を別の強化スケジュールで強化する。動物はそれぞれの弁別刺激のもとで，それぞれの強化スケジュールに応じた反応パターンを示す。

　ある刺激が弁別刺激としての機能を獲得すると，その刺激によく似た刺激も弁別刺激として

の機能をもつ。これを**刺激般化**（stimulus generalization）という。よく似た刺激が弁別刺激としての機能をもつ程度は，般化勾配（generalization gradient）によって示される（図4-5）。

6) **選 択 行 動**　　動物は種々さまざまの反応を自発する可能性を秘めている。動物がある反応を自発した時，自発可能な反応の一つを自発した訳であり，それは選択行動の結果である。

2つの強化スケジュールがあり，動物はどちらでも選択して反応できると想定しよう。一方の強化スケジュールでの反応率を R_1，反応により得られた強化率を r_1，他方の強化スケジュールでの反応率を R_2，強化率を r_2 とすると，

$$\frac{R_1}{R_1+R_2}=\frac{r_1}{r_1+r_2} \qquad (1)$$

が成立する。これを**対応法則**（matching law）という（Herrnstein, R. J., 1961）（図4-6）。これは，ヒト，サル，ハトなどで成立するが，対応法則からのズレがある。そこでバウム（Baum, W. M., 1974）は式(1)を次のとおりに一般化した。

$$\frac{R_1}{R_2}=k\left(\frac{r_1}{r_2}\right)^a \qquad (2)$$

ここで，kとaとは実験から推定される定数である。

2　思 考 と 言 語

われわれ人間は，現実の生活の中で直面するさまざまな課題を解決するために，推理し，行動する。さらには夢の中で考えたり，今までにない新しいものを考え出したりすることもある。本節では，このような人間の思考について概説するとともに，思考の媒体である言語とは何なのか。また思考と言語の関係は，どのようにとらえられているのかをみていくことにする。

(1) 問 題 解 決

問題解決（problem solving）とは，物理的にせよ心理的にせよ，解決策が明確でないような問題状況（problem situation）にあって，生活体が何らかの**手段目的関係**を見いだし，その状況の解決を図ることをいう。

1) **問題解決に至るプロセス**　　われわれ生活体は，ある種の問題状況に直面しかつその解決を迫られている場合，大別して試行錯誤的な手段に訴えるか，あるいはその場を全体的に見通す洞察的な手段に訴えると考えられる。**試行錯誤**（trial and error）による問題解決は，直面している状況あるいは刺激と連合した多くの反応の中から，順次反応を漸進的に試み，偶然に適切な反応が起こるにいたる過程である。

それに対して，**洞察あるいは見通し**（insight）による問題解決は，図4-7(a,b)の回り道問題（detour problem）に代表されるような全体的な場を見通すことにもとづく知覚の再体制化である。また，図4-7(c)のようなチンパンジーによる道具の使用は，目標に向かって直接的ではなく，高度の間接的な問題解決にいたる推理過程を反映している。

2) **推理における帰納と演繹**　　推理には，**帰納**（induction）と**演繹**（deduction）の2つの形式がある。哲学者はこの2つの形式を帰納的推理と演繹的推理という名称で区別している。一般に帰納とは，特殊から一般に進む精神の働きであり，演繹はその逆の，一般から特殊に進む精神の働きであるといわれている。しかしながら，推理の対象がその原理において確実でない場合は，演繹はつねに一時的な演繹であって，決して帰納と演繹を明瞭に分けることはできない（Bernard, C., 1865）。

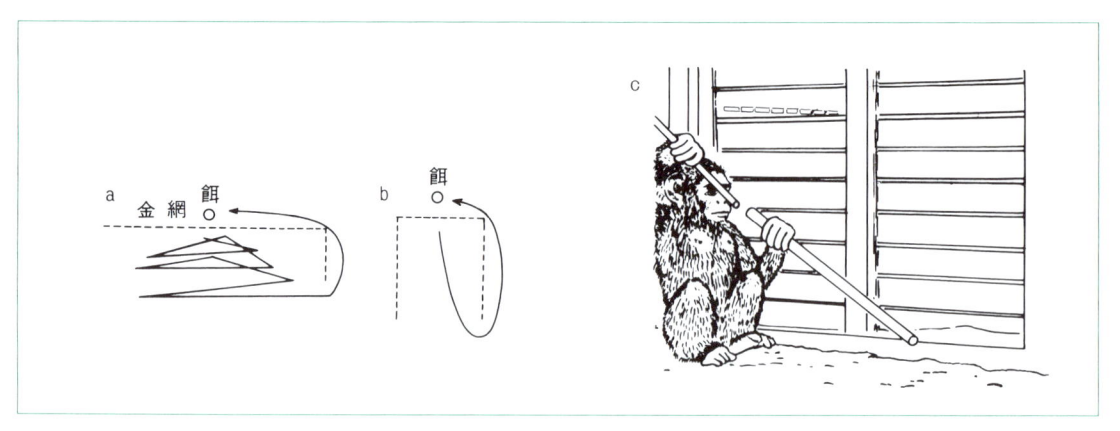

図 4-7 回り道問題（a, b）と道具の使用(c)（Köhler, 1962）
a　ニワトリは金網を通して餌をみると、初めは餌に対する衝動から、無闇にあちこち歩き回る、振子運動を行うが、偶然にも回り道しやすい場所にくると、突然に迂回し問題を解決する。
b　イヌは金網を通して餌を見ると、一種の唐突な変化、つまりぽかんとし、それから急に体を180°回転させて問題を解決するにいたる。
c　バナナが柵の向こうの遠くにあって1本の棒では引き寄せることができないとき、ズルタン（チンパンジーの名前）は、偶然に両手でそれぞれ太さの違う棒を持ち、それが一直線になるような状態が現れると、細い棒を太い棒の口に差し入れた。すでにその時、それまで背を向けていた柵の所へ飛んで行き、この継ぎ竿を道具としてバナナを引き寄せ始めた。

具体例をあげると、帰納は人間が得意とする推理の形式であって、たとえば初めてある犬をみた子どもが、母親から「これは、イヌですよ」と教えられた場合、少なくともその後の数回の学習によって、その子どもは大きい犬も、小さい犬も、また白い犬も他の色の犬も、そのクラスに属するものは一般的に"イヌ"であることを経験的－帰納的に推論する。

それに対して演繹は、すでに知識をもっている人あるいはコンピュータが得意とする推理の形式であって、たとえばもし胃癌がこういうものであって、それ以外の胃の病気はこういうものであるという知識が前提としてあるならば、個々の胃の疾患が癌かそうでないかを診断することができるように、仮説的－演繹的に推論する。いずれにせよ人間は、2個以上の前提からある結論にいたる三段論法（syllogism）によるのでなかったならば、到底推論を進めることはできないのかもしれない。

3) **仮説検証**　われわれ人間は、問題解決への方略として、過去の経験から得た知識や思考を用いて仮説を立て、それを検証するいわゆる仮説検証（hypothesis testing）を行っている。この過程は、直接観察できないことから、被験者に、たとえば DONALD＋GERALDの算術問題（図4-8）のような課題を与え、その解決過程をすべて言葉に出させて記録し分析する、内観法的な発語思考（Lautdenken）によって研究されている。

また、仮説検証過程をコンピュータ・シミュレーションによってモデル化する方法がある。問題を解決する際に、すべての可能な組み合わせの組織的な操作にしたがっていくと、必ず最

```
（桁 6 5 4 3 2 1）
  DONALD        D＝5
 ＋GERALD
  ROBERT
```

図 4-8　DONALD＋GERALD 算術問題（Greeno, 1978）
これは算術的な加算の暗号問題である。使われている10種類の文字は、それぞれ別々の数字を表わしている。問題は、すべての文字を数字に置き換えてこの加算式を満足するように、各文字に数字を当てはめることである。あらかじめ D＝5 であることがわかっている。解答は、図4-17を参照。

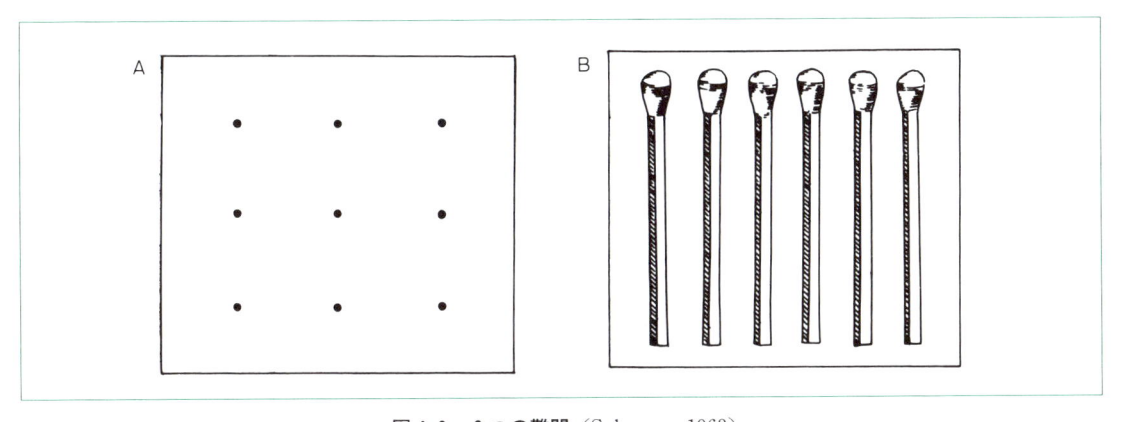

図 4-9　2つの難問（Scheerer, 1963）
B　6本のマッチ棒からマッチ棒を1辺とする4つの正三角形を作る問題

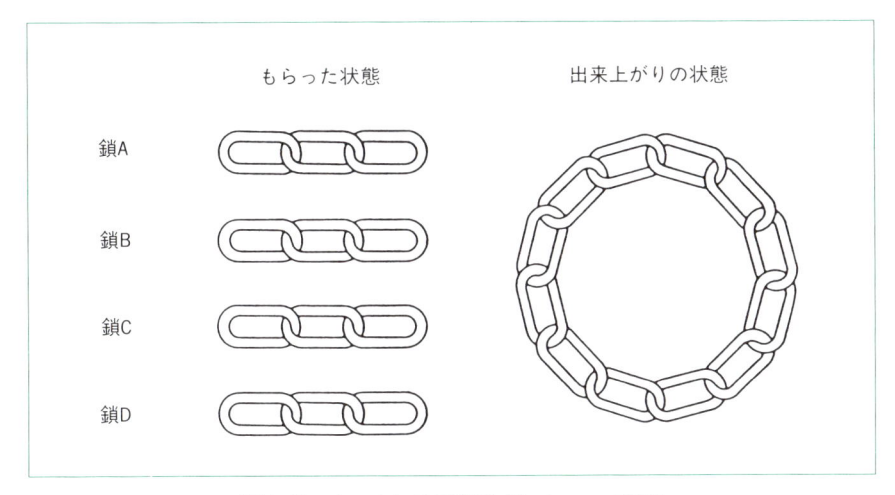

図 4-10　ネックレスの問題（Anderson, 1985）
問題：あなたは，3つの輪（link）でできた鎖（chain）を4つもらった（左図）。この4つの鎖をつないで，右図のようなネックレスに加工したい。15セント以内で安価に加工したいがどうすればよいか。1つの輪をあけるには2セントかかり，閉じるには3セントかかる。

終的には確実に解答に到達する方法をアルゴリズム（algorism）というのに対して，比較的短時間内にうまく答えを出す確率が高い発見的方法をヒューリスティックス（heuristics）という。

先程の DONALD + GERALD の算術問題を例にあげると，解答のところで示したように（図4-17　参照），各アルファベット文字が0～9のどの数字にあたるかを，確率の高いものに範囲を限って，その可能性を求めていく方法で，すべての数字の組み合わせから解答を出していくアルゴリズムと異なる。

4）問題解決への促進と妨害　　ある問題に対してヒントなどを与えられることによって一種の構えができると，その問題を解決するうえで促進的な効果を生むことはよく知られている。

それとは反対にある問題に対して，われわれが不適切な方略を自動的に適用することで，明らかに効果的でないアプローチに固く執着することを固着（fixation）と呼んでいる。いうまでもなくこのような固着は，問題解決を妨害する要因として作用する。

図4-9Aは，伝統的な知覚的固着の実例である。この問題は，紙から鉛筆を放さないで4本の直線を描くことで9つの点を結ぶというものである。ほとんどの人は，9つの点を四角と知覚し，鉛筆で描く線はその四角の境界線の中で描かねばならないと仮定する。実際，この問題は，そのような仮定からの中心転換を図ることによってのみ，つまり知覚的な四角の境界線を延長させて直線を描くことによってのみ解決することができる。マッチ棒ないしはそれに代わる対象があれば，図4-9Bの問題を解決してみよう（解答は図4-18　参照）。

　5）**孵化期の効果**　　むずかしい問題を解決する場合，いろいろと考えをめぐらしても，なかなか解けないことがある。そのようなときいったん問題解決場面を離れて，時間をおくと，新たな解決を見いだすことがある。この現象を**孵化期の効果**（incubation effects）という。図4-10は，シルヴェイラ（Silveira, J., 1971）によって，孵化期の効果を実験的に例証するのに使われた「ネックレスの問題（the cheap-necklace problem）」と呼ばれるものである。この問題を実際に解いてみよう（解答は図4-19）。しばらくして問題解決にいたらないときは，孵化期をおくと（授業後に再度考える）解決できる確率が高くなるはずである（Anderson, J. R., 1985）。

(2) 睡眠と夢

　空想（fantasy）や白昼夢（daydream），夢（dream）は，問題の解決に向かう**指向的思考**（directed thinking）とは異なって，意識の統制作用が弱められた状態での思考パターンである。これらの思考は，その人の内界にある願望や欲望，感情などに左右されるのが特徴であって，考えたことと外界とのつながりや論理的な一貫性などはいっさい意に介さないものである。

　1）**脳の活動水準と睡眠**　　睡眠は，覚醒に対応する脳の生理学的活動の現れである。図4-11のように，われわれの脳の意識的な活動水準は，眠りが深くなるにつれ周期的に低下する。つまり**α波**が消失し，それに代わる不規則な**δ波**が出現する。それに伴って，自発的な運動や外界からの刺激入力に対するわれわれの反応性は著しく失われていく。

　2）**逆説睡眠**　　睡眠には，急速な眼球運動の出現するREM期（rapid eye movement）と，それ以外のNREM (nonREM) 期がある（図4-12）。REM睡眠の特徴としては，急速な眼球運動がみられるほか，「金縛り」として体験するように抗重力筋の緊張が著しく低下する，いわゆる「からだの眠り」の時期である。また大脳皮質や記憶に関係のある大脳辺縁系の活動水準は覚醒時に近いことから，REM睡眠を**逆説睡眠**（paradoxical sleep）と呼んでいる。この時期に覚醒させると約80％の者が夢を見ていたと報告する。それに対して，「脳の眠り」といわれるNREM期の夢の想起率は約20％ほどでその内容も不明瞭であって，REM期の夢とは質が異なっている。

　REM睡眠の段階に入っている被験者を起こして夢を見させないようにすると約1週間後には種々の心理的な障害を示すようになる。このことから，人間は問題解決にみられるような意識的で合理的な思考と夢の中の無意識的で非合理的な思考とをうまく調和させて生活していることがうかがえる。しかしながら，このような心理的な障害は，夢を見ないように被験者を強制的に覚醒状態にすることから生じるのかもしれず，睡眠不足による身体的な疲労をどのように考えるのかという方法論上の問題が残されている（井上，1988）。

　3）**夢の精神分析的解釈**　　夢を科学的に探求した精神分析学の創始者フロイト（Freud, S.）は，夢を無意識の中に潜む願望の偽装された充足であって，夢の潜在思考という考えを重視する。たとえば，汽車の夢は無意識に潜在する死の象徴として解釈されたり，あるいは口中抜けた歯で一杯になる夢を反復してみる場合，現実での消化できない心理的な諸問題があることを象徴していると解釈する。

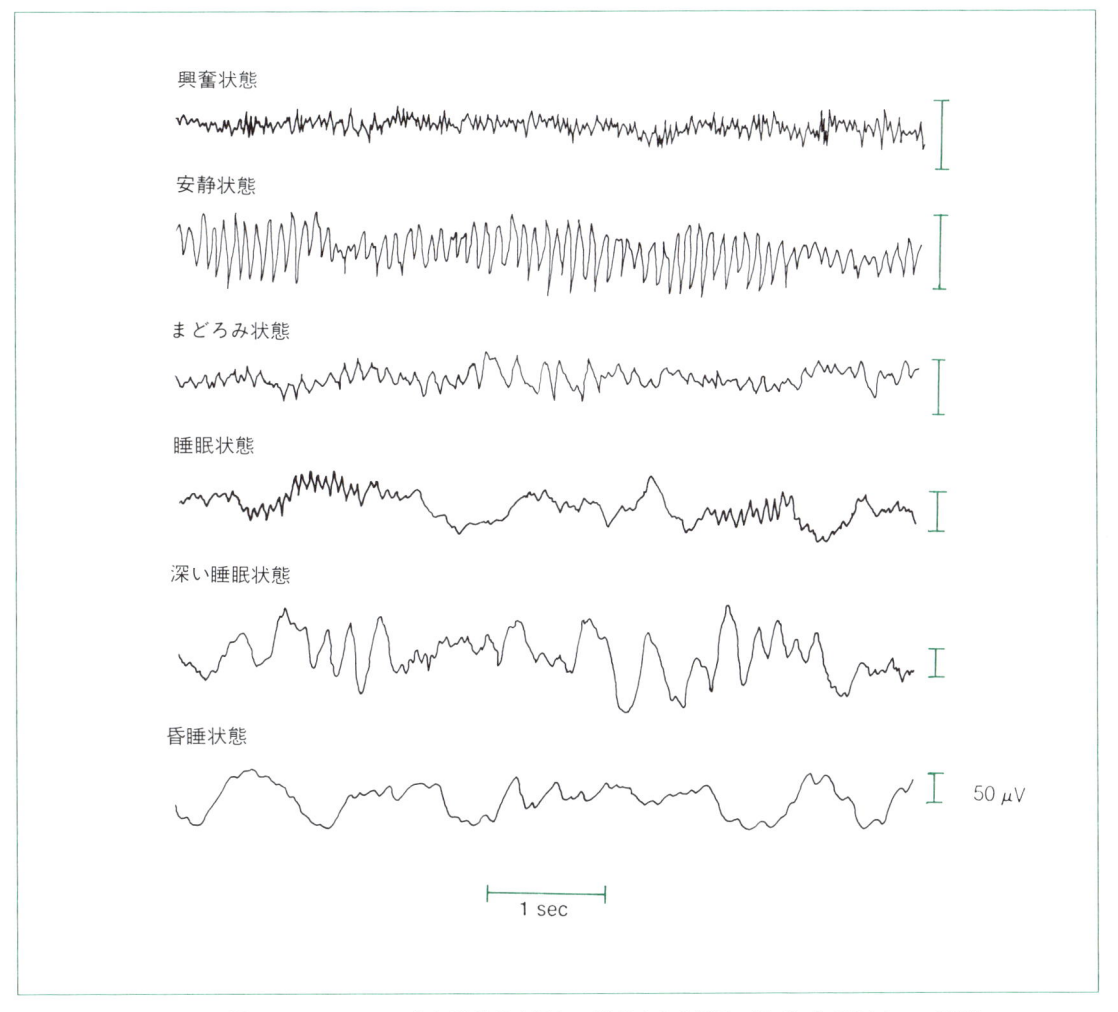

図 4-11　人間におけるいろいろな行動状態を通して記録された脳波（Kolb & Whishaw, 1990）

アルファ（α）波 alpha wave（8-13 Hz の周波数）は，ヒトの脳波の代表的なもので，閉眼安静状態の時に後頭部と頭頂部にみられる。

デルタ（δ）波 delta wave（0.5-3 Hz）は，α波より周波数の遅い徐波（slow wave）であって，生理的には新生児や幼児，さらに成人の睡眠状態の時にみられるが，覚醒状態にある成人にδ波が出現すると，脳機能の異常を示していると考えられる。

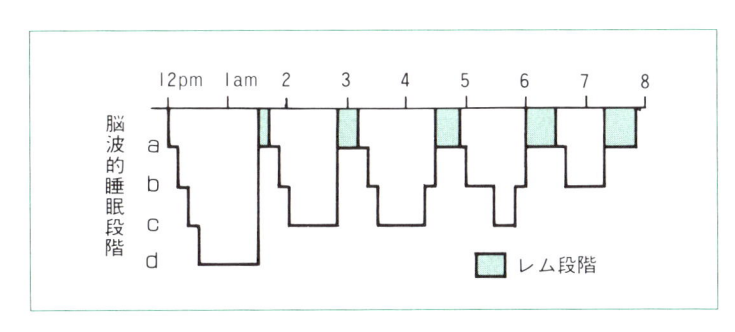

図 4-12　睡眠の時期（大熊, 1982）

脳波の波型から眠りの深さをaからdの4段階に分けている。図は，人間が眠りについてからの時間経過に沿った眠りの深さを示したものである。明け方に近づくにつれ，REM 期の約1時間半の周期が長くなるのに対して，NREM 睡眠の深度は，次第に浅くなる。

(3) 創造的思考

創造的思考（creative thinking）とは，たとえば芸術家や科学者の創作や発明・発見に代表されるような，既成のものでない，新しい着想に基づくところの価値水準の高い思考をいう。この思考の特徴は，一般にある定まった解答を求めて問題を解決していく**収束的思考**（convergent thinking）とは異なり，種々の可能性について多くの解答を求めていく**拡散的思考**（divergent thinking）を重視するところにある。それゆえ，創造的思考に関する研究は，方法論的な問題もあって，どの解答が真に創造的なのかを判断することがむずかしく，現在ほとんど未開発な状況である。

(4) 言語とは

われわれが言語の知識を使って聞いたり，話したりするパフォーマンスは言語の一つの側面であるが，言語学的なコンピテンス（linguistic competence），すなわち言語の文法や規則に関するわれわれの抽象的な知識もそれと等しく重要である（Chomsky, N., 1978）。

1) 言語の本質　言語（language）はよく，音声を用いた話しことば（speech）と等価に解釈されることがあるが，決してそうではない。事実，聞くことはできるが話すことのできない子どもは，種々の身振り・手振り反応によって，彼が聞いた短い"お話"の内容に対する文法的に複雑な質問に十分な理解を示している（Lenneberg, E. H., 1967）。では，言語とは何なのか。まず言語の特質を定義することから始める。

表4-2は種々取りあげられている言語の特徴の中から，とくに人間の言語にとって重要なものを五つにまとめて紹介した（Hockett, C. F., 1960；Brown, R., 1973）。無意識的かつ自動的にわれわれが使っている言語とは，どのようなものなのか。まずこの表に示した言語の特徴とその内容をそれぞれ十分に理解してほしい。

2) 脳と言語　人間の大脳両半球は，左右それぞれその機能に差がある。一般に左半球は言語機能をつかさどり，右半球は音楽や空間知覚など非言語機能の働きに優れている。図4-13は，言語優位半球が左半球に局在していることを，分割脳患者を対象に実験したその方法と結果である。では言語発達の中で，いつごろからこのような大脳両半球の機能差が見られるのであろうか。

図4-14は，乳児を対象に，左右の耳に同時に異なる言語音を聞かせて，どちらか一方の音を変化させることによって，乳児にも半球優位性がみられるのかどうかを調べるための実験手

表4-2　言語の特徴リスト

言語の重要な機能としては，伝達と心的な表象がある。この言語の特徴リストは，外から観察できる伝達的側面に限って取りあげたものである。

言語の特徴	その内容
生産性（productivity）	母国語の文法にしたがって，有限個の単語から無限の新しい文を生産する。言語の創造的な側面。
二重性（duality）	無意味な単位の組み合わせから有意味な単語が作り出される。例：「リ」「ン」「ゴ」の無意味な3音から「リンゴ」という有意味語を作る。
恣意性（arbitrariness）	言語とその指示物との間に本質的な関係はなく，社会的な約束事として，それぞれの単語に恣意的な意味を付与している。例：同じ対象に対して，日本語＝「モモ」，英語＝「peach」，独語＝「der Pfirsich」などの言語を恣意的にくっつけている。
転位性（displacement）	時間空間的に離れたものに言及する。例：聞き手に昨日の出来事を伝達する。
文化的伝承性（cultural transmission）	世代を越えて，コミュニケーションによってそれぞれの文化を伝承する。

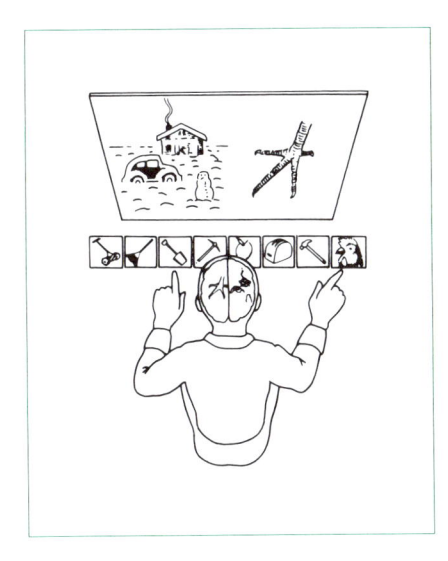

図4-13 分割脳患者による言語優位半球の実験（Gazzaniga & LeDoux, 1978）
分割脳（split brain）は、左右大脳両半球面の連絡線維（主として脳梁）を切断された脳のことをいう。左半球は右視野のトリの足をみて、右手にニワトリのカードを選ばせる。この場合、左半球（言語優位半球）はなぜニワトリを選んだかについて説明できる。しかしながら、右半球は左視野の雪景色をみて、左手にスコップのカードを選ばせることはできるが、言語機能を司る左半球からの情報伝達がないため、その理由を説明することができない。

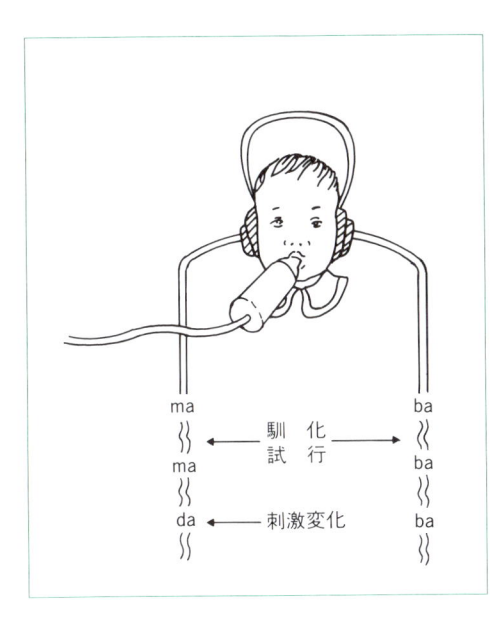

図4-14 乳児の言語音に対する半球優位性を調べる実験手続き（Entus, 1977）
乳児は、新奇刺激に対して積極的に興味を示すことが知られている。乳児は、新奇刺激である言語音を呈示されると、吸啜反応を頻繁に行うようになる。しかしその同じ言語音を繰り返し呈示すると、馴れが生じ、もはや新奇性は失われ、乳児は吸啜反応をしなくなる（馴化）。

この状態で一方の耳の刺激だけを図のように変化させると、今までと違った言語音であると知覚した耳からの刺激変化に対して、乳児は再び吸啜反応を生起させるようになる。この反応回復効果は、右耳の刺激を変化させたときの方（左半球優位）が、左耳の刺激を変化させたとき（右半球優位）よりも顕著である。つまり、乳児も成人同様に、右耳からの言語音（左半球優位）に対して敏感なのである。

続きである。その結果、乳児も左半球で言語を処理していることがわかった（つまり、右耳の言語音に対してより敏感に反応した）。しかしながら、このような両半球の機能差は、他の動物においては、人間ほどに明確には認められていない。

(5) ヒトの言語獲得過程

人間は言語的生物であるといわれるが、現在地球上には、2,500ないし3,500種もの多くの言語があると推測されている（服部，1967）。それらはすべて優劣つけがたいほどに完全な言語であって、非常に性質の違う言語もある。このような言語は、人間の社会において、人間の生活にとって、非常に重要な、しかも多種多様な機能をもっている。

1) **母国語の音韻体系**　人間における大脳皮質言語領の神経細胞の配線は、言語が出始める前の生後2年間に急速な進展を遂げ、その後の言語習得に敏感な2歳から12歳の時期に備えて、その基盤を整えている。その発達過程で、乳児がそれぞれの母国語の音韻体系を獲得し始めるのは、生後7, 8カ月ごろの模倣期においてである。その前段階の、聴覚へのフィードバ

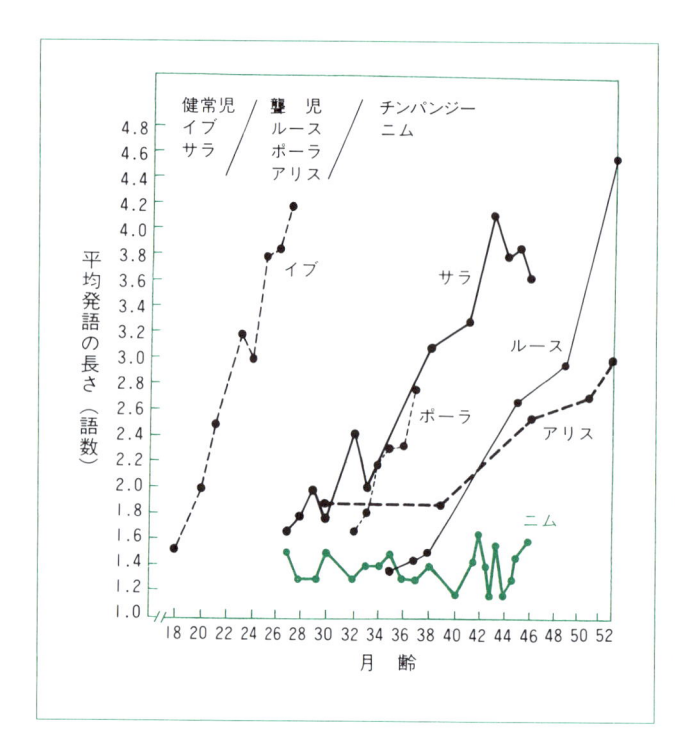

図4-15 健常児と聾児およびチンパンジーにおける月例と平均発話の長さとの関係（Terrace, 1979）

チンパンジーのニムは，手話によって言語訓練されている。この図からは，人間の子ども（健常児と聾児）とチンパンジーとの動物種間の比較と，音声機能と聴覚機能の有（健常児）無（聾児）の比較が可能である。

ックを伴う喃語期の自己発声を通して，次第に分化した音を弁別するようになった乳児は，この時期に積極的に周りの大人の音声を模倣するようになり，それぞれの母国語を獲得していくといわれる。

2) **乳児の同期行動**　乳児は，産まれたときすでに，聞こえてくる人間のことばにタイミングをあわせて，リズミカルな身体の動きをしていることが明らかになっている。人の声でも母音だけの連続音や物理的な打叩音に対しては，このようなリズミカルな同期行動はみられないことから，このような乳児のことばに対する反応を**相互作用性の同期現象**（interactional synchrony）と呼び，対人的なコミュニケーションの始まりを示すものと考えられている（岡本，1982；鹿取，1982）。

3) **発話の長さ**　図4-15のように個人差の問題はあるが，人間の子どもは，健常児も聾児も月齢とともに平均的な発話の長さ（length of utterance）が長くなり，それに伴って文法的な複雑さも増していく。

それとは対照的に，もっとも人間に近い動物種であるチンパンジーは，語の記号列（string）は長くなっても，たとえば手話（" Banana me eat banana eat "）のように，単純な繰り返しによるものであって，図からわかるように，平均発話の長さは月齢に伴って変化しない。表出される文も，人間の子どものように言語の文法規則に従ったものではなく，要求を反映したものである。

また，聾児とチンパンジーの言語は，ともに音声機能と聴覚的フィードバックに欠ける点で類似しているが，図4-15によると両者の差異はきわめて大きく，その違いが，音声と聴覚以外の要因（たとえば概念的思考など）によることを物語っている。

4) **語の汎用**　一語をその語の慣用の意味範囲を越えて，過度に拡張して使用することを**語の汎用**（overgeneralization）という。図4-16は，両親からペットの犬が「わんわん」であることを教えられた乳児が，「わんわん」の概念に対応する知識構造を構成し，それに基づいて，その乳児をとりまく世界のさまざまな対象（たとえば図では，別な犬と猫，はいはい

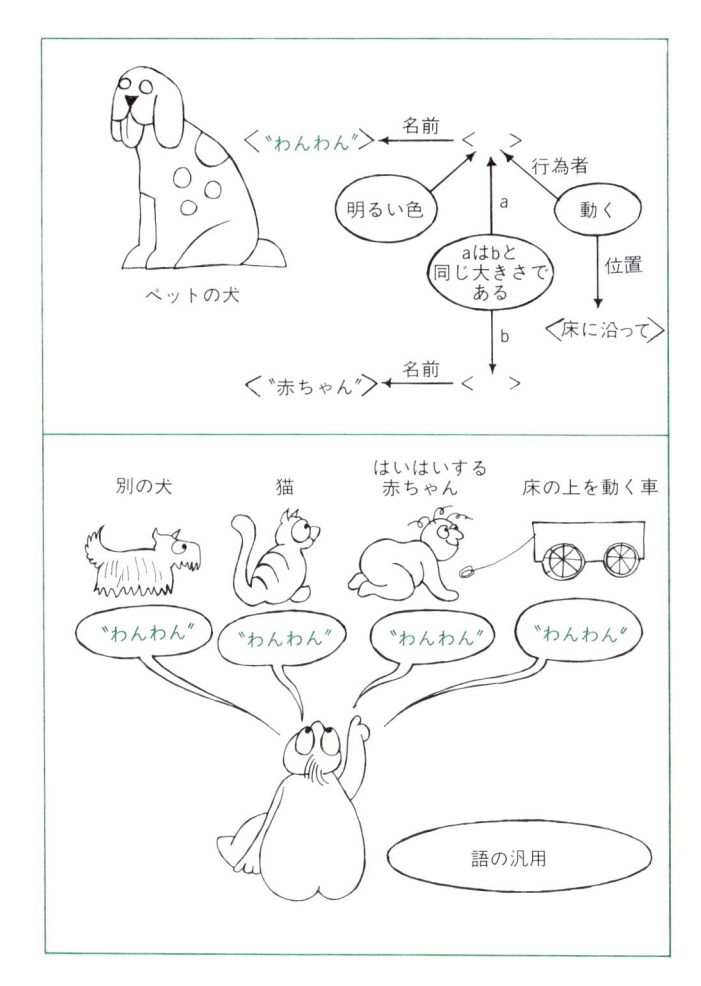

図 4-16 語の汎用（Lindsay & Norman, 1977）

ペットの犬が「わんわん」ということを学習した乳児が，その語を他の対象（別の犬・猫・はいはいする赤ちゃん・床を動く車）にも使う現象で，生後1年1ヵ月ころから約8ヵ月続いて生起する。「わんわん」の概念に対応した子どもの知識構造を構成するのである。

する赤ちゃん，床の上を動く車）に，「わんわん」という名前を拡大して使用する現象を示したものである。この種の語の汎用は，文化を越えて言語獲得過程にみられる普遍的な現象であって，言語発達や思考と言語の関係を解明する重要な鍵の一つと考えられている（村田，1977参照）。

(6) 思考と言語

人類の誕生は，シンボル使用の誕生でもあるといわれるように，思考の媒体であるシンボルは，物事を計画したり，吟味したり，探求したりするときに，われわれが「頭の中」にあることを何らかの「かたち」として外に表出させたものである（佐伯，1986）。その代表が言語であり，現代社会では，コンピュータが思考の媒体として使われるようになってきている。

1) 思考と言語の関係 ウォーフ（Whorf, B. L.）による**言語相対仮説**（linguistic relativity hypothesis）では，思考は母国語とする言語の特性によって規定されるという。つまり母国語の違いが，思考の違いに反映されるのである。

それに対して，思考の発達は，言語に先行し，言語の発達にとって必須のものであるという正反対の考えがある。さらには中間的立場の，言語と思考とは幼児期において別々に発達し，ある時期から相互に関係しあうようになるというヴィゴツキー（Vygotsky, L. S., 1969）の説もある。このように思考と言語の関係はきわめて複雑で，意見の一致をみないのが現状である。

2) 言語生得説 対 認知普遍説 チョムスキーは，ヒトの脳は自然言語の特性を扱うように生得的にプログラムされているという言語の生得説を唱えているのに対して，ピアジェ

(Piaget, J.)は，言語の普遍的特性は決して生得的に備わっていないとチョムスキーの考え方に反論している。

ピアジェによると，言語の特性は獲得されるものであって，その起源は0～2歳の感覚運動的シェマの中に求めることができるという。すなわち，このような言語獲得以前の感覚－運動的シェマの発達こそが文化を越えて普遍的であり，その後に入力される言語情報の処理のモデルとなるという（認知普遍説）。感覚－運動的シェマとは，発達初期の子どもの環境世界に対する認識が，直接外界に働きかける子どもの動作によって，内的に図式化させた動作の枠組みのことである。

この点に関して，ブラウン（Brown, R.）は，幼児の2語文を分析することによって，感覚運動期の経験が，子どもの言語の獲得に大きく影響していることを実証している。

3) **内言と外言**　ヴィゴツキーによると，言語はもともと社会的なコミュニケーションのためのものであって，他者に向けられた社会的なことば（外言）から，自己に向けられた，思考するための個人的な言語（内言）が機能的に分化していくという。この内言化への移行は，言語が行動や思考を媒介する機能を担うようになるために重要な過程であり，言語感覚である聴覚は，外言と内言という言語発達の2つの方向に応じて，人間間の社会的なコミュニケーションの器官となり，また概念的思考の媒介器官となることから（篠，1985），思考する感覚器官としての発達的な役割は大きくかつ重要であろう。

4) **概念行動**　概念とは，対象の一般化（a generalization of objects）であり，対象に対してわれわれが帰納したその結果である。われわれは，思考の経済の原則にしたがって，情報を効率よく処理するために対象をカテゴリーに分け，関係のあるもの同士をさらに関係づけて範疇化を行っている。それゆえわれわれの概念行動はまさに，このような情報圧縮の必要性に基づいた思考のメカニズムであるといえる。

概念の構造　概念あるいはカテゴリーには2種類の異なった構造があると考えられている（Rosch, E., 1978）。その1つは概念の内部構造にあたるもので，プロトタイプ理論として知られている。プロトタイプは，カテゴリーのメンバーの中でもっとも典型的な好事例のものであって，カテゴリーの中心に配置されている核的存在である。この構造においては，カテゴリーの境界線つまり概念の外延的意味の範囲はファジィであって，ほとんど明瞭でないのが特徴である。

もう1つはカテゴリー間で交叉する垂直次元の構造である。対象の範疇化においては，たとえば対象を"イヌ"とした場合，上位水準の"動物"カテゴリーや下位水準の"スピッツ"カテゴリー，それに同位水準のネコやライオンといったカテゴリーが階層的に構造化されている。しかもそのなかで，他のカテゴリーともっともはっきりと客観的に識別できる水準があるという。先程の"イヌ"カテゴリーの例では，われわれが"ある一匹の犬"，たとえば隣のポチを見たとき，それをわれわれは"動物"だとかあるいは"スピッツ"だとか判断するよりも，一般に"イヌ"だというように判断しやすい。このような水準をロッシュは，カテゴリーの基本水準（basic level）と呼び，垂直次元の構造としてとらえている。

概念の働き　概念は，知識の表象機能として言語的な側面と非言語的なイメージの側面とからなっている。これらの働きについては，今日ではコンピュータ・シミュレーションによる思考のモデル化の方向で研究が進められている。その中でもイメージの果たす役割は重要であると認識されてはいるものの，現状ではあまり知られていない。しかしながら近年，高度に学際的なアプローチを駆使することによって，われわれの視覚的な心的イメージがどのようにして脳の活動から起こるのか，といった研究（Kosslyn, S. M., 1994）や人間と環境とのコミュニケーションが心的表象にどのように変換されていくのか，といった空間的心的モデルの研究（Tversky, B., 1991など）からの解明が進められようとしている。

3 記憶と情報処理 47

1. D＝5だから，T＝0となり，2桁目に1繰上がる。
2. 5桁目を見ると，0＋E＝0であるから，0か10を0に加えることになる。ところがT＝0だから，E≠0である。するとE＝9（＋1繰上がり）となる。
3. E＝9ならば，3桁目のAは4（＋1繰上がり）となる。
4. 2桁目は，L＋L＋1繰上がり＝R＋1繰上がりである。Rは奇数であるはずだ。残りの奇数は，1，3，7である。しかし，6桁目を見ると，5＋G＝Rであるから，R＞5の奇数つまりR＝7となり，それに伴ってL＝8，G＝1となる。
5. 4桁目は，N＋7＝B＋1繰上がりであるから，N≧3である。残りの数字は，2，3，6なので，Nは3か6である。ところが，N＝3ならば，B＝0になるので，必然的にN＝6でなければならない。それゆえB＝3となる。
6. 残りの文字と数字から，O＝2となる。

```
    526485
+   197485
    ──────
    723970
```

図4-17　DONALD + GERALD 算術問題（図4-8）の効果的な解決過程例（Lindsay & Norman, 1977）

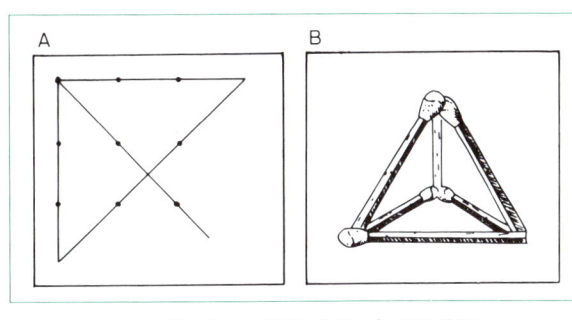

図4-18　2つの難問（図4-9）の解答例
Bマッチ棒の問題は，3次元のピラミッドをつくることで解決される。
多くの人は，初めにマッチ棒を知覚したように，それらを平面上に置かねばならないと仮定する。

どれか一つの鎖の輪を3つともすべてあける（2セント×3＝6セント）。次にそのあけられた3つの輪を使って，残りの3つの鎖をそれぞれつなぎ，その3つの輪を閉じる（3セント×3＝9セント）と，計15セントで安いネックレスができる。

図4-19　ネックレスの問題（図4-10）の解答

3　記憶と情報処理

　　現代の認知心理学では，心の働きを情報処理モデルに基づいて説明する。このモデルでは，すべての人間は基本的には同じ情報処理システムを備えており，このシステムにより環境の情報（刺激）を入力し，処理し，出力（反応）すると考える。情報処理システムは，情報の制御過程（control process）と3種類の記憶（memory）から構成されている（図4-20参照）。

(1) 記憶の意味と過程

　　記憶とは，ものごと（情報）をおぼえこみ，その事柄を保持し，必要なときに思い出す心の働きである。その事柄を思い出せないことを忘却（forgetting）という。また，記憶には，情報をおぼえこむ過程としての記銘（memorizing），保持する過程としての貯蔵（storage），思い出す過程としての検索（retrieval）がある。

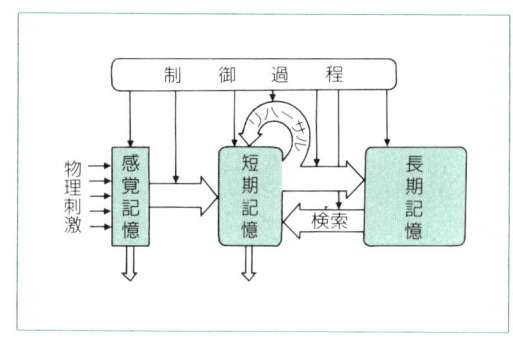

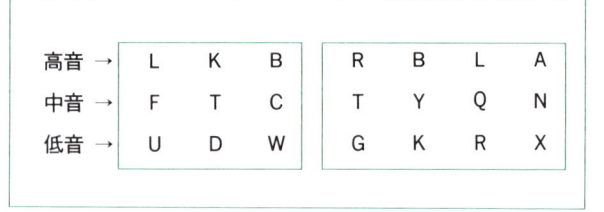

図 4-20 記憶系における情報処理モデル
(Atkinson & Shiffrin, 1971)

図 4-21 実験で使われた刺激配列の例

(2) 記憶の構造

　記憶の構造は，どのようにとらえられているのだろうか。現在の記憶の情報処理モデルによれば，記憶システムは感覚記憶（短期感覚貯蔵），短期記憶（作業記憶），長期記憶の3つから構成されていると仮定されている。例として，アトキンソンとシフリン（Atkinson, R. C., & Shiffrin, R. M., 1971）のモデルを図4-20で示す。ただし，ここで注意を促したいことは，頭（脳）のなかの生理学的に異なる部位にこれら3種類の記憶があるのではなく，あくまでもモデル（関連ある現象を包括的にまとめ，そこに一つのまとまったイメージを与えるようなシステム（印東，1973））であり，概念的枠組みである。

　1) 感覚記憶 (sensory memory)　環境からの情報（刺激：物理的エネルギー）は，まず感覚器官を通じて感覚記憶に入力される。ここでは，情報は処理をうけずに正確に貯蔵される。この記憶の容量は無限と考えられるが，情報は急速に減衰する（視覚情報は約1秒で，聴覚情報は約4秒で）。感覚記憶は，それぞれの感覚に対応するものがあると考えられているが，視覚情報に関するアイコニック（映像的）記憶と聴覚情報に関するエコイック（音響的）記憶（Neisser, U., 1967）がとくによく研究されている。

　アイコニック記憶の実験　スパーリング（Sperling, G., 1960）は，被験者に50ミリ秒，図4-21のような刺激（アルファベット行列）を提示し，見えた文字をできるだけ多く答えてもらった。提示されたすべての文字を答えてもらうことを全体報告法という。刺激提示後に高・中・低の信号音を聴かせ，対応する行の文字のみを答えてもらうのを部分報告法という。この方法でも被験者は前もってどの音がでるのかわからないので刺激全体に注意しなければならない。結果は全体報告法では平均4.5文字であるが，部分報告法ではほぼすべての文字が利用可能である。なお，この利用可能文字数は以下のような式で得られる。

$$\frac{\text{正答率}}{100} \times \text{提示文字数} = \text{利用可能文字数}$$

　また，図4-21の右側の4文字×3文字の刺激提示から信号音までの時間間隔を変化させた結果が図4-22である。時間間隔が1秒になると全体報告法の結果と同じレベルになる。このような結果から，アイコニック記憶の存在と特性が認められたのである。

　2) 短期記憶 (short-term memory)　感覚記憶内の情報が減衰する前に「注意」をはらわれるとその情報は短期記憶に転送される。ここでは，情報は基本的には音響的な様相に変換される。この記憶の容量は7±2チャンク（Miller, G. A., 1956）と考えられている。情報はリハーサル（復唱）を行わないと短時間（約18秒）で消衰してしまう。また，短期記憶は意識的な記憶と考えられている。しかし，現在では，この単一の短期記憶という概念を発展させた，より柔軟で能動的で，暗算，言語理解，推理などにかかわる作業記憶という概念が提起されて

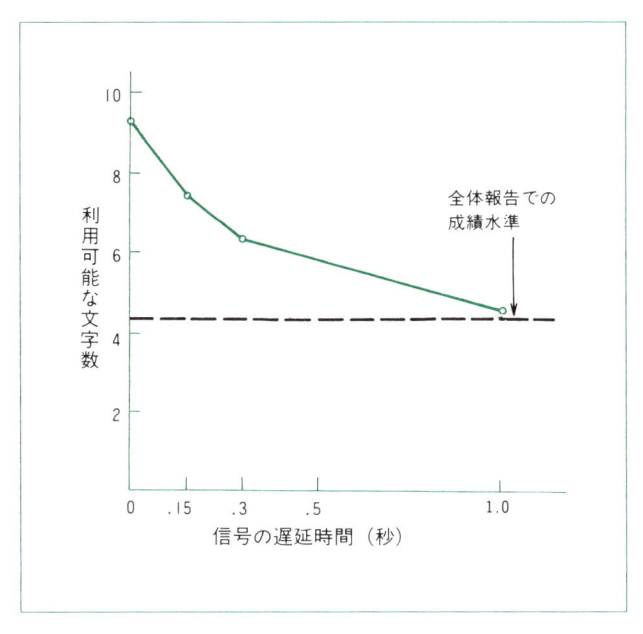

図 4-22 部分報告法における報告"行"信号の遅延の影響（Sperling, 1960）

いる（Baddeley, 1986, 1990）。作業記憶は，言語リハーサルをつかさどる調音ループと視覚・空間的情報の処理を行う視覚・空間的記銘メモ，それらをコントロールする中央制御部から構成されていると考えられている（図4-23）。

短期記憶の実験 ピーターソン夫妻（Peterson, L., & Peterson, M. J., 1959）は，被験者に3個の子音（たとえば，GKB）を2秒間提示した後に，リハーサルをさせないために暗算課題（3桁の数から3つずつ逆算する）を一定時間（0秒から18秒）与え，最後に3個の子音を思い出させた。図4-24がその結果である。記憶成績は，情報の保持時間が長くなるにつれて急速に低下し，18秒後には約90％が忘れられてしまうことがわかる。

3）長期記憶 短期記憶の情報の一部は，リハーサルなどの操作をうけると長期記憶に転送される。長期記憶の容量は無制限できわめて大量の情報を貯蔵できる。ここでは情報は体制化されており，時間経過によって情報が減衰することはない。しかし情報を検索する通路が新しい情報によって干渉されたときその情報は消失されると考えられている。

タルヴィング（Tulving, E., 1972）は長期記憶を意味記憶（semantic memory）とエピソード記憶（episodic memory）の2つに分類した。意味記憶とは，仮名や漢字や数字，単語や単語の意味，科学的式や計算方法などのような一般的知識のことである。エピソード記憶とは，特

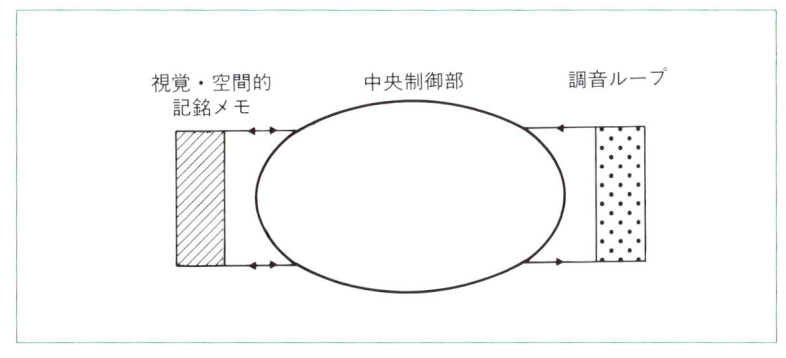

図 4-23 作業記憶モデル（Baddeley, 1990）

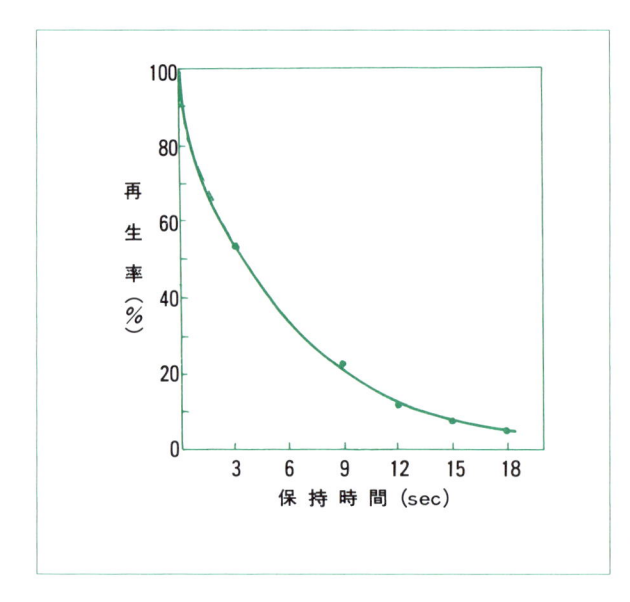

図4-24 ピーターソンらの実験結果 (Peterson & Peterson, 1959)

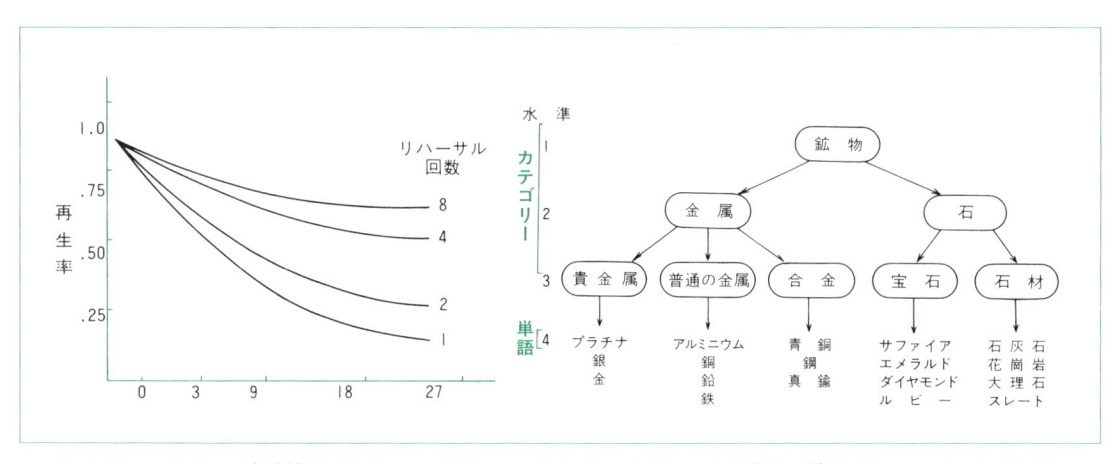

図4-25 ヘリヤーの実験結果 (Hellyer, 1962)　　図4-26 バウアーらの実験の材料 (Bower et al., 1969)

定の時間的，空間的に規定された出来事に関する記憶（たとえば，私はこの教科書を1995年4月8日に大学生協で買った，といった記憶）で自伝的記憶とも呼ばれるものである。この2つをまとめて宣言的記憶ともいう。さらに，タルヴィング（1983，1985）は，もう1つのタイプの記憶として「車の運転」などのような技能に関する記憶を手続き記憶と呼んだ。現在では長期記憶はこのように意味記憶，エピソード記憶，手続き的記憶の3つに分類できる。

長期記憶の実験　ヘリヤー（Hellyer, S., 1962）は，被験者に3子音綴りを提示し，リハーサル（1－8回）をさせ，つぎに暗算課題を（0－27秒）を与えた後再生させた。図4-25がその結果である。リハーサルの回数がふえると再生率がよくなることがわかる。すなわち，短期記憶内の情報はリハーサルをうければうけるほど，よく長期記憶に転送されると考えられる。

バウアー，クラーク，レスゴールドとウィンゼンツ（Bower, G. H., Clark, M. C., Lesgold, A. M., & Winzenz, D., 1969）は，半数の被験者（実験群）に図4-26のように階層化したカテゴリー名と単語の計28項目を1分間ずつ4つ提示し（体制化条件）記銘させた。残り半数の被験者（統制群）には，カテゴリー名は与えられたが単語はランダムに組み合わされたものを同じように提示し（ランダム条件）記銘させた。被験者には，最後にすべてのカテゴリー名と単

表 4-3 バウアーらの実験結果 (Bower, et. al., 1969)

条件	試行			
	1	2	3	4
体制化	73.0	106.1	112.0	112.0
ランダム	20.6	38.9	52.8	70.1

語（計112個）の再生が求められた。被験者は，このような課題を4試行行った。結果は表4-3のようになった。成績はこの表で明らかなように，体制化を行い記銘した方が圧倒的に優れていた。

意味記憶の実験 意味記憶は，どのような構造になっているのだろうか，またどのように表現できるのだろうか。ここでは代表的なモデルとして，ネットワークモデル（network model）を紹介したい。

コリンズとキリアン(Collins, A. M., & Quillian, M. R., 1969)によれば，意味記憶は図4-27のような階層化されたネットワーク構造をなしている。このネットワークは，概念を表すノードとそれに連結する属性を示すリンクからできている。ただし，ある概念を特徴づける諸属性は対応する概念にのみリンクしていると仮定されている（認知的経済性の仮説）。コリンズらは，被験者に「カナリアは黄色いですか」「カナリアは飛びますか」「カナリアには皮膚がありますか」「カナリアにはエラがありますか」といった文を提示し「イエス」か「ノー」かをできるだけ早くかつ正確に判断させ（文検証課題：semantic verification task），その反応時間を測定した。結果は図4-28に示されている。反応時間が記憶構造に依存していることがわかる。すなわち，質問に答えるのに必要な情報（属性）が上位であればあるほど（水準の差が大きいほど）反応時間は長くなる。このモデルでは，階層における水準を1段階さかのぼるのに必要な時間は，約75ミリ秒である。ただし，このネットワークモデルにはいくつかの問題点があり批判を受けた (Conrad, C., 1972 ; Rips, L. J., Shoben, E. J., & Smith, E. E., 1973)。たとえば，図4-28のような結果は，事例が典型的な場合には見いだされるが，「ダチョウ」といった非典型例では認められない。

コリンズとロフタス (Collins, A. M., & Loftus, E. F., 1975) は，上記の問題点を克服するため，上記のような階層化されたネットワークモデルではなく，意味的距離の概念を付加した新たなネットワークモデルを提案した（図4-29）。このモデルでは，概念間の意味関係の強さがリンク間の距離として示されている。「カナリア」と「黄色」との距離は，「カナリア」と

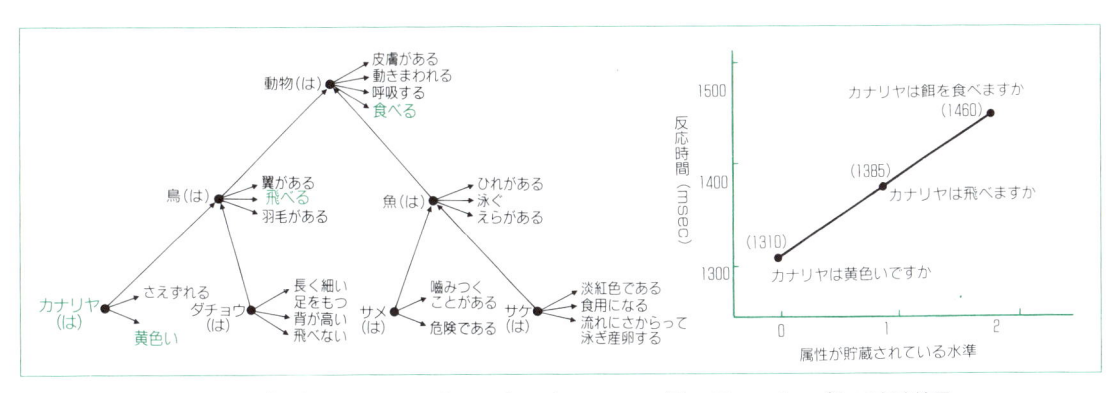

図 4-27 コリンズとキリアンのネットワークモデル
(Collins & Quillian, 1969)

図 4-28 コリンズらの実験結果
(Collins & Quillian, 1969)

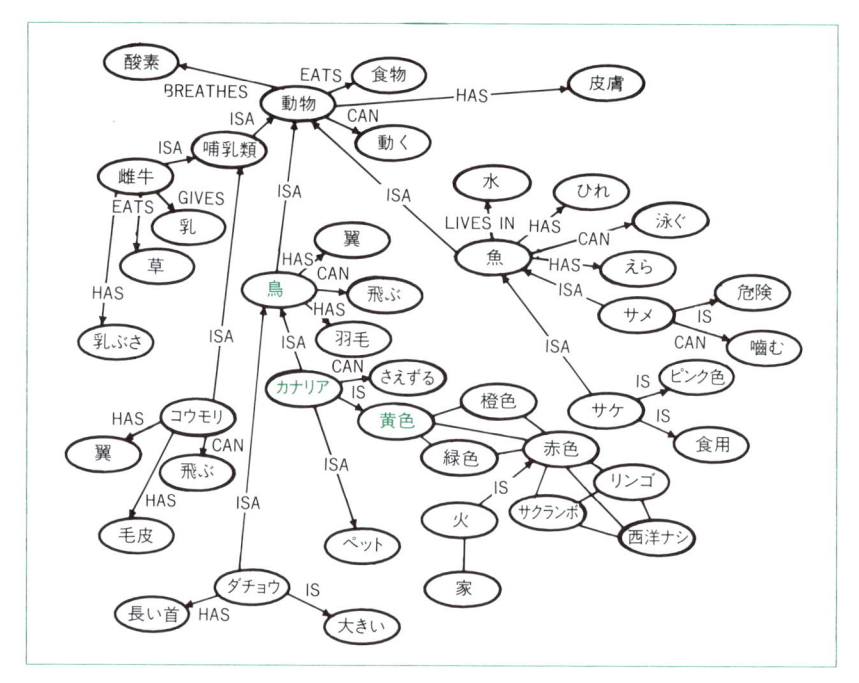

図4-29 コリンズとロフタスの活性化拡散モデルにもとづく概念的ネットワークモデル
(Collins & Loftus, 1975)

「ペット」より短い。また，「鳥」とその典型的下位カテゴリーである「カナリア」との距離は「鳥」とその非典型的下位カテゴリーである「ダチョウ」より短い。このモデルによって，文検証課題における典型性効果なども説明できるようになった。また，コリンズらは，このモデルに基づく「活性化拡散理論」を提起した。この理論によれば，ある概念（鳥）が刺激されると活性化がネットワークのリンクにそって拡散する。すなわち，そのノードにリンクした他のノードや属性も活性化される。また，その概念に意味的により近い概念（カナリア）の活性化のほうが遠い概念（ダチョウ）の活性化より高い。文検証課題における反応時間は，この活性化レベルを反映するものと考えることができる。

(3) 情報処理システムにおける制御過程

情報処理モデルにおける，代表的な制御過程を情報の流れにそって説明する。感覚記憶と短期記憶間の制御過程としては「注意」と「パターン認識」があり，短期記憶と長期記憶間においては「チャンク化」と「リハーサル」がある。

1) 注意 (attention)　　前節で述べたように，感覚記憶内には非常に多くの情報が存在するが，きわめて短時間で減衰してしまう。ここで，必要な情報を短期記憶に転送する過程が注意である。この注意のわかりやすい例として**カクテルパーティ効果**がある。カクテルパーティ効果とは，パーティの会場などで大勢の人びとが談笑しているとき，自分の関心のある特定の人たちの会話に「注意」をむけることによって，その内容を聞き取ることができるという現象のことである。

2) パターン認識 (pattern recognition)　　パターン認識とは，感覚記憶内の物理的パターンをなんらかの意味のあるものとして認識することである。すなわち，感覚記憶の情報を長期記憶の一部である感覚—辞書的知識と照合して意味を付与することである。パターン認識のモデルとしてセルフリッジ (Selfridge, O., 1959) の**パンデモニアムモデル** (pandemonium model；伏魔殿モデル) を紹介する。このモデルは，図4-30に示されるように，4種類のデー

モン（悪魔）によって構成されている。最初のデーモンは，イメージデーモンと呼ばれるもので，その働きは外界の情報の「イメージ」を単に記録するだけである。第2のデーモンは特徴デーモンである。彼らはイメージを分析して，その中の特定の特徴を捜し出す働きをする。たとえば，あるイメージのなかに直線があるかどうか，角度は直角かどうかといったように。第3のデーモンは認知デーモンであり，それぞれのアルファベットに対応するデーモンがいる。その働きは，特徴デーモンの反応を注意深く監視し，自分が担当する文字のパターンの特徴を発見したら叫び声をあげ，さらに，多くの特徴を発見すればするほど大きな叫び声をあげることである。最後のデーモンは決定デーモンである。決定デーモンは，もっとも大きな叫び声をあげている認知デーモンを判定し，パターンを認識するのである。

3） チャンク化　　チャンク（chunk）とは，一つのまとまった意味単位のことである。たとえば，「ニワトリ」に関していえば文字を単位とすれば4チャンクであり，1つの単語とすれば1チャンクである。図4-31にアンダーソン（Anderson, J. R., 1980）があげているチャンクの例を示す。

4） リハーサル　　リハーサルとは，記銘しようとする情報を繰り返す（復唱）ことである。リハーサルには2つの働きがあると考えられている。第1のものは，情報を短期記憶内に維持する働きである。第2のものは，情報を短期記憶から長期記憶へと転送する働きである。

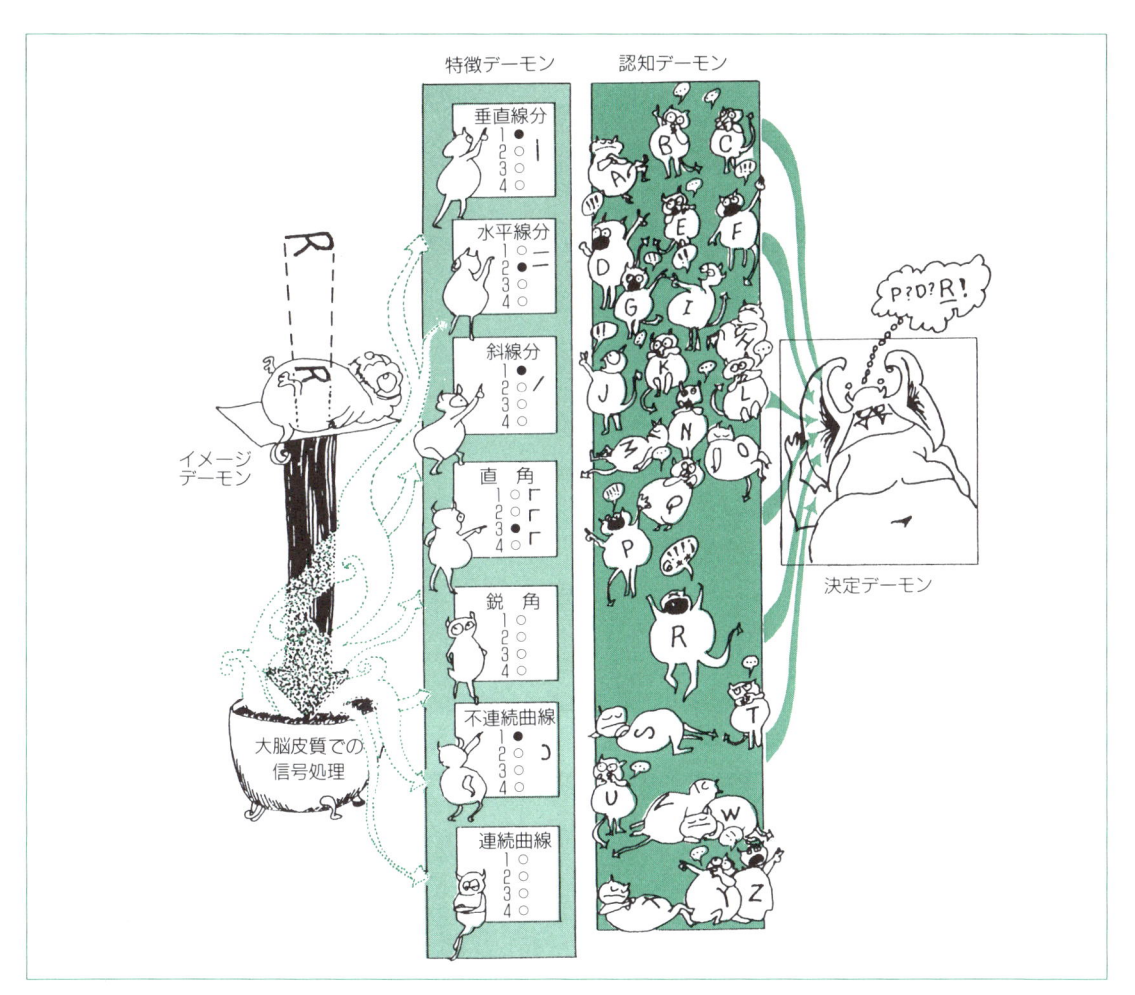

図 4-30　セルフリッジのパンデモニアムモデル（Selfridge, 1959）

> 被験者は，通常4つの無意味綴りをうまく復唱できる。——
> 　　DAX　JIR　GOP　BIF
> しかし6つはできない。——
> 　　PID　LOM　FIK　GAN　WUT　TIB
> 彼らは1綴りの単語6個を復唱することができる。——
> 　　TILE　GATE　ROAD　JUMP　BALL　LIME
> しかし1綴りの単語9個はできない。——
> 　　HAT　SAINT　FAN　RUN　GAIN　LIKE　NAIL　RICE　LAKE
> そして彼らは4綴りの単語3個（12綴りに相当する）を反復できる。——
> 　　AMERICAN　DICTIONARY　GEOLOGY
> しかし4綴りの単語6個はできない。——
> 　　CONSTITUTION　MAJORITY　OPTIMISTIC　TERMINALLY
> 　　DOMESTICATE　CANADIAN
> 最終的に彼らは19語の文を復唱することができる。
> 　　Richard Milhous Nixon, former president of the United Sates, wrote a book about his career in the White House.
> 〈合衆国の前大統領リチャード・ミルハウス・ニクソンはホワイト・ハウスにおける自分の経歴について1冊の本を書いた。〉

図4-31　アンダーソンのチャンクの例（Anderson, 1980）

　　クレイクとワトキンス（Craik, F. I. M., & Watkins, M. J., 1973）は，第1のものを維持リハーサル（maintenance rehearsal）と呼び，第2のものを精緻化リハーサル（elaborative rehearsal）と呼んだ。維持リハーサルは，情報を短期記憶内に維持するために，その情報を頭の中で復唱することである。それに対し，精緻化リハーサルは情報を精緻なコードに変換することである。たとえば，情報をイメージ化したり，体制化したりすることである。短期記憶内の情報を長期記憶に転送するのにより有効なのはこの精緻化リハーサルと考えられている。

(4) 忘　　却

　　人はなぜ忘却するのだろうか。情報が感覚記憶内や短期記憶内において減衰または消衰してしまうことはすでに述べたので，ここではとくに長期記憶における忘却について考察する。

　1)　記憶痕跡の消衰説　　写真や石に刻まれた文字などは，長い年月とともに色あせてきたり，うすれてきたりする。記銘されたことも同様に，一般的には時間経過とともに忘却されると考える説。エビングハウス（Ebbinghaus, H., 1885）は，自分自身を被験者として無意味つづり（DAX, BUP, LOJなど意味のない3文字のつづり）を記銘材料として節約法により実験を行った。節約法とは，たとえば，13個の無意味つづりを2回続けて正確に順序どおりに再生できるまで学習し，次にさまざまな遅延時間を設け，この無意味つづりリストを同じレベルまで再学習するのに時間や試行数をどのくらい節約できたかを見る方法である。結果は，図4-32に示されている。この曲線を忘却曲線あるいは保持曲線という。忘却は記銘直後にもっとも多く，その後はだんだん少なくなっていく。

　2)　干　渉　説　　思いだそうとすることがらを他のことがらが妨害（干渉）するので忘却が起こるのだという説。すなわち，記銘してから再生までに行われた精神活動が忘却の原因であるとする説である。ジェンキンズとダレンバック（Jenkins, J. G., & Dallenback, K. M., 1924）は，2人の大学生に10個の無意味つづりを完全に暗唱できるまで記銘させ，1人は寝かせ（睡眠条件），もう1人には起きて普段の生活をしてもらい（覚醒条件），そして1, 2, 4, 8時間後に再生させた（ただし，睡眠条件の被験者には4日間にわたって，睡眠から1, 2, 4, 8時間後に起こして再生させた）。図4-33がその結果である。覚醒条件のほうが睡眠条件

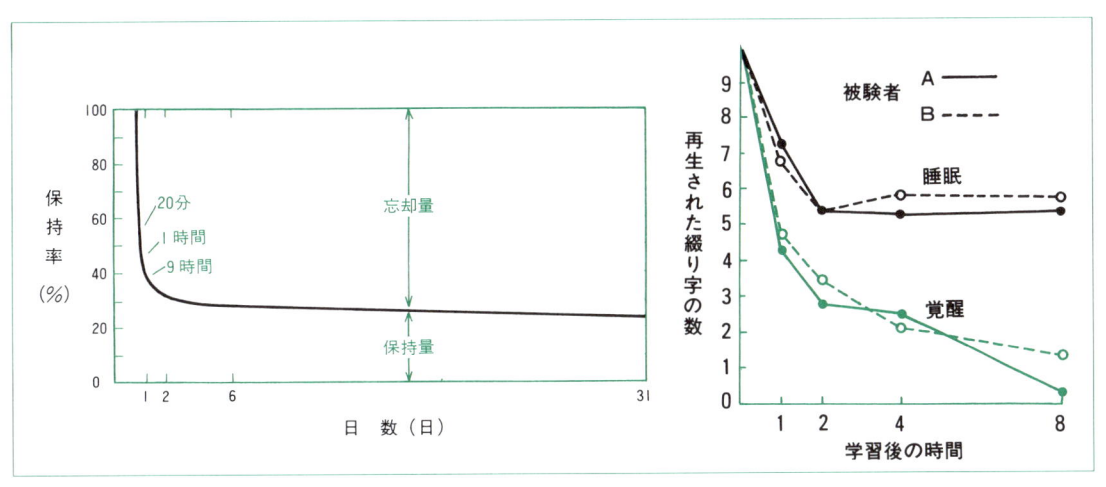

図4-32 エビングハウスの実験結果（Ebbinghaus, 1885）　　図4-33 ジェンキンズらの実験結果
　　　　　　　　　　　　　　　　　　　　　　　　　　　　　　　（Jenkins & Dallenback, 1924）

より忘却率は大きい。

　干渉には，この実験のように，記憶したことがらが，その後の活動によって干渉をうける逆向干渉（retroactive interference）と以前に行った活動がその後の記憶に干渉する順向干渉（proactive interference）の2種類がある。また，干渉をうけるものと干渉を及ぼすものが類似しているほど干渉は大きくなる。

　3）抑 圧 説　　精神分析学の創始者であるフロイト（Freud, S., 1917）によれば，人間の心には意識と無意識の2つがあり，日常生活において自我に脅威を及ぼすことがらや不愉快なことがらは意識から無意識へと抑圧される。フロイトはこの抑圧が忘却の原因であると考えた。

　忘却の原因には以上のようなさまざまなものが考えられるが，このうちの1つによって忘却のすべてが説明されるのではなく，いくつもの要因が複雑にからみあい忘却に影響を及ぼしていると考えられている。

　記憶研究には，まだ多くのテーマがあるので，さらに詳細に学びたい者は，次の推薦図書などを読んで研究することを期待する。

推薦図書
バッドリー, A.　川端政道(訳)　1982　記憶力　誠信書房
小谷津孝明(編)　1982　記憶　現代基礎心理学4　東京大学出版会
小谷津孝明(編)　1985　記憶と知識　認知心理学講座2　東京大学出版会
ロフタス, G. R., ロフタス, E. F.　大村彰道(訳)　1976　人間の記憶　東京大学出版会
市川伸一　1994　記憶と学習　岩波講座　認知科学5　岩波書店

5章
欲求・動機づけ・感情

　われわれはどのようなとき，また，いつ頃から「心」があることを意識するのであろう。生まれてまだ1カ月も経たない赤ちゃんの「心」の中をのぞいてみよう。

　何時間か前にお母さんのおっぱいを飲んで眠っていたのだが，先程目覚め，目を開けて手足を動かしたりしているところだ。お母さんが顔を近づけて，何か話しかけている。……何かよくわからないが心地よい声が聞こえるので，そちらの方に首を回し，何か動くものがあるので，じっと見つめた。でもよくわからない。間もなく，体の中から何かわからないが嫌な感じがして，泣き声がでた。すると抱きあげてくれたらしく体が動いたので，手足が反応した。何か声が聞こえた。悪くない感じだが，よくわからない。そのうち覚えのある匂いがして唇にポチッと当たるものがあった。反射的に首をそちらに向け，それを口に含むと，吸い始めた。トロっとしたものが口に入ってきた。よい感じなのでぐいぐい飲んだ。やがて先程の嫌な感じは消えて，これ以上吸いたいとは思わなくなった……生後あまり日にちが経っていない赤ちゃんも，いろいろな能力があることが明らかになっているが，先に述べた赤ちゃんの行動は神経・生理的な機能の現れであり，われわれが普段「心」と考えるような意識的な感じのものではないであろう。しかし間もなく「お母さんがあやしてくれると，とってもいい感じ」「お腹すいた，嫌な感じ，だのにお母さんおっぱいくれない，だから大声で泣いちゃう」「大声で泣くと，お母さん飛んできた，おっぱい飲めるぞ」というように，心の中でいろいろな感じや思い（欲求，感情，環境の認知など）を意識しながら行動するようになり，その行動の結果によって，さらにいろいろな思いや感じを意識するようになる。

　赤ちゃんの心の中に生じるこのようないろいろな感じや思い，たとえば空腹や不快感・泣く・お母さんの顔や声・満腹感や気持ちよさといった欲求・感情・環境の認知などは，互いに結び付きながら意識的にあるいは無意識に記憶されていく。この，互いに結び付いたいろいろな感じや思いの記憶は，赤ちゃんはもちろんわれわれの行動に直接さまざまな影響を与えるだけでなく，われわれがどのような人生を送るか，重要な鍵を握っているのである。われわれは今まで，どのような思いや感じを，どのように体験してきたのであろう。

　この章では，われわれの「心」の中にある，これらの欲求や動機づけそして感情とはどのようなものかについて考えてみよう。また，人間の身近にいる動物たちの「心」を見つめ，人間とはどのような生き物か，欲求や感情の面から考えてみよう。

1　欲　求　と　は

(1) 動物の行動

　人間や動物はどのように行動するのであろう。動物が行動するには何らかの原因や目的があり，すべて何かの欲求を満たす方向で現れるが，ここではまず，動物の行動について少し考えてみよう。

　アミーバから人間まで，強いて言えば植物でさえも，すべての生き物は基本的に，自らが生存するためや種を存続させるため，その個体を取り巻く環境とかかわりながら行動したり，行

動を停止したりしている。行動のタイプは進化のレベルによりさまざまであるが，次のように分けて考えることができる。

1) **試行錯誤反応**　アミーバのような単細胞生物は，その生命体の生理的な平衡状態を乱す刺激が与えられると，でたらめな動きをし，それでうまくいくと動きも止まる。

2) **走性**　光や温度や流れなど，個体の置かれた環境の中の特定の刺激が変化すると，その変化に対してある決まった反応が生じる走性（性質）により行動する生物がいる。魚が流れに沿って泳ぐのも，この走性と呼ばれるメカニズムが働いているからである。

3) **反射**　ある特定の刺激が与えられると，特殊に関係づけられた神経のメカニズムが働き，ある特定の反応が自動的に生じる仕組みがある。人間も，生まれて間もない赤ちゃんの頃，いくつかの反射行動をしているのである。

4) **本能的行動**　誰に教えられなくても，ミツバチは六角形の巣を作り，花の場所を他のミツバチに教えたり，鳥は求愛行動をし，卵をかえして雛を育てるし，親の警戒音を聞くと仔兎は体をすくませる。これらの行動は，それぞれの個体が生存するためとその種を存続させるために，進化の過程で遺伝的に組み込まれたものである。動物の種の違いにより独特のものがあるが，特定の外部刺激や内的欲求により，特定の行動が解発される仕組みになっており，同一種の個体はすべて同じような行動をとることになる。

5) **学習された行動**　鳥類やヒトを含めた哺乳類の行動の中には，かつて本能的行動と思われていたものが，実は「初期経験」を含め学習された行動であることが明らかにされた。たとえば，ヒヨコが親鳥の後をついて歩くこと，ウグイスがホーホケキョとうまく鳴くこと，アザラシが自分の子どもをうまく見分けておっぱいを飲ませること，人間が2本足で歩くことや手を使うこと，母親が子どもを育てることなどがそうである。人間を含め，学習能力のある動物は，生まれた当初は，遺伝的に組み込まれたメカニズムにより行動するが，育っていく過程で，さらには一生の間，心に生じるさまざまな欲求をどのように解消するかとか，外部からの多種多様な刺激や状況の変化にどう対応するかというように，複雑に変化する環境とのかかわりのなかで，次第にその種らしい行動様式や，環境に適応する新しい行動を習得していくのである。

(2) 欲求と行動

　人間の複雑に見える行動も，その多くは，個体の生存と種の存続という，生物に共通の基本的な目的にもとづいた欲求からスタートしたものといえるが，それだけでは十分解釈できない人間独特の行動と思えるものもかなりみられる。ここではわれわれを行動に駆り立てるさまざまな欲求について考えてみよう。

　欲求を分類する場合，いろいろな考え方があるが，一般的には，一次的欲求・二次的欲求の2種類に分ける。個体の生存と種の存続のためという生物に共通する基本的な欲求や，発生的には生得的な欲求が，一次的欲求に分類される。それに対し，二次的欲求とは，生まれた後の対人関係や社会生活に中で習得された欲求のことをいう。

　では人間だけでなく動物にもどんな心があるか，基本的な欲求（一次的欲求）から二次的欲求まで，少し具体的にあげてみよう。

1) **個体の生存にかかわる欲求**　あらゆる生物は，自らを生存させるため，周りの環境に適応したひとつの生理状態を平衡に保っているが，何らかの原因で平衡状態が乱れると，それを元に戻すための働きが自動的に生じる。この自己調節の機能が働いて平衡が保たれている状態のことをキャノン（Cannon, W. B., 1932）はホメオスタシスと呼んだ。ホメオスタシスが乱れたとき，生物の体内にさまざまな生理的欲求が生じる。

　血液中の酸素と二酸化炭素の濃度を一定に保つため呼吸速度を調節することや，発汗作用や

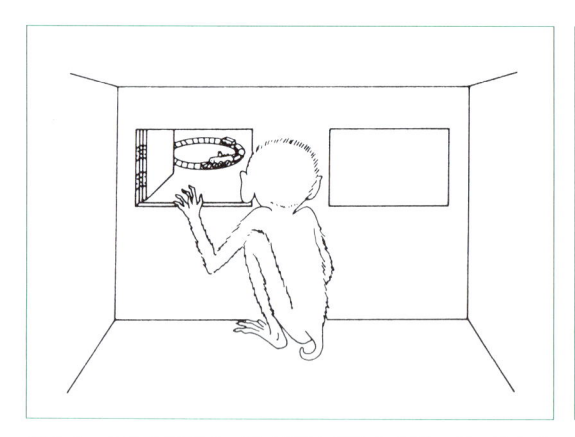

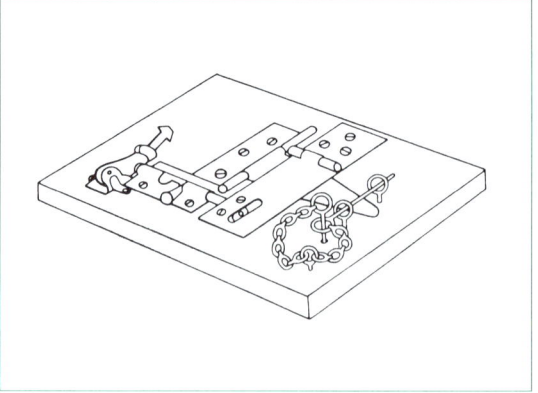

図 5-1 サルの好奇心：窓を開けて外をのぞいているところ（Butler, 1954）

図 5-2 ハーローの用いたパズル（Harlow, 1950）

震えにより体温を調節することなどは自動的に行われ，欲求充足のプロセスを意識しないが，空腹感や喉の渇きを感じたとき，食べ物や水分を摂取したいという強い欲求を意識する。生理的欲求としては，このように体内に生じた生理的欠乏を補充することに関する摂食などの欲求，体内に生じた老排物を除去するための排泄などの欲求，体に害になるものからの逃避や回避に関する欲求，安定を求める欲求，休息を求める欲求，睡眠を求める欲求といったものがあげられる。

　鳥類や哺乳類の赤ちゃんは，一人で生活ができるようになるまで親（他人）の世話を受けなければ生きていけない。そのため，愛情（世話）を受けたいという欲求，ハーロー（Harlow, H. F., 1959）の実験で有名になった接触の欲求（第 2 章参照），自分の安全に対する欲求があり，泣く（鳴く），笑う，後追い，しがみつきといった愛着行動が現れる。

　また，高等な動物ほど，環境と積極的にかかわりをもとうとする欲求がある。それは，活動そのものに対する欲求，環境からのさまざまな刺激を得たいという欲求，好奇心といわれるように未知の環境を探索したいという欲求や未知のものを操作したいという欲求などである。これらの欲求は直接生命にかかわるものではないが，個体が環境に適応して生きるという目的のためには必要とされる。これらの欲求も，先の愛情欲求や接触欲求も，発達の初期の段階で適切に充足されなければ，行動に何らかの問題が生じることが，隔離飼育や感覚遮断実験で明らかになっている。

　2）**種の存続にかかわる欲求**　　生殖に関する欲求（性的欲求）はもちろん育児に関する欲求（母性的欲求）や社会的行動の中でみられる競争や協同などの欲求も，基本的には自分の遺伝子（種）を残そうとする欲求の現れと考えられよう。すべての生物は繁殖のためのメカニズムが遺伝的に組み込まれているが，繁殖行動や育児行動は，内部の欲求だけで生じてくるのではなく，その行動を解発する外部からの刺激，たとえば相手の匂いや動きなどが必要である。また，これらの行動は本能的な行動として，何の経験がなくてもその種固有の行動をとると考えられがちであるが，動物の中には，育っていく初期の段階で，親や仲間から適切な**社会的刺激**を受ける必要があることが明らかになった。赤ちゃんの時から人間だけに育てられた動物を野生に戻すことに問題が多いのもこの理由からである。

　動物たちの中には，群れを成したほうが種を存続しやすいと考え，人間も含め，群れを作ろうとする欲求をもったものがある。魚が群れるのもこの理由からである。われわれの場合は，集団に所属しようとする欲求ということになろう。

　3）**対人的（社会的）な欲求**　　集団で生活する生き物はもちろん，そうでないものも，同

種の別の個体との関係の中で現れるいろいろな欲求がある。基本的には個体の生存と種の存続に関係する欲求で，すでに1)，2)であげたものもあるが，われわれ人間は生まれた直後から，親を含め，必ず対人関係の中で生活せざるをえない種であるので，とくに動物たちがもっている対人的（社会的）な欲求をここにまとめてみることにしよう。

今からあげる対人的（社会的）欲求は，動物がもつ基本的な欲求であり，本来生得的なものと考えてよいが，初期経験を含め，生まれた後の対人関係（社会生活）の中で発現し発達する欲求であることを考慮すると，次に述べる二次的欲求（習得的な欲求）の中に入れて考えることもできる。

われわれは人に会うといろいろな挨拶をする。動物にもそれぞれ固有の挨拶があるが，何故挨拶するのだろう。別の個体と出会った時，仲間で害を加えないことを伝えなければ，相手に回避の欲求や攻撃の欲求を生じさせる。仲よくなって仲間と一緒にいたいという親和の欲求や集団所属の欲求，仲間として自分の存在を認めてもらいたいという承認の欲求があって出会っても，うまく挨拶をしなければ失敗する。また，人間のように上下関係のある社会生活をするものは，服従の欲求や支配の欲求の現れた行動をとる。さらに，自分の存在や強さを顕示する欲求，自分が優れていることを認めさせようとする優越の欲求，テリトリーを守ろうとする欲求などがあり，攻撃や競争といった行動が生じる。

子どもとそれを養育するものとの関係では，赤ちゃんは接触欲求や愛情欲求があり養育してくれるものに愛着行動をとるが，その行動が刺激となって親（養育者）の母性的な欲求が高まるのである。さらに，養育中の子どもを外敵から守ろうとする欲求は，集団の行動を解発することもある。ゾウが円陣をつくり子どもを中に入れて守ろうとする行動などもそれである。

4) 二次的欲求（習得的な欲求）

われわれ人間の場合は，人間独特の複雑な環境の中で生活するうちに，動物が普通の環境ではもち得ないようなさまざまな欲求を習得していった。人間らしい欲求というと，所有欲，金銭欲，名誉欲といった俗に欲望の類をすぐ考えてしまうが，他にどのような習得的欲求があるのであろうか。

辺ぴな場所での遭難や今でも地球上のどこかで見られる戦時下での極限状態のときなどでは，普段口にしないものでも食べたり，身に付けたりし，個人の好みなど言っていられない。しかし，普通人間は，ただ生命が維持できればよいというものではなく，好みの食べ物に固執したり，すでに十分食べたはずなのに満足感をもたず，摂食を重ねて肥満になる人もいる。また，なかには，極限状態であっても，主義主張により食べるよりも死を選ぶというように，動物本来の基本的な欲求である生存の欲求を超えた行動をとることができる人もいる。なぜであろう。

シュプランガー（Spranger, E.）はわれわれの興味や価値観の傾向によりパーソナリティを分類したが，この価値観こそ，社会生活の中で習得されたさまざまな欲求の現れであり，どの欲求をどの程度優先させるかということがその人独特の行動傾向（個性）となる。

マズロー（Maslow, A. H., 1954）は，人間の欲求を階層的に分類し，低次のレベルに生理的欲求・安全欲求，次に所属欲求・愛情欲求，高次のレベルには尊敬欲求・自己実現欲求をあげ，低次より順に発達するとし，低次のレベルの欲求が満足されないと高次のレベルの欲求が発現しないとしている。「衣食足りて礼節を知る」ということわざは，この考えをうまく表している。

しかし人間は幼少時からの生活経験の中で，少しでも価値のある目標を設定し，できるだけ高い水準で目標を達成しようとする欲求を習得することができる。そこで，先に述べた価値観の種類と程度により，高次のレベルの欲求を満足させるため，より低次の欲求を棚上げする人も出てくるのである。自分も含め何かを犠牲にする行動は，ヒトらしい独特の行動なのであろう。

達成（成功）の欲求が習得される過程に関連して，目標が達成できないという失敗を恐れ，

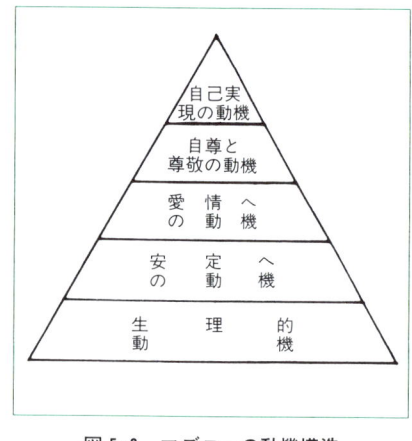

図 5-3　マズローの動機構造
（Maslow, 1954）

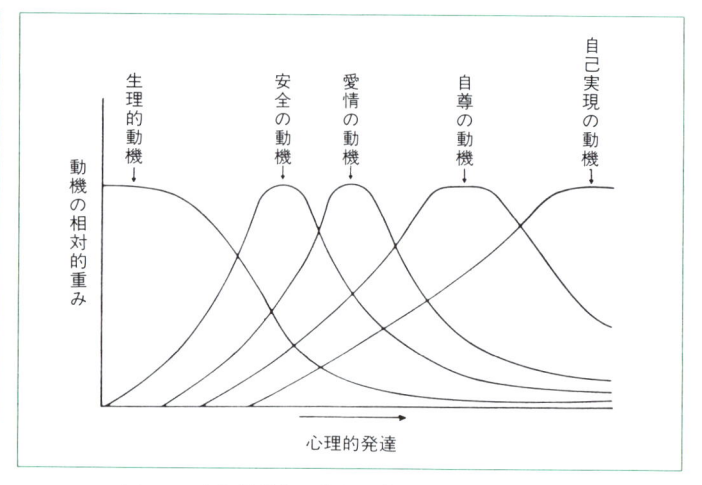

図 5-4　心理的発達に伴う欲求の相対的重みの変遷
（Kreck, et al., 1962）

失敗を回避しようとする欲求も習得される。俗にやる気とか意欲といわれる達成の欲求の発達には，行動した結果褒められたか叱られたか，成功感を味わったか失敗感を味わったか，親（環境）がどのように働きかけたかということが深く関係している。

　また，人間は他の動物とは非常に異なる進化を遂げた結果，今のところ他の動物には見られない，文化的といわれるような行動をとるようになった。地上で初めて壁面に動物の姿を描いたわれわれの先祖の心の中には，どのような思い（欲求）があったのであろう。現在われわれを取り巻く環境（社会）の中には，多種多様な物質的文化・精神的文化と呼ばれるものが創造されており，われわれはそれらに適応するという学習をしながら生きているということになる。したがって，人間関係も含め，どのような環境にどのようにかかわるかにより，一人一人の個性的な欲求が習得され，生きかたが決まるといえよう。

(3) 欲求不満と葛藤

　　　われわれの心に生じた欲求はすべて満たされるものではない。欲しいものがないとかこれまでできていたことができなくなったというように，外的（環境的）原因や内的（個人的）原因により自己の欲求充足が妨げられると欲求不満（フラストレーション）になる。欲求の種類や強さにもよるが，欲求不満になると，人間も動物の心も，怒り，恐れ，不安，失望，イライラなどの不快な感情を伴った精神的緊張状態となる。この不快な精神的緊張が強いと体の生理的バランスを崩すことになり，心身ともに平衡状態は乱される。すると動物とくに人間の心の中では，何とかして精神的平衡状態を取り戻そうとする防衛機制が働き，緊張状態を解消しようとするが，そのときどのような行動をとるかが，環境への適応・不適応の鍵となる。

　　　またわれわれは葛藤（コンフリクト）と呼ばれる事態に遭遇することがある。AビールにするかBビールにするか迷うような些細なことから，人生の岐路にたった選択まで，欲求を満たす誘因（目標）が複数ある場合やどの欲求を優先させるかというように選択を迫られ，思い悩む事態のことを葛藤という。葛藤による精神的緊張状態が続くと，欲求不満の場合と同様問題が生じる。

　　　われわれがストレスと呼んでいるものは，欲求不満や葛藤が原因で心身に生じた歪みのことである。ストレスによる心身症や突然死はわれわれの社会で問題となっているが，当然動物にも同じ状況は起こりうる。とくに人間に飼育されている動物は，人間の手でストレスに陥ることがあり，問題行動，心身症，突然死といったことが起きているのである。

2 動機づけとは

(1) 動機づけと行動

　　われわれが実際にさまざまな行動をとるには，まず行動をスタートさせる何かの欲求は不可欠であるが，それだけでは，具体的な行動までには結び付かない場合が多い。喉が乾いたのでジュースを飲んだという例を使って説明しよう。体内の水分が不足したという原因（生理的欠乏）から，水分の摂取の欲求（生理的なものは要求ともいう）が生じ，水分を摂取する方向に行動は解発される。しかしこれだけでは，何か水分を取りたいというだけで，具体的な行動の方向は決定されない。そこで今までの生活経験から，自動販売機で好みのジュースが飲みたいという具体的な欲求が生じてくる。この具体的な欲求を，動因とか動機といい，それぞれ一次的欲求か二次的欲求かにより使い分けることもある。さて，自分の好みのジュースが飲みたいという動機を満たすためには，好みのジュースという誘因（目標）を手にいれるという接近行動を持続しなければならない。そして目標を獲得して初めて，実際の摂水行動が生じ，当初の欲求が満たされることになる。

　　われわれの中には，好みのジュースが見つからない場合，当初の目標をすぐに変更し，何でもいいやという人と，あくまで好みにこだわる人とがいる。このように，その人の動因（動機）の種類と強さの程度や，先に述べた達成の欲求（動機）と失敗回避の欲求（動機）の相対的強さにより，同じ欲求からスタートしても欲求を満足させるまでの行動は異なってくる。この動因（動機）と目標とのかかわりの中から具体的な行動が生じる過程を動機づけという。一般的に「動機づけとは，行動を解発させ，解発させた行動を維持し，それを一定の方向に導いていく過程のことをいう」と定義されている。さらに，ある動機を発達させたり強めるため，ある動機により生じた行動の水準を持続させるため，行動目標を高めるため，動機づけを人為的に操作する方法も研究されており，学習場面などで活用されている。

(2) 外発的動機づけ

　　子どもに社会的に望ましい行動を効率よく習得させる場面や，われわれが何かの仕事や学習に取り組むといった課題遂行状況の場合，単なる達成動機だけでは行動力が十分発揮されないときがある。このようなとき，やる気や意欲をかき立てるため，報酬や罰，賞賛や叱責，競争や協同を利用する方法がよくとられる。本来の行動の目標とは無関係の誘因を用いて目的の行動の遂行を図ることを，外発的動機づけという。

　1）**賞賛と叱責**　　ハーロック（Hurlock, E. B., 1925）は6年生を対象にした研究の中で，**叱責よりも賞賛の方が学習への効果がよい**と報告している。われわれは自分を褒める人を好きになり，褒められると学習や仕事が促進される。しかし，しつけのような場合，望ましくない行動を叱責で抑制することも効果的である。また，年齢が高くなり達成動機の水準に個人差ができると，自己の行動に対する評価が異なってくる。すると，褒め言葉を期待したときに叱責されたり，逆に叱責を覚悟したのに褒められると逆効果になる。

　2）**競争と協同**　　何らかの勝利を最終目標として何かと競争する場面は次の3つがあげられる。

　①**個人内競争**　自分の過去の記録との競争である。自己記録の更新といったように，スポーツ選手の口からよく聞く言葉でもある。個人のもつ達成動機と失敗回避動機の相対的強さや，2つの動機のどちらを選択するかという葛藤を処理する問題が，結果を左右する。

　②**個人間競争**　他人より早く目標に到達するためやより高い目標を達成するために競い合う場面は，競技場面だけでなく学校生活や一般の生活の中にも多くある。他と競い合うことで当

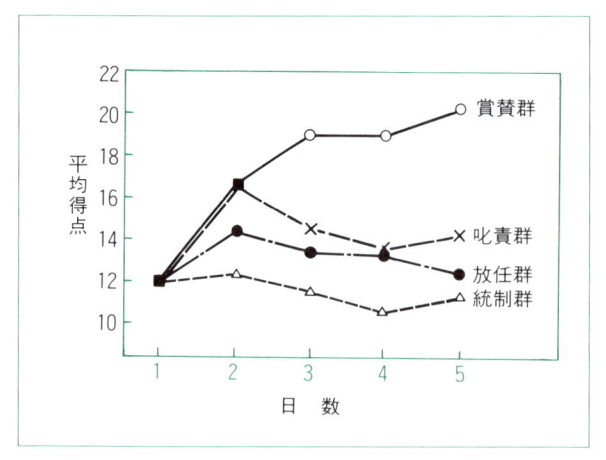

図 5-5 賞罰の有無と加算問題の得点との関係(Hurlock, 1925)

賞賛群は常にクラス全員の前でほめられ，叱責群は学習の態度と成績について常にクラス全員の前で叱責され，放任群はクラスの他のものがほめられたり叱られたりしているのを，常に傍観していた。統制群には同一の課題が別室で特別の条件なしで与えられた。

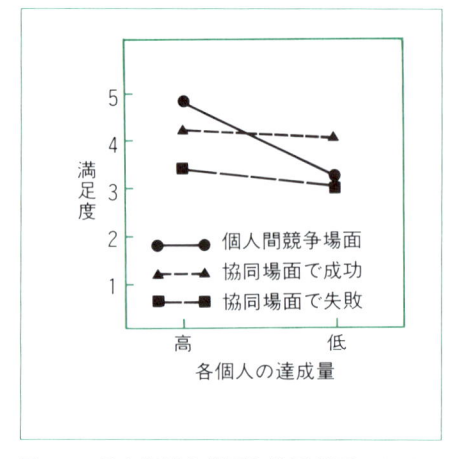

図 5-6 個人間競争場面と協同場面における課題達成後の満足度(Ames, 1984)

然勝者と敗者ができ，満足感や成功感や優越感，失敗感や劣等感といったさまざまな感情を体験する。この感情体験がまた動機づけとして個人の行動に影響を与えることに注意しなくてはならない。

③ 集団間競争（集団内協同） 集団としてよい成果をあげるためには集団内の個人は協同で活動した方が一般的には効果的である。エイムズ（Ames, C., 1984）は個人間競争場面と協同場面における個人の成績の高低と課題達成後の満足度を検討した結果，集団としての成績が良ければ，個人の成績の高低にかかわらず高い満足感があったと報告している。人と協同して事に当たる場合，個人では味わえない満足感が得られるだけでなく，仲間意識や友情や協力などの社会性が育てられる。しかし集団間競争の場合，各自は自分の責任を果たすだけでなく，高い成績をあげることが求められる。そのため，集団の失敗に関連した人自身の感情や，その人への対人感情を配慮しなければ，好ましい動機づけとはならない。

(3) 内発的動機づけ

高等な動物ほど，環境と積極的にかかわりをもとうとする基本的な欲求があることはすでに述べたが，なかでも人間は種々の刺激を求め，好奇心旺盛で自ら積極的に行動し環境（あるいは事態）へかかわろうとする。さらに達成動機を対人関係の中で習得する。これらの欲求をうまく操作して目的の行動の自発的な遂行を図ることを，内発的動機づけという。

学習場面において，興味をもって自発的に新しい課題に取り組むようにするには，子どもに新奇性，矛盾，困惑に直面するよう工夫することが大切であるといわれている。われわれも好奇心をくすぐられた結果何かの課題に取り組むが，課題（目標）を達成する過程で生じた矛盾や困惑などを自分の力で解決すると，成功感だけでなく自己の有能さを認識する。この感情体験が自己に対する自信を生み，課題に取り組む内発的動機づけとなる。このように，内発的動機づけの基盤となる好奇心，達成動機，自己に対する自信といったものは，周囲からの適切な働きかけや好ましい感情体験により習得されるものであることを注目して欲しい。

3 感情とは

　一緒にいて一番楽しいのはイヌ，次が子どもであるとよくいわれるが，それはどちらも自分の感情を隠さず素直に表現するからであり，そのしぐさも単純なので感情が容易に理解できる，とフォックス（Fox, M. W., 1972）は『イヌのこころがわかる本』の中で述べているが，イヌや子どもは，心の中で強く感じたことは隠すことができなくて，言葉以外の表情も含めたボディ・ランゲージとして現れてしまうのが普通である。われわれもそういった感情表現を読んで子どもやイヌの欲求に対応しているわけである。このように，感情表現は別個体への「情報伝達」の機能があり，また先にも述べたが，何らかの行動をとった結果味わうさまざまな感情体験は「動機づけ」の機能をもつ。

　動物は，環境からの刺激や何かの欲求の発生といった原因で行動し，その行動に伴い何かの感情を体験すると，その感情が動機づけとなり新しい欲求や行動が習得され，多様化し，次第に個性的な個体となっていく。つまり学習能力が高い動物ほど，どんな思い（感情体験）をするかが，人格形成や環境への適応・不適応を左右しているのである。

(1) 感情の定義

　感情はわれわれの日常行動に伴い必ず生じるもので，その性質や強さの違いにより，感情（狭義），情動，気分，情熱，情操に分類できる。

　感情（狭義）は情動に比べ比較的穏やかなもので，基本的には快・不快を両極とした心の状態をいう。感覚を通してもたらされる快・不快の経験，つまりさまざまな知覚に対する主観的な意識が感情である。同一の刺激でも知覚（認知）が異なれば感情も異なる。

　情動は，何かの刺激（情報）や欲求の充足や阻止などで感情が一時的に高まった状態のものをいい，心や身体は動揺した状態になる。怒り，恐れ，喜び，悲しみ，希望，落胆などが一般的に情動としてあげられる。これら情動には必ず身体的表出や生理的反応が伴う。プルチック（Pultchik, R., 1962）は人間から下等動物まで情動は存在すると考え，情動とは，生活体が生存するための環境に対する順応行動であるといっている。

表 5-1　プルチックの情動状態を表す3つの言語とその内容

機能言語	（発生理由と生存に関連する順応行動様式）	行動言語　（行動の特徴）	主観言語
合　一	快的な有益なものとの出会い。外界から有益なものを取り入れようとする行動。	摂食，つがいになること（取り入れる）	受容，信頼
拒　絶	有害なものを取り入れたとき。摂取した有害なものを排除する行動。	嘔吐，排泄，回避（排除する）	嫌悪・嫌忌
保　護	苦痛や破壊の脅威のもとで。危険や障害を避けるための行動	後ずさり，逃避（退却する）	恐れ・恐怖
破　壊	要求の満足の阻止のとき。重要な要求の満足に対する障害を取り除こうとする行動。	攻撃，咬む，威す（攻撃する）	怒り・激怒
生　殖	遺伝情報を永続するため。異性との接触をする行動。性的行動。	性的アピール，求愛儀式，つがう（所有する）	喜び・恍惚
再統合（喪失）	養護者を失うとき。過去に重要な養護を与えてくれたものを失うことに結び付いた行動。	助けを求めて泣く，嘆く（失う）	悲しみ・悲嘆
定位づけ	未知のものに遭遇したとき。感覚器が新奇刺激についての情報を摂取できるように，すばやく体を定位づける行動。	止まる，固着する（停止する）	驚き・驚愕
探　索	認知地図をつくるため。生活体を，その環境の多くの側面に接するようにしようとする行動。	調べる，認知地図の作成（開始する）	期待・予期

合一・拒絶，保護・破壊，生殖・再統合，定位づけ・探索はそれぞれ対極するものである。

気分は，健康状態や天候の良し悪しなどが原因で生じてくるような，弱くかなり持続的な感情状態のことをいう。気分と情動は密接な関係があり，たとえば憂鬱な気分のときはわずかなことでも怒る。

情熱は，激しい欲求に伴った感情で，持続的で強く排他的に働く。情熱は偉大な事業や発明・発見を生み出す原動力（動機づけ）になるが，その強い欲求のため，ときに理性を失うことにもなる。

情操は普通，芸術・宗教・学問・道徳などの文化的あるいは社会的価値のある対象とのかかわりの中で生じる感情のことをいう。芸術的情操や宗教的情操などは，人間が他の動物といかに異なる心をもつか強調できる点であろう。また，われわれは自分や特定の対象に対してある態度をもつと，その対象とのかかわりの中で生じる感情は態度により個人的に異なってくるが，これも価値観が付随しているので情操と考えられる。たとえば好意的な態度をもつと，その人のことで喜んだり悲しんだりすることである。

⑵ 感情の表出

1) 表 情

表情や身振りや音声は感情のもつ情報を伝える信号として，異なる文化をもった人間間，ときには別種の個体間（たとえばヒトと犬，類人猿）でも通じるものがある。表情に関する研究は，人と動物ではダーウィン（Darwin, C., 1872）をはじめとし，比較行動学者たちが詳しく分析し共通点を見いだしている。大人の表情ではシュロスベルグ（Schlosberg, H., 1954）が写真に写った顔から感情を判定させた結果，快・不快と注目・拒否と緊張・眠りの3次元に分類できるとした。しかし大人の表情から心の中の感情を読み取ることはかなり難しく，心の中の感情と顔に浮かんだ表情とがまるで違うこともよくある。子どもの頃には表情は素直で直接的であるが，表情のもつ機能を理解するようになると，表情を意図的に操作するようになる。

2) 生理的反応

外部に表出されない心の動きも，生理的変化を測定すると感情の強さまで明らかになる。感情（主に情動）に伴い心拍や呼吸数，胃腸の動きや内分泌の状態，脳波や皮膚電気反応，筋肉の収縮などの変化がみられる。ストレスと心身症や突然死が関係する理由もそこにある。欲求不満や葛藤により強い不快感（たとえば恐れ，怒り，不安）を伴った緊張状態になると，われわれの体ではアドレナリンや副腎皮質ホルモンなどのストレスホルモンの分泌が高まる。すると骨格筋は活性化し肺や心臓の活動が昂進され，敵に遭遇したときのような対戦事態に即応した状況になる。そして骨格筋や心臓に血液が集中した分，他の筋肉や消化器や生殖関係の器官などへの血流は減少する。口が乾く，胃がもたれる，下痢，生理不順などがそうである。さらに副腎皮質ホルモンの分泌が高まると免疫機能が低下することや，ストレスで虚血状態になった筋肉へ再び血液が流れるとその部分の組織が破壊されることが明らかにされている。仕事で強いストレスにさらされた人が体調を崩したり，胃潰瘍や十二指腸潰瘍，心臓疾患，癌といった病気にかかりやすいのも，この理由からである。

⑶ 情動の理論

情動が生じる過程を説明したいくつかの代表的な理論を紹介しよう。

情動と生理的変化の関係を初めて指摘した，ジェームス・ランゲ説（Lange, C. G., & James, W., 1922）がある。この理論では，外部刺激は大脳皮質を経由して骨格筋や内臓を刺激し，その変化の知覚の結果情動が生じるという。もしそうであれば，内臓や骨格筋と大脳皮質を連絡する神経が切断されると情動が生じないことになる。ジェームス・ランゲ説を批判する多くの研究の中でキャノン・バード説（Cannon, W. B., 1927 ; Bard, P., 1934）では，視床・視床下部の存在に注目し，外部刺激はまず視床・視床下部を経由して大脳皮質へ行くとし

た。そして刺激内容が判断される。それがまた視床に伝えられ，内臓や骨格筋を刺激すると同時に大脳皮質で情動が生じるという。この理論では情動の中枢を視床と考えているが，パペッツ（Papez, J. W., 1937）は，情動は海馬体で生じるという考えをうちだした。この考えはその後の研究者の目を大脳辺縁系に向けさせることになった。現在では，大脳皮質の前頭葉も含めいくつかの部位が関連し合っていると考えられている。

身体的生理的変化の後に情動が生じるという点では，ジェームス・ランゲ説と類似しているものにシャクター・シンガー説（Shachter, S., & Singer, J. E., 1962）がある。この理論は，自分の体の変化の発生理由を知っているかどうかが問題であるという。もし適切な情報がないときは，自分の体の変化を説明する手がかりを探し，その手がかり次第で異なった情動が発生するという。つまり，ドキドキするけど何故だろう，理由がわからない，ライオンが目の前にいるからなのか，だからドキドキしているのだ，ワァ怖いということになる。情動が生理的変化と認知的手がかりの相互作用により発生するという点から，二要因説ともいう。

情動の後に身体的生理的変化があるという考えでは，アーノルド説（Arnold, M. B., 1960）がある。この理論は，情動に関する一連の反応を5段階に分けている。まず外部刺激の知覚，その刺激が有害か無害かの評価，この評価により情動が決定され，情動傾向にあった生理的変化が生じ，最後が行為である。外部刺激の認知過程に評価の概念を用いたことから認知的評価理論とも呼ばれる。

(4) 情動の発達

この章の初めに赤ちゃんの心をのぞいてみたが，生後間もない頃はもっと混沌とした状態である。それが次第にはっきりした情動に分化していく。その過程をブリッジェス（Bridges, K. M. B., 1932）は観察し，どの情動がいつ頃現れるか図示しているが，それに説明を加えた

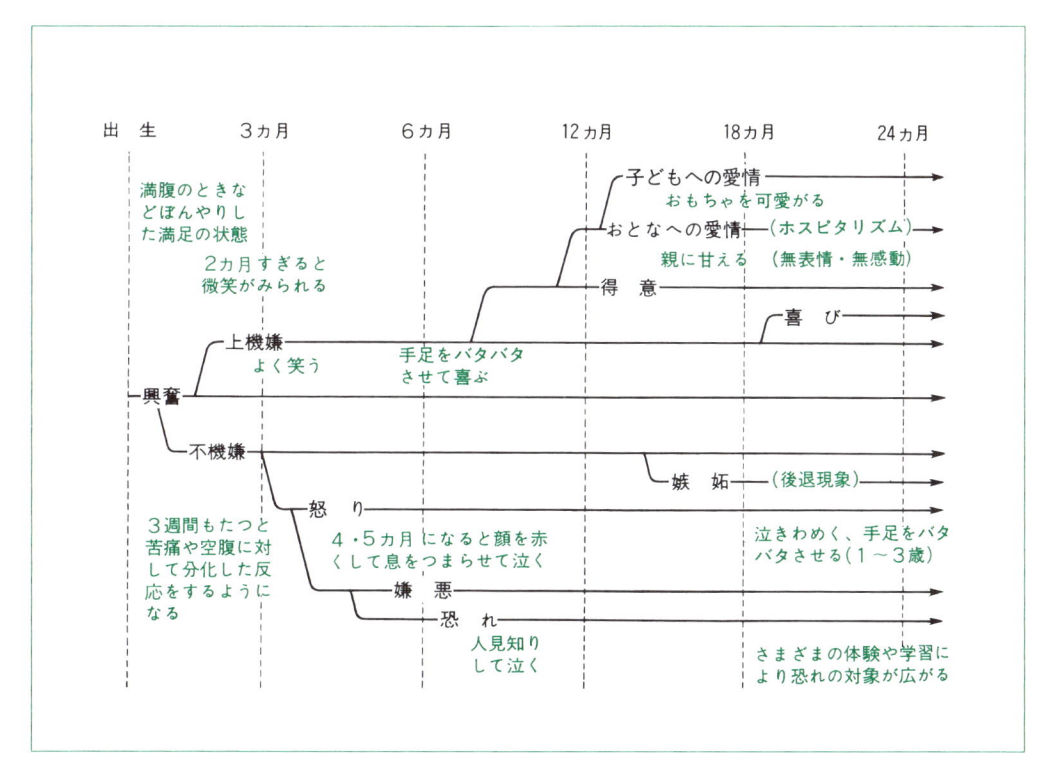

図 5-7　情動の分化と情動的行動（Bridges, 1932 より作成）

ものが図 5-7 である。またワトソン（Watson, J. B., 1924）は生得的な情動「恐れ・怒り・愛」が環境からの刺激と結び付くことで情動の発生が多様化すると説明している。

われわれがどのような思いで人生を送ったか，とは，それは結局どのように欲求を充足させてきたか，そしてどのような感情を経験してきたかということにならないだろうか。

この章を読み終えたら，子どもの頃みたシートン動物記を読み直してほしい。個性的な灰色熊の心がはっきり見えてくると思う。

6章
発　　　達

1　胎児・乳幼児・児童期

(1) 胎　生　期

　受精した瞬間から1カ月間を28日とする約10カ月の期間をいう。この期間をさらに次の3期に区分する。

　1) 卵　体　期　受精から2週間までの期間をいう。受精後約10日目に，その後の発達に必要な受精卵の着床が起こる。

　2) 胎　芽　期　卵体期に続く6週間をいう。臓器形成や，形態を含む人間としての原基が発達し形成される時期で，胎生期中もっとも重要な時期である。

　3) 胎　児　期　胎芽期に続き個体発達上の変化が認められるようになる第8週末を境として，第9週から出生までの期間をいう。

　この時期は，臓器成長の時期といえる。また，基本的な原始反射の完成期でもある。

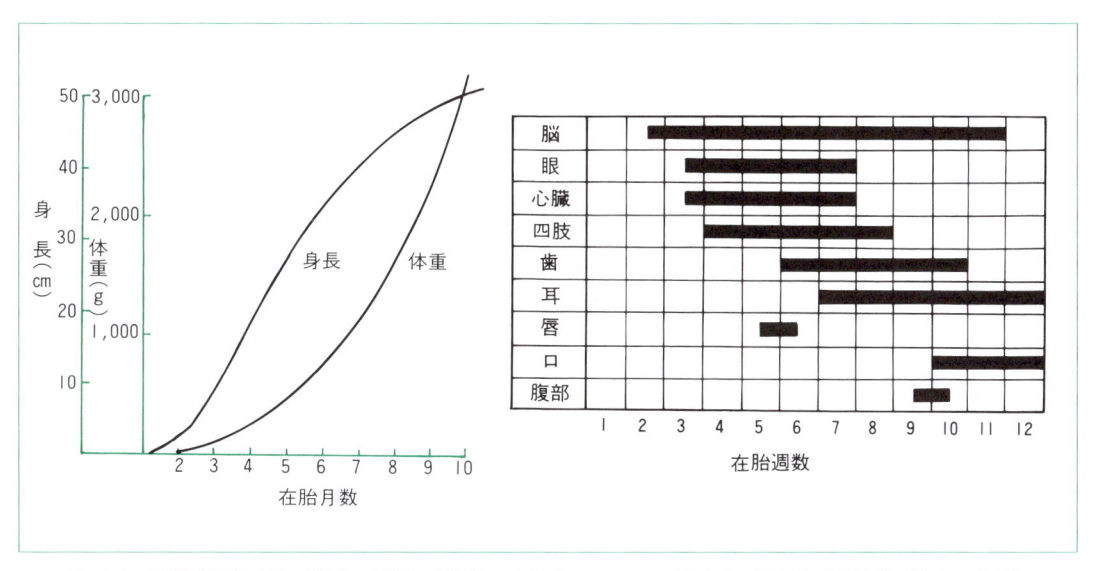

図6-1　胎児の発育曲線（福井，1970：船川ら，1973）　　　図6-2　器官の成立週数（森ら，1979）

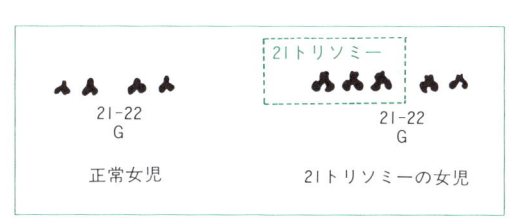

図6-3　21トリソミーの女児

ダウン症候群の女児の染色体，余分の21番染色体があり，これを21トリソミーという。

表 6-1 胎生期に影響を及ぼす因子

遺伝子，染色体の異常，母体の感染（風疹）	胎児への酸素供給の障害（胎盤，臍帯の異常）	感染（エイズウイルス，梅毒，トキソプラズマ）	外界からの障害（放射線，外傷，薬物，アルコール）
免疫学的異常（胎生組織成分に対する母体側での抗体産出）	母親の栄養障害	エイズ（AIDS）	

(2) 乳児期

　乳児期の最初は，新生児期と重複して発達する。すなわち，出生によって，これまで子宮内で母体に100パーセント依存していた生活から，新しい環境に対して自立した機能を営むにいたる適応行動が調整されるまでの移行の時期を新生児期という。これは，出生後約1ヵ月間をいい，この期間を含めて満1歳頃までを乳児期という。

　1）新生児の生活と意義　新生児は胎盤呼吸から肺呼吸へと転換していく呼吸機能の適応能力の獲得から始まる。

　生活時間は睡眠が約72パーセントを占めているが，この睡眠は断続的なもので1回の睡眠時間は3，4時間程度である。

　覚醒時には，哺乳，叫喚および運動が繰り返される。

　睡眠中は，その後の発達を支える神経機構の成熟過程であること，覚醒時の機能の発達については，乳児期への発達に向けての準備期に相当する状態であることなどが，最近の研究により明らかになってきている。

　2）反射から行動へ　このような新生児の生活は，原始反射の成熟とともに環境への適応行動を発達させていくのである。たとえば，新生児の哺乳行動を発達させ，生存上重要な役割をもつ原始反射として，吸啜反射がある。これは，口に指を入れると力強く吸う反射である。また，探索反射（四方反射ともいう）がある。これは，指で口の周辺や皮膚を刺激すると，触れた側に頭を向ける（図6-4参照）。表6-2は，新生児に備わっている反射―特定の刺激に対する特定の不随意的反応―を機能別にまとめたものであるが，これらの反射は人間が行動を獲得し発達させていくうえで，中枢神経系の成熟が健康であるか否かの重要な指標となっている。

　3）乳児の運動機能の発達　一般には，「頭部から尾部へ」「体幹中心部から周辺部へ」と発達する。まず頭を左右に向けること（頸部の回転）がもっとも早い時期に可能になり，次に上肢の運動，最後に下肢による直立・歩行へと進む。そして，発達初期には，粗大な動かし方

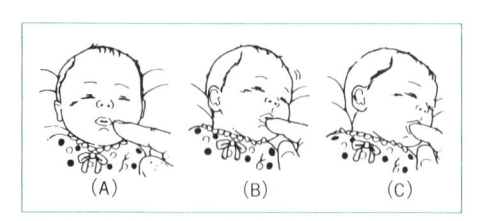

図6-4　探索反射（四方反射）と吸啜反射（Kagan & Havemann, 1980）

乳児の口の端に指を触れてやる(A)と，触れた側に頭を向け(B)，その指を吸おうとする(C)。

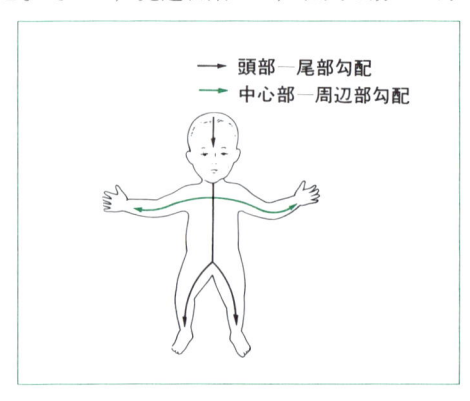

図6-5　発達の進行方向（Vincent & Martin, 1961）

表 6-2 新生児の反射の機能的分類 (村田；1986に一部付加)

	反 射	喚 起 刺 激	反 応 型
I 順応と生存を促進する反射	瞳孔反射* 四方反射* 驚愕反射 泳ぎ反射 吸啜反射	光 頬に軽く触れる 大きな音 うつむけて水につける 唇への刺激	瞳孔の散大・収縮 触れられた方向への頭の移動 ひじを曲げ手指を握る 腕と脚の運動 乳を吸うような動き
II 関連する動物種の能力と結びついている反射	匍匐反射 屈曲反射 把握反射 モロー反射 跳躍反射 歩行反射	脚を床につける 足のうらへの圧 指または掌への圧 頭を上げてあおむけにねかせ，急に頭の支えをはずす 身体を垂直にし，やや前傾させる 腋下で身体を支え，床に立たせる	腕と脚は床につけ，頭を上げる 不随意的な脚の屈曲 指を握りしめる 両腕を広げ，頭をそらし，指を広げ，腕を体の前で交差させる 両腕を前方に伸ばし，脚を直立させる 律動的なステップ運動
III 機能不明の反射	腹部反射 アキレス腱反射 バビンスキー反射 頸緊張反射	触刺激 アキレス腱の打叩 足のうらを軽くさする あおむけにねかせ，頭を横に向ける	腹部の不随意的収縮 脛筋の収縮と脚の下方への屈曲 つまさきを伸ばし，指を広げる 頭の回転方向にある腕と脚を伸ばし，他側の脚と腕は屈曲

* 瞳孔反射，四方反射などを含め，刺激に反応を同調させる反射グループを「定位反射」とよぶ。

図 6-6 歩行をはじめるまでの移動運動の発達 (Shirley, 1933)

0ヵ月 胎児の姿勢
1ヵ月 頭をあげる
2ヵ月 胸をあげる
3ヵ月 手を伸ばすがさわれない
4ヵ月 支えられて坐る
5ヵ月 膝の上に坐って物をつかむ
6ヵ月 高い椅子に坐る，ぶらさがった物をつかむ
7ヵ月 ひとりで坐る
8ヵ月 支えられて立つ
9ヵ月 家具につかまって立つ
10ヵ月 はう
11ヵ月 手をひかれて歩く
12ヵ月 家具をひっぱって立つ
13ヵ月 階段を上る
14ヵ月 ひとりで立つ
15ヵ月 ひとりで歩く

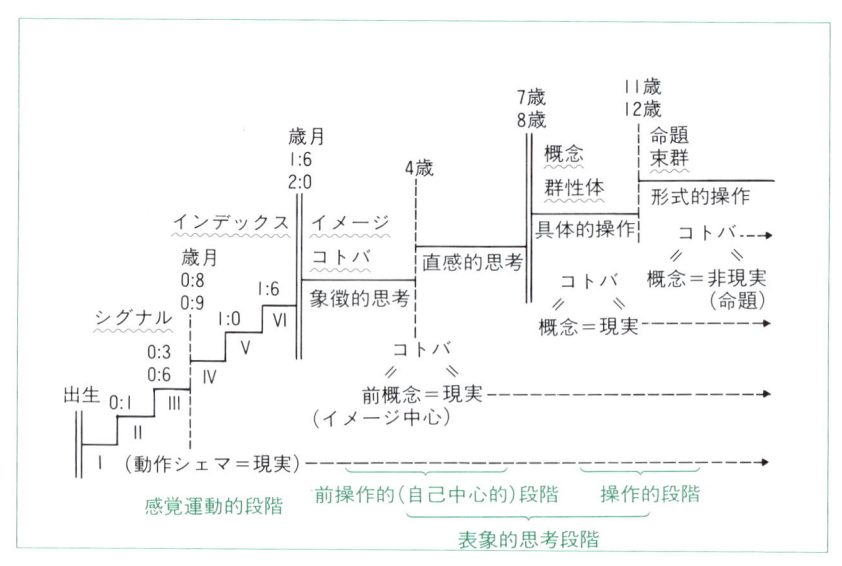

図 6-7　ピアジェによる認知の発達段階（岡本；1986）

しかできなかったのが，最終的には微調整運動も可能な状態へと発達していくのである。

また，中枢神経系の成熟に従っていろいろの生得的反射が出現し，次いで消失していくのである。特に新生児期から観察され，生後4～5カ月頃までに消失する原始反射が消失する頃から，より高次の中枢神経系の反応がみられるようになる。たとえば，パラシュート反応，視性立ち直り反応，ステッピング反応などである。生後6カ月頃から，一連の反射は，随意運動へと切りかわっていくのである。出生から歩行運動を開始するまでの発達の順序はシャーリィ（Shirley, M. M. 1933）によれば図6-6のとおりである。

　4）　**感覚運動的知能の発達**　　感覚と運動との間の関係の発見に忙しい時期である。物を把握するために自分の手はどのように働くか，テーブルの端にある皿を押すとどんなことが起こるかなどについて，知るようになっていく。図6-7は，質的・構造的に発達していく知能の段階を説明するものである。

　感覚運動的段階は，6つの下位段階に区分されている。
　Ⅰ段階　反射の行使
　Ⅱ段階　1次循環図式の形成；視野からはずれたものを探そうとはしない。
　Ⅲ段階　2次循環図式の形成
　Ⅳ段階　2次循環図式の協応；物が視野から完全に隠された場合でも，障害物を取りのけて物を取り戻すことができる。つまり物の永続性を認知し，対象概念を確立する時期といえる。
　Ⅴ段階　3次循環図式の形成
　Ⅵ段階　図式の内面化；ⅤⅥ段階は，乳児期の終わりから幼児期の始まりに当たり，この時期には行為が内面化し，言語やイメージを用いることができるようになる。つまり感覚的経験は表象へと発達してきたのである。

　5）　**乳児の情緒発達**　　まず，漠然とした未分化の全体的表現から部分的特殊表現へと分化する。次に持続時間が長くなる。そして，情緒的安定性が増す。これを情緒の分化という（65ページ参照）。

　まず，不快の反応が鮮明にあらわれ，生後2カ月頃から快の表現が明確になる。

　6）　**母子関係**　　乳児は，母親からただ単に食事，衣服，排泄等の養育・世話をうけるだけではなく，抱きあげられる，十分な時間をとって愛撫されることによって，情緒的安定性を

表 6-3 愛着の形成過程（Bowlby, 1976）

段階1	生後3カ月間	自分と他者（母親）との分化が不十分である。愛着はまだ形成されず，だれに対しても同じように泣いたり微笑したりする
段階2	生後6カ月ごろまで	母親に対してとくによく微笑し，またより多く凝視する
段階3	2，3歳ごろまで	母親を安全基地として，母親から一定の範囲内では，安心して行動し探索する。母親からの距離は次第に遠くなる
段階4	3歳以上	身体接触を必要としなくなり，母親の感情や動機を洞察し，協調性が形成されてくる

獲得・発達していくのである。

特に，乳児期早期は，母親と乳児は切り離しては考えられない。ウィニコット（Winnicott, D. W., 1965）は，「赤ちゃんというものはいない，いるのは母親と一緒の赤ちゃんである」と述べ，母親—乳児の対が発達の基本であるとしている。このような母親と乳児の未分化な状態から，情緒的社会的交流が展開して，乳児は自分の示す信号に対して適切に応答してくれる母親（母親代理）に対して愛着を形成していく。こうして育まれる愛着は永続的なものであり，乳児が心身共に健全に発達するために不可欠なものである（親の態度とそれに対する子どもの反応に関しては表7-6を参照）。

愛着の正常な発達過程は，表6-3に示すように4つの段階に分けられている。

(3) 幼児期

2歳から小学校入学までの幼児期は，非常に急速な身体的発達を示すと同時に，その心理発達も非常にめざましい。そして幼児は幼児なりに成人とは異なる独特のものの見方が発達し，幼児としての世界をもっている。

そうした幼児独特の世界を理解することが，発達を援助するためにも必要不可欠なことである。

1) **運動機能の発達**　歩行開始後は，非常に活動的になり，そして平衡機能や巧緻性が増し，各種の協応動作ができるようになる。運動機能の発達をもとに，学習や訓練によって幼児の基本的生活習慣の自立が確立されていくのである（表6-4，表6-5参照）。

2) **自己中心的思考の発達**　この時期は，前半が象徴的思考，後半が象徴的思考に支えられた直観的思考が発達し，幼児期独特の「自己中心的思考」となる。

乳児期における感覚運動的知能の発達に伴って，行為は内面化し，イメージとしてたくわえ

表 6-4 幼児の体力検査（児童母性研究会）

項目	25m疾走 (sec)		両足立幅跳び (cm)		投てき (150gの布袋) (m)		荷重疾走 (5kgの砂袋をかついで10m走る) (sec)		懸垂 (sec)		片脚連続跳び (m)	
年齢	男	女	男	女	男	女	男	女	男	女	男	女
3歳	9.70	10.87	56.3	58.8	3.35	1.95	8.42	6.48	41.4	40.0	27.50	18.00
4歳	7.79	8.27	89.2	81.2	4.83	3.39	4.52	4.7	60.1	67.8	26.05	29.65
5歳	6.50	7.20	105.1	97.9	7.21	4.40	3.85	4.16	60.6	73.6	46.55	46.75
6歳	6.21	6.85	115.7	105.6	9.66	5.50	3.51	3.78	119.2	120.5	77.45	64.77

表 6-5 基本的習慣の自立の標準（山下，1949）

	食事の習慣	睡眠の習慣	排泄の習慣	着脱衣の習慣	清潔の習慣
1:0			排尿排便の事後通告		
2:6	スプーンの使用 茶碗を持って飲む		排尿排便の予告		
2:0				ひとりで脱ごうとする くつをはく	
2:6	さじと茶碗を両手で使う		おむつの使用離脱 付き添えばひとりで用が足せる	ひとりで着ようとする	手を洗う
3:0	はしを使う 食事の挨拶 大体こぼさぬ		パンツをとれば用が足せる		
3:6	完全に自立	昼寝の終了	排尿の自立	帽子をかぶる	
4:0		就後の挨拶	排便の自立 夢中粗相の消失	パンツをはく 前のボタンをかける	うがい・歯磨 顔を洗う・拭く 鼻をかむ
4:6			排便の自立 （紙の使用）	両袖を通す 靴下をはく	
5:0				ひもを前で結ぶ 脱衣の自立	髪をとかす
5:6		寝間着にひとりで着換える			
6:0				着衣の自立	

られる．それらが表象機能や言語の発達とともに象徴的な行動としてあらわされる．たとえば，象徴的思考のあらわれとして，表象作用によって「ふり」や「みたて」などの象徴遊びがある．いわゆる想像遊び，空想遊び，模倣遊びなどもこれに含まれる．

また，幾何図形の三角形や四角形に対しても，イメージや直観的印象にひきずられた見方をする．大人が概念化への援助を与えた場合でも正しく概念化ができないのが大方である．

すなわち，自分の立場を離れて別の立場の見方がとれない，直観的，非可逆的な物の見方，考え方などが，幼児独自の「自己中心的思考」の特徴である．

さらに，生命のない無生物でも，動いていれば生きているとみなすような「アニミズム」や，物の状態を見て，そこに人間と同じ表情を感じとる「想貌的知覚」など，幼児独特の子どもらしいものの見方，考え方がみられる．

3) **第一反抗期・自律性・社会性の発達**　幼児期初期に，自我が芽生え，自分の本当にしたいことや欲求がはっきりしてくると，自分なりのやり方で物事をしたいという自己主張が強まる．これを「第一反抗期」という．幼児期の重要な発達課題である基本的生活習慣の獲得過程では，親のしつけ（社会化）の圧力との対立は健全に解決されなければならない．親からみれば「第一反抗期」は，やっかいな反抗である．しかし親を困らせてやろうという意味はない．幼児が親に対して，自己放棄でも無統制な自己主張でもなく，健全な自律性の獲得，社会性の発達の心理的，社会的基盤となるように解決されることが，幼児の発達にとってのぞましいことである．

幼児は無限に遊びを楽しむ．「ふり」や「みたて」に続き，「ごっこ遊び」ができるようになる．特に「ごっこ遊び」の中で演じられる役割交替は，「自己中心思考」の脱却を示す重要なサインであるが，健全な自律性や社会性の獲得ならびに発達状態をも示唆するものである．

幼児生活の中心である遊びの型は，傍観，ひとり遊び，平行遊び，連合遊び，協同遊びと発展する。これらの遊びの社会的適応は，幼児が獲得している対人関係が基盤となって学習され，さらに社会性が発達していくのである。

(4) 児　童　期

　児童期は心身ともに生涯でもっとも安定した発達の時期であり，学校教育を受けることによって基礎学習が進み，社会性や道徳性も一段と発達する。

　1) 運動機能の発達　基本技に加えて多様な巧緻性の高い協応動作が身につき，道具の操作が可能となる。

　運動の持続性，正確度，安定性なども増す時期である。運動機能の発達は，男女差・個人差はあるものの，単に上手，下手というだけではなく，行動やパーソナリティの形成などにも影響を与えることになる。

　2) 具体的思考の発達　具体的な事物を操作することによって「元に戻せば同じになる」といった可逆的な論証ができるようになる。児童期に入ってしばらくは，前操作期的特色がみられる。すなわち，まだ自己中心的で知覚にとらわれすぎる非論理的な思考がみられる。しかし，7歳頃になると，具体的事物によって心内的・可逆的な行為に取り組めるようになり，具体的な対象を離れると論理的に思考することができにくくなる。

　つまり，具体的な場面での可逆的操作が可能となるので，概念化はおし進められ，論理的思考が可能となる。

　3) 社会性の発達　児童期における何よりも大きな社会的変化は，小学校への入学である。家族との生活の場から，学校・学級などの生活の場への参加の中で，児童の心的生活の方向と比重は，親子関係から友人関係へと著しく変化する。

　低学年児童では，家が近い，席が横であるといった生活領域における身近さによって友人を選択している。高学年になると，興味，関心，社会的欲求が一致していることなど，親切，活動的，フィーリングが合う，といった情緒的・人格的理由によって友人関係が成立していく。

　特に中期から後期は，ギャング時代（徒党時代）といわれるが，これは7〜8人のグループを構成し，リーダーが中心となって，ともに遊び，行動する強固な集団行動が特色である。共通の趣味，共通の隠れ場所，隠語を使用し合うこともあり，児童はこうした徒党生活を通じて，集団参加のあり方を学習する機会をもつのである。

　さらに，児童期後期では，性的な成熟が始まり，各自の主たる情緒的交流の対象が異性へ移る場合がある。徒党時代のような強い結びつきは失われるが，対人関係は両性との数多くの新たな関係を包含し世界は急速に広がっていくようになる。この時，同性または異性間で健全な親友関係の形成が重要であるとサリヴァン（Sullivan, H. S., 1953）はいう。つまり，親友関係の持つ特殊な親しさが，後の青春期や成人期において両性双方と同種の親しさを体験するための準備となる。同年齢の家族外の人物との濃密な協力関係を一度でも体験していれば，その後人生のどの時期においても，人は容易に他者との同様な関係を持てるようになる。ここでいう親友関係を形成する親密性とは，他者の幸福が自分の幸福と同じくらい自分にとって大切なものであるという感情が中心となっている。心地よく協力的な親密性を作りあげる能力を，児童期に獲得することによってさらに社会性が発達していくのである。

2　青　年　期

　青年期は，「第2の誕生の時期」「疾風怒濤の時代」「自我の発見の時期」「心理的離乳の時期」「第二反抗期」などの言葉は，その特徴をよく指摘している。

表 6-6　児童・生徒の体格

区分		小学校		中学校			高等学校		
		10歳	11歳	12歳	13歳	14歳	15歳	16歳	17歳
身長（cm）									
1950年 (昭和25年)	男	127.1	131.1	136.0	141.2	147.3	154.8	159.3	161.8
	女	126.6	131.7	137.3	142.5	146.6	150.2	151.8	152.7
1960年	男	131.6	136.2	141.9	148.1	155.1	161.2	163.6	165.0
	女	132.0	138.1	144.0	148.1	150.7	152.7	153.3	153.7
1970年	男	135.3	140.5	147.1	154.0	160.5	164.3	166.6	167.8
	女	136.2	142.9	148.4	152.1	154.2	155.1	155.4	155.6
1980年	男	137.3	142.9	149.8	156.9	163.6	167.0	168.9	169.7
	女	138.3	144.9	150.6	154.0	156.0	156.6	156.9	157.0
1993年 (平成5年)	男	138.8	144.7	151.8	159.4	165.0	168.4	170.0	170.7
	女	139.9	146.5	151.7	155.0	156.6	157.3	157.8	158.0
体重（kg）									
1950年	男	26.4	28.7	31.5	35.1	39.7	45.7	49.9	52.6
	女	26.0	28.8	32.6	36.9	41.2	45.2	47.7	49.1
1960年	男	28.0	30.7	34.6	39.3	45.3	51.0	54.1	56.1
	女	28.2	32.3	36.9	41.5	45.3	48.1	49.6	50.4
1970年	男	30.5	33.8	38.5	43.7	49.6	53.7	56.7	58.7
	女	31.0	35.7	40.6	44.9	48.3	50.5	51.7	52.1
1980年	男	32.4	36.2	41.4	46.7	52.4	56.9	59.2	60.6
	女	32.6	37.3	42.6	46.5	49.6	51.4	52.2	52.1
1993年	男	34.3	38.4	44.0	49.3	54.7	59.7	61.5	62.8
	女	34.4	39.4	44.2	47.9	50.4	52.3	53.0	53.2

　青年期（adolescence）の類似の用語は思春期（puberty）若者期（youth）などいろいろ使用されているが，それは逆に曖昧さのある概念といえる。いずれも青年期は児童期と成人期の中間に位置しているので移行期，過渡期などと呼ばれている期間を指している。

(1) 年 齢 区 分

　青年期の年齢区分は12，13歳頃から20代半ば頃までの時期をいう場合が多いが，30歳前頃までをいう立場もある。

　教育制度からみれば，およそ中学，高校，大学の在学中に相当する年代が多いが，終期は上述のように30歳前頃という考え方もある。この時期は約10年以上の幅をもっているので，前期と後期では身体的にも心理的にも，かなり違った特徴がみられる。この移行期間が長いので前期，中期，後期を明確にすることが必要であろう。また，性差，個人差，文化差を含めて考える必要がある。

(2) 身 体 的 変 化

　青年期の身体的変化といっても身長，体重，胸囲などの計測可能なものを基準にするか，第二次性徴の発現を基準にするか，運動能力の変化を基準にするかによっても違ってくる。

　1) **身長，体重，胸囲の発育**　この時期は身長，体重，胸囲など急激な増大がみられる。この増大は小学校高学年から中学，高校の時期に年間増加量が著しい。

　乳児期の身体的発育に次いで，人の一生の中で第2の急速な増加がみられる時期である。その発育について昭和25年から平成5年度までの文部省統計要覧（平成6年版）をみると表6-6のとおりである。

表 6-7 児童・生徒の体力・運動能力

区分			小学校		中学校			高等学校		
			10歳	11歳	12歳	13歳	14歳	15歳	16歳	17歳
敏捷性 反復横とび（点）	1965年（昭和40年）	男	33.9	37.1	35.1	37.0	38.1	39.5	40.9	41.7
		女	33.7	36.5	33.8	34.6	34.9	35.7	36.2	36.1
	1992年（平成4年）	男	39.4	41.1	39.3	41.6	43.6	43.2	44.8	45.7
		女	36.7	38.1	36.5	37.0	37.8	37.5	38.2	39.0
瞬発力 垂直とび（cm）	1965年	男	32.4	35.8	39.7	44.4	49.4	53.5	55.9	57.6
		女	29.1	31.7	30.0	35.1	36.0	37.5	38.0	38.0
	1992年	男	34.1	38.5	42.9	49.0	54.7	57.5	60.5	62.0
		女	32.2	35.8	38.1	41.0	42.4	42.7	43.8	43.8
運動能力 50m走（秒）	1965年	男	9.1	8.8	8.5	8.1	7.8	7.5	7.3	7.2
		女	9.5	9.2	9.1	8.9	8.9	9.0	8.9	8.8
	1992年	男	9.0	8.7	8.4	7.9	7.5	7.6	7.4	7.3
		女	9.3	9.0	8.9	8.6	8.6	8.9	8.8	8.8
走り幅とび（cm）	1965年	男	309.1	331.5	349.7	377.2	408.3	429.9	447.9	458.9
		女	275.1	296.4	304.7	312.1	315.6	316.8	318.8	321.4
	1992年	男	300.8	322.3	349.2	382.6	417.1	412.4	428.6	442.8
		女	272.7	288.0	302.6	318.2	323.0	303.4	305.6	306.3

① **身長** 男子は小学校高学年から年間増加量が増大し，大体15歳頃までの増加が目立っている。女子は小学校高学年より中学校中頃までの増加量が多い。

② **体重** 男子は小学校高学年から高校初期までの増加が著しい。女子は小学校高学年から中学校中頃までの増加が多い。

③ **胸囲** 男子は小学校高学年から高校初期までの増加が著しく，女子は小学校高学年から中学校中頃までの増加が多いことがわかる。

以上のように，年間増加量が男子は小学校高学年より高校初期が著しい。女子は小学校高学年より中学校中期が著しく，男子に比べ早期に終わっている。

2) **運動能力** 青年期の運動能力について毎年「文部省統計要覧」に記載されている（表6-7）。

10代の青少年の「平成5年体力・運動能力調査」（文部省）によると体力は昭和40～平成4年までの調査（表6-7）では，敏捷性，瞬発力は12～14歳まではほぼ上昇傾向がみられるが15～17歳では瞬発力を除き下降している。また運動能力は12～14歳は大きな変化はないが15～17歳では走力を除きほぼすべての年齢で低下をしている。このように体力，運動能力ともに15～17歳では，この25年間でほぼすべての年齢で低下傾向がみられる。

3) **性的成熟** 青年期の生理的特徴として，第二次性徴の発現に続き，性的成熟がみられる。

第二次性徴は青年期になり，男子は骨格の発育，声変わり，射精，体毛の発生などで，女子は骨格の発育，乳房の発育，初潮など生殖能力が成熟する時期にあたる。

この成熟は個人差があるが，男子は早熟の者は平均して落ち着きがあり，自信をもち，適応

力に富み，晩熟の者は逆に劣等感をもちやすく，自信を失いやすく，依存性が強い点があげられている。女子についても断定はできないが，早熟の者は年齢以上の社会的行動をしやすく，晩熟の者は概して集団によく適応し，とくに問題ない場合が多い。

① **発達加速現象**　身体的発育に関してみると表6-6にみられるように，身長，体重などを最近の青年と以前を比較すると，1950年の12歳の男子の身長は，1990年には15cm増加，15歳の男子の比較でも13cmの増加が読みとれる。このように急速な発育がみられる。

また，性的成熟も男子の場合，性機能の発現，女子は初潮年齢が低年齢化し，かつ加速している。これらを含めて，前傾化している現象を発達加速現象という。

この現象は個人の内的な問題だけでなく，社会的（生活環境の都市化），文化的（性的刺激の増加など），経済的（高度経済成長時は加速し，低成長時は低下）の各要因が関連している。とくに経済成長要因について目を向ける必要があろう。

② **健康状態**　青年期の健康状態について約10年間の傾向をみると，裸眼視力，尿糖検出，心臓異常などは被患率が漸増傾向にある。とくに，裸眼視力0.7～0.3の者が漸増している。なかでも0.3未満の者が青年中期に増え，それも年々多くなっていることがわかる（文部統計要覧平成6年版）。

(3) 心理的発達

1) **過渡期**　児童期は家庭と学校での生活が大部分で，社会的関心や社会との接触は少なく，また，理解も不十分であり，生活の範囲は狭く，まとまりのある集団に所属していた。青年期になると抽象的，論理的，批判的思考も発達し，社会的関心も拡大され，家庭生活よりも友人関係や今まで経験していない知的世界に目ざめてくる。

しかし，自分では子ども集団から大人の集団へ入ろうとするが，未知の世界であるために目標や見通しが十分ではないという現実もある。そこで葛藤や一面的な行動がみられる。

2) **境界人**　レヴィン（Lewin, K.）は2つの集団の重なりあう部分に属する人を境界人（marginal man）と呼んだ。境界人の行動は不安定であり，たえず特権の多い集団と自分を同一視し，特権の少ない集団から距離をおき，敵対しようとする行動がみられる。青年の行動が大人集団と自分を同一視し，子ども集団から自分を切り離そうとすることであると説明している。この境界人の行動特徴は，情緒不安定，敏感，行動に波がある，などである。これらは過度な緊張のあらわれであるが，青年期のこのような特徴は社会的・文化的条件によっても異なる。

3) **心理的離乳**　ホリングワース（Hollingworth, L. S.）は親へ依存していた児童期の地位を脱し，大人として自律的な行動をする意欲をもち，独立した地位を求めるようになる過程を心理的離乳（psychological weaning）といっている。これは，乳児の離乳が栄養面で必要であるのと同様に，青年期には，自我の発達のために親からの独立が重要であるのを，乳児期の離乳に対し，青年期の場合を「心理的離乳」と呼んでいる。

4) **反抗期**（negativistic age resistance）　クロー（Kroh, O.）やビューラー（Bühler, Ch.）は，青年期の身体的，生理的な発育と心理的な発達が進む過程で独立心や自主的欲求が育つことにより心理的離乳が進み，大人の生き方や社会のあり方に対し疑問や批判や反抗がみられるといい，この反抗現象を第二反抗期といっている。

5) **自我同一性**　自我同一性（ego-identity）はエリクソン（Elikson, E. H.）の造語であり，「真の自分」「自己の存在証明」「自分であること」「主体性」などと訳されている。

この自我同一性は，「自己意識の独自性，不変性や連続性を内包している。さらにある集団の中にみられる共通の意識や連帯感などにも通じている」（新教育心理学辞典）。

以上のようにこの概念は多義的，包括的である。

エリクソンは発達的に人生を8つの段階に分類し，その中で青年期の心理・社会的危機としてアイデンティティについて述べている（Elikson, E. H；仁科弥生訳　1977）。

① 自我同一性の確立　乳幼児期から児童期にかけては，家族を中心とした対人関係の拡がりの中で発達し，いろいろなことを学んでいくが，それは本当の意味での主体的，自主的な行動とはいえない時期である。青年期になると身体的，生理的変化にともない性的にも急速に成熟し，自己の主体的な判断に基づいた行動の傾向が強くなり，精神的には徐々に抽象的，論理的思考が発達し，対人関係も拡大し，自己の内的な意識も鋭くなるが，これらを整理，統合し，本当の自分とは何であるのか，ということを明確にしなければならなくなる。つまり青年期は自己の属している集団の中で独自性，連続性，一貫性をもった自己を確立する時期であり，これを自我同一性の確立といっている。

日本の現状からみてこの時期に自我同一性を確立するのは容易ではないといえよう。

② モラトリアム期　青年後期は本来，社会的活動をすべき時期であるが，一時期，成人としての役割や義務や責任などを猶予された時期をモラトリアム期（moratorium period）といっている。つまり自我同一性確立に必要な一定の準備期間といえる。

③ 自我同一性の拡散　青年期は自分の考え方や生き方などについて一面的な傾向が強く，かつ明確さを欠き，精神的にも対人関係においても混乱することが多い。このような状態を自我同一性の拡散といっている。

6）**青年の傾向**　青年期の心理的特徴は，基本的には以前も最近もほぼ同様といえるが，時代や社会だけでなく，大人の影響もうけて現象はかなり変わってきているといえよう。

戦後の世代の中でも敗戦直後からしばらくの間は自由，平等，平和の思想が青年期の思想の中に深く浸透していた。それが最近の青年の間にも根底にはあるが，大きな変化のない時代になると，それが当然のこととされ強く意識化されず，個人的欲求の重視に傾き，表面的には公的な，あるいは社会に目を向けた働きかけは関係がないと考える傾向がみられる。権威に対する批判，権力に対する抵抗についても以前に比べ稀薄になり，戦後50年間の青年の思想の変遷をみることができる。

(4) 青年期の不適応行動

1）**登校拒否（不登校）**　登校しない理由がないにもかかわらず，心理的な理由によって家の中に閉じこもりがちで学校へ行かない現象をいう。

1941年にジョンソン（Johnson, A. M.）が学校恐怖症（school phobia）と呼んで以来，わが国では1959年頃から研究が報告され，児童期の適応障害と考えられていたが，その後，青年期にもみられるようになった。

これは，明日は学校に行こうと思って寝るが朝になると学校へ行くことに不安と恐れを抱き，行くことができないという状態で，性格は依頼心が強く不安定で，逃避的，抑うつ傾向，学校に対し過敏傾向などの複合した場合が多い。年齢的には小学校から中学校前半に多く，低学年では「母子分離不安」，高学年では「神経症的要因」が多い。家庭内は父親に権威がなく，母親が家庭の主導権をもち，中心となる場合が多い。子どもとの関係は過保護的で結びつきも強く，子どもに期待しているような状態が指摘されていた。

1950年代後半からアメリカで登校拒否という言葉が使用され，わが国では1960年代半ば頃から使用されるようになった。ケネディの時代の調査で，母子分離不安では説明できにくい他の家族内の問題が子どもに投影される神経症と考えられるようになった。登校しない理由（たとえば授業，友人，先生など）について合理化し拒否するもので，性格は内面をなかなか現わさないし，安定せず孤立している。年齢的には中学校高学年から高校にかけてよくみられ，男子に多い。家庭内では父親は威圧的態度で子どもに接するので，父子間の接触はほとんどない。

母親も従順で，夫と子どもの間でとまどいがみられる。

1970年代になって英国を中心に不登校（nonattendance at school）という用語が使用され始め，わが国でも1975年頃より使用され，文部省でも1992年に『登校拒否（不登校）問題について―児童生徒の「心の居場所」づくりをめざして―』（平成4年3月）で，「登校拒否（不登校）とは，何らかの心理的，情緒的，身体的あるいは社会的要因・背景により，児童生徒が登校しない，あるいはしたくともできない状況にあること（ただし病気や経済的な理由によるものを除く）をいう」と定義している。これは「学校に行かない」ことを一面的ではなく包括的に考えなければならないことを指摘している。

2）**非行**　非行（delinquency）は青少年の反社会的な行為，行動を包括して広義に理解し使用されている。一般に非行という言葉は，少年法や児童福祉法の範囲の総称されたものとして使用されていることが多い。

法律的には①少年法で犯罪少年（14歳～20歳未満の者が罪を犯した場合）②触法少年（14歳未満の者が刑罰法令に触れる行為をした場合）③虞犯少年（20歳未満の者で将来罪を犯す恐れのある場合）に分けている。また児童福祉法には18歳未満の者の不良行為について規定している。

すべての非行に共通する単一の原因は考えられないところから，多元論の立場からの理解が一般的である。

非行は本人をとりまく環境要因として，①家庭内の親子関係，②地域環境，③両親の一方の欠損，④家庭の貧困などがあげられているが，③，④については以前と異なり，近年はほとんどみられなくなっている。次に本人の内面的要因として，性格の歪みなどの精神的ないし心理的要因などが複雑に関与しており，公式化することはできないといえる。

非行は，同一の行為であっても，国によっても，時代によっても異なり，同一の水準で考えることができないのが現状であるが，少年という心身の発達途上にある人間の，教育の可塑性と非行の発展性という観点から，早期発見，力動的治療により再適応を援助するという考え方は，ほぼ共通しているといえよう。

3）**自殺**　自殺（suicide）の心理機制については立場によりいろいろな見解がある。自殺は攻撃のメカニズムが内に向けられた場合で，自己の意志で自己の生命を断つ行動であるが，その背景や手段は人により異なっている。

戦後の自殺統計からその社会的背景をみると，昭和30年すぎに自殺者数が非常に多い。戦後の社会的，経済的混乱が続き，価値観の変化にも急には適応できず，物心ともに不安定な状態が続いていた時期でもある。

昭和40年代の自殺者の減少は高度経済成長が軌道に乗り，産業・経済の発展期にともなう現象であり，以降の漸増は社会の複雑な変化に対する内面的な問題が大きな原因になっている。

自殺手段は，年齢，文化，時代，心理状態などと関係が深いといえるであろう。昭和30年代に比べると近年は服毒が減少し，ガス自殺，飛び降り自殺が増えている。年齢との関係をみると15歳未満は首つり，飛び降りが多い。これらは致死度が高い。これに対し15歳以上はガス，毒物，刃物の比率が高いが致死度は低い。また社会的に大きな問題となった事件や話題の場合は年齢の一般的傾向とは一致しない場合がみられる。（1983年の「サラ金問題」，また1986年「アイドル歌手の自殺」は16日間に40人が自殺をした。1994年に多発した，「いじめによる自殺」など）があると伝播性の自殺が急増する傾向がみられる。

この自殺について，ソンディ（Szondi, L.）は，家族的無意識の立場から8つの疾病に特徴ある自殺の手段をあげている。

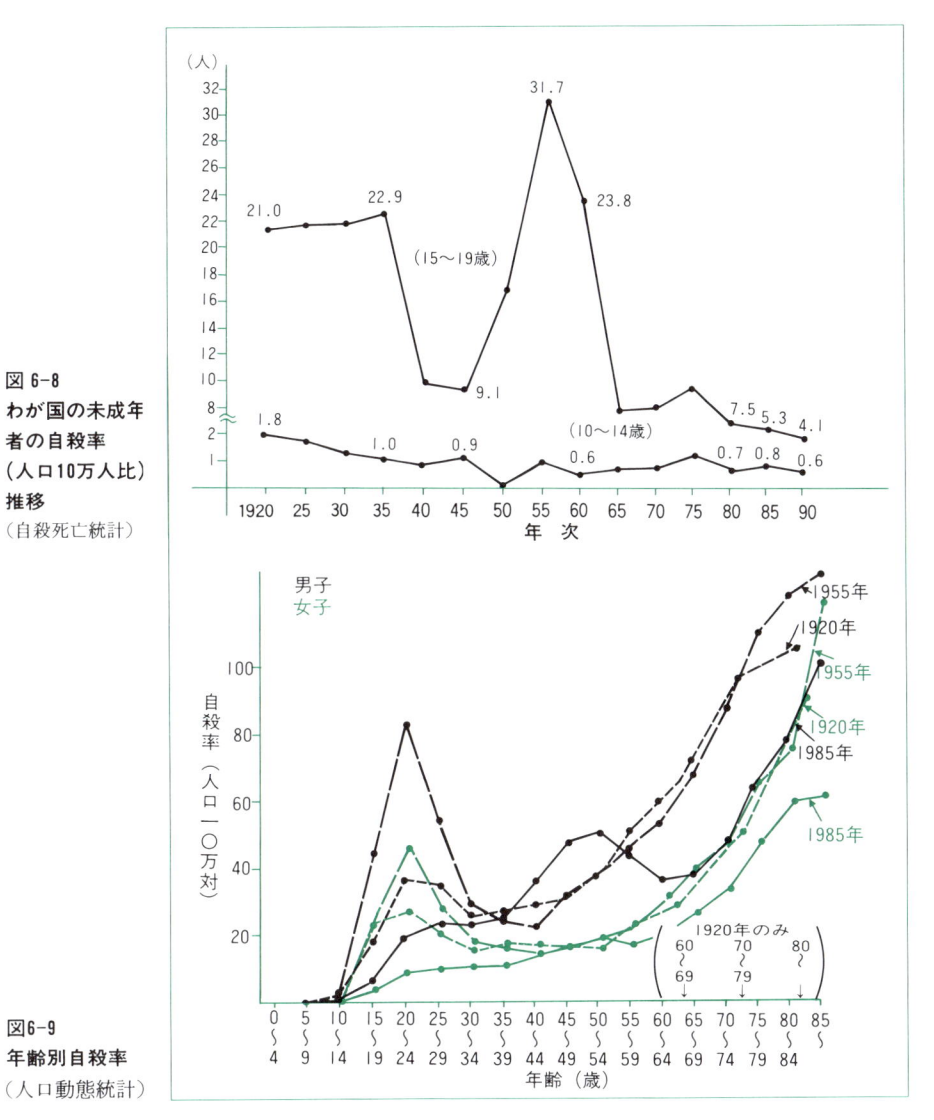

図 6-8
わが国の未成年者の自殺率
（人口10万人比）
推移
（自殺死亡統計）

図 6-9
年齢別自殺率
（人口動態統計）

3 青年期以降の人生

(1) ライフサイクルの考え方

1) 人生設計　卒業を控えた大学生にとって，経済的な自立をするために職に就くことは大きな課題の一つであろう。人生設計という言葉があるが，就職を目前に控えると，これからの人生についての見通しを立てたり今までの人生を振り返って見たりする機会も増えるに違いない。逆に言えば，就職のような人生上の重要な出来事がないと人生の過去を統合し将来の展望をすること，つまり一生を通じた視点をもつことは難しい作業なのかもしれない。

人生をいくつかの段階が連続した一つの周期とみなし，一生を通じた人の変化をとらえようとするのがライフサイクル（life cycle）の考え方である。

2) ライフサイクル　ライフサイクルは，生活周期あるいは人生周期と訳され，受胎から死までを一つの周期とする一連の過程を指す。ライフサイクルには，個人の一生を指す「周期」と，世代間で繰り返され連鎖する「周期」という意味合いとが含まれている。後者は，出

産・子育て・子離れ・次代の出産という家族ライフサイクルとしても考えられる。

ライフサイクルにおいて，一つの段階から他の段階への推移は**人生移行**（**life transition**）と言われている。人生移行は，たとえば職業サイクルにおける就職や退職のように，人生における**重要な出来事**（**life event**）によって区切られることが多い。

ライフイベントは，社会的・文化的な影響を強く受ける。たとえば，家族のサイクルでは結婚や出産が重要な出来事と考えられているが，最近では結婚をしない，結婚しても子をもたない，結婚はしないが子どもをもつなど，ライフスタイルの選択肢が多様化している。また，戦争を経験した世代とそうでない世代とでは，ライフイベントが異なるのは当然である。

したがって，あるライフサイクルは，その時代の制約を受けた動的なサイクルであることを忘れてはならないし，また，図6-10にあるようなさまざまな視点が相互に関連づけられるべきであろう。ライフイベントの影響を考慮しつつデータを収集しようとする場合，同じ出来事を経験する同年齢集団を縦断的に追跡する**コーホート分析**が必要になってくることもある。

3）パーソナリティの発達

パーソナリティの発達に関して，ライフサイクル的視点からの考察は，エリクソン（Erikson, E. H., 1950）やレヴィンソン（Levinson, D. J., 1978）によって行われている。とくにエリクソンは，精神分析学の立場から一生を通じた人格発達の重要な理論的基礎を築いた。

エリクソンは，生涯にわたる人格発達の8つの段階を仮定した。各段階は，生物学的圧力から生じる心理的な欲求と，社会からの期待との葛藤によって特徴づけられる。これらの葛藤は，肯定的に解決されるか否定的に解決されるかがその後の人格に影響を与えるため，**心理社会的危機**あるいは**心理社会的課題**と呼ばれている。

4）生涯発達

これまでの発達心理学は，青年期までの変化のみを扱うことが多かった。成人期や高齢者は，安定した変化の少ない時期，心身の機能が低下していく時期とみなされていた。ところが，高齢化社会の到来や成人のライフスタイルの多様化によって，成人や高齢者の心理的変化を研究する必要性が高まってきた。そこで，パーソナリティだけでなく，愛着，思考，問題解決といったさまざまな領域で成人や高齢者を対象とした研究が行われるようになってきた。

これらの人生の後半を対象とする研究と従来の研究とが結び付き，**生涯発達**（**life-span development**）という観点が生まれた。全生涯を対象とした，つまりライフサイクル的視点をもった発達心理学は，生涯発達心理学と呼ばれている。

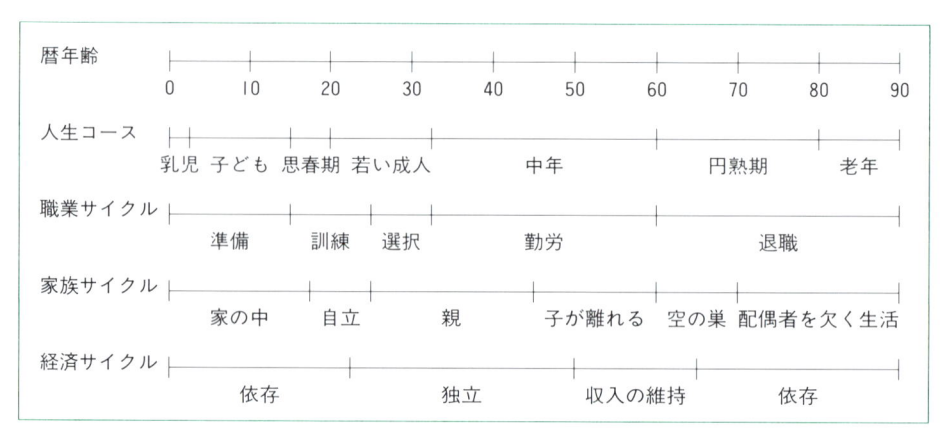

図6-10　ライフサイクルをとらえる視点（Atchley, 1975）

(2) 生 き が い

1) 喪失体験　　大切なものは失って初めてわかるとよくいわれる。青年期以降のライフサイクルにおいては，重大な喪失体験がいくつかある。

日本では，西欧諸国に比べ仕事を人生のもっとも重要なことの一つと考える人が多い。しかも，このような仕事中心性は，20代以降に他国よりも顕著に高くなる（三隅，1987）。つまり，青年期以降では，仕事に就いていることが自己実現の場をもつことになっている。したがって退職は，経済的な基盤を失う不安をもたらすのと同様に，生きがいを喪失するという不安ももたらす。

また，家族ライフサイクルにおいては，空の巣症候群（empty nest syndrome）と呼ばれる，子どもの自立に伴う喪失を体験する親もいる。子どもを生きがいとし子育てへの没頭が強いほど，子どもが独立し家を出た時の子どものいない生活に寂しさや物足りなさを感じ，親としての役割喪失感が大きい。

さらに，結婚生活を送っている人にとって，パートナーの死は不眠や食欲不振，さらにはうつ状態など，生活上の不適応を起こすことさえある大きな喪失体験である。配偶者を失った高齢者の縦断研究によると，その悲哀から立ち直るのに多くの場合約2年間かかるという（河合，1990）。

それまで生きがいとしていた仕事や子ども，配偶者を失ったとき，残された人は新たな生きがいを見つけるために，ライフスタイルを調整し現実を乗り越えていかなければならない。たとえば，配偶者を失った高齢者が愛着対象の喪失から回復するのに子どもや親戚，友人が大きな心の支えになるように，その人がどんな対人ネットワークを発達させているかということが重要になる。

2) 対人ネットワーク　　対人ネットワーク（interpersonal network）とは，ある個人と関係をもつ他者の集合と，その集合内のメンバーどうしの相互関係の総体（Mitchell, J.C., 1983）を指す。このネットワークは，ストレスを緩和し適応を促進する作用をもつため，支援ネットワークとも呼ばれる。

仕事や家族の成員を失うという高いストレスを生じる事態に際しては，ネットワーク内の他者からの物質的，情緒的な支援がストレスを緩衝するサポートシステムとして機能する。

人は誰もが他者との対人関係をもつ中で生きているが，それは，生涯発達の過程で，養育者との愛着関係を家族や友人へとしだいに拡大していった結果形成されたものである。仕事仲間や家族の成員という，ネットワーク内の親密なメンバーが減ることで起こる喪失体験もある。しかし，たとえば同じ趣味を持つ者どうしが仕事以外で仲間関係をもつことや，地域の社会活動へ参加することで家族以外の友人を開拓することなどによって，ネットワークは常に再構成されている。

対人ネットワーク内では，支援を受けたり愛情を与えたりという交流が見られるが，その交流が密な者は粗な者より幸福感や健康度が高く，ひいては死亡率も低いという。青年期以降の対人ネットワークにおける愛情の交流や分かち合いは，生涯を通して準備，再構成され，それ自体が生きがいとなっているといえよう。

(3) 知能から英知へ

1) 加齢に対する社会通念　　われわれが高齢者とあいさつをするときに，よく「お若いですね」とか「そんなお年に見えませんね」などと言う。これは社交辞令として通俗的で一般的なあいさつであるが，そこには私たちの社会における高齢者に対する価値観が潜んでいる。

「お若い」という言葉や「年に見えない」という言葉には，年をとっていることを否定するニュアンスが込められている。しかし，そのようにあいさつされた高齢者も悪い気はしないだ

ろうし,もし「お年ですね」などと言ったのではスムーズなコミュニケーションがもてなくなってしまうであろう。

つまり,私たちは,青年期以降では年をとることに価値をおかず,したがって,もはや経済的な生産活動からも退いた高齢者を相対的に低い位置に置いてしまう社会通念をもっているのである。

確かに,青年期より後の人生では,若いころのような無理な運動ができないといった身体的な衰えや,新しいことが覚えられないとか思い出すのに時間がかかるといった知的な機能の衰えが実感されることが多い。

では,本当に青年期以降の人生は衰退するのみであり,人生の中でも否定すべき価値の低い時期なのであろうか。ここでは,青年期以降の成人の知的機能のうちでもとくに思考の様式をとりあげ,その特徴と加齢に伴う変化について説明する。

2） 成人の思考様式の研究　青年期までの人間の思考の様式の変化は,ピアジェ（Piaget, J. 1960）によって示された発生的認識論が広く知られている。ピアジェは,誕生直後からの思考の様式の変化を感覚・運動期,前操作期,具体的操作期,形式的操作期の4つの段階に分けた。形式的操作期はおよそ12歳以降を指すが,この時期に人間の論理的な思考の最高の形である形式的思考が完成されるという。形式的操作期の思考（formal thinking）は,具体的操作期の思考が具体物の知覚的特徴にとらわれていたのと異なり,論理的なルールや抽象的なモデルを用いた問題解決が可能な思考である。

成人の思考様式に関する初期の研究では,ピアジェの理論に従うと青年期からの後退を暗示するものであった。たとえば,青年と高齢者の保存課題の成績を比較すると高齢者の成績は青年よりも良くなく,思考の様式も具体的操作段階のものと似ていると考えられた（Stork, P. A., et al., 1972）。

3） 現実場面における思考　ピアジェの課題はもともと論理的,抽象的な思考を求めるように方向付けられている。ところが,現実の生活においては純粋に抽象的な法則やルールのみによって課題が解決されることは少ないだろう。たとえば,人間はお互いに異なった判断の枠組みをもっているため,対人関係における葛藤を解決しなければならないという私たちが日常頻繁に遭遇する「課題」では,個人の生活スタイルや生活史,価値観,信念体系などの具体的な生活場面を考慮に入れた上でなければ解決が図れない。そこで,青年期以降の思考は,現実の生活に関する実際的な課題を用いて検討されるようになった。

表6-8　形式的思考と後形式的思考の世界観の比較（Labouvie-Vief, 1986）

形式的操作	後形式的操作
現実を構成する行動要素を支配する普遍的で絶対的な法則や原理は,論理的な分析によって明らかにされる。	論理は現実というよりも思考の産物であるから,論理的な分析には限界がある。
知識は論理的に推論されるものだから,絶対的で文脈に依存しないと見なされる。	知識は思考の産物だから,絶対的ではなく文脈によって変わり得る。
現実は,閉じた静的な変化しないシステムとして記述される。	現実は,多重的で変化の統合されたシステムの総体として記述される。
現実は,再いに独立した変数から成るシステムである。	現実は,互いに関連した変数から成るシステムである。
部分は,全体とは独立に存在する。	部分は,全体との関連性において存在する。
矛盾の解決を目指す。	矛盾を現実の本質として認める。
仮想性,抽象性を強調する。	現実の生活を特徴づける実際の出来事を強調する。

近年では，成人で見られた一見具体的操作期への後退を示すようなデータは，後退ではなく現実生活におけるさまざまな課題を解決するための，現実の制約を受け入れたより成熟した思考を示すものと考えられるようになってきた。つまり，青年期より後の人生で，形式的操作の後に認知構造の変化が起こり，**後形式的操作**（postformal operation）の段階に移るという考え方が起こってきた（Arlin., P. K., 1975）。では，後形式的操作による思考（postformal thinking）は，形式的操作による思考とどのように異なるのだろうか。

　4）**後形式的思考の特徴**　　後形式的操作期の思考は，次のような特徴をもっている。

①**実用的思考**　現実生活の文脈において課題をとらえることである。

②**相対的思考**　すべての知識や価値体系は相対的であると理解するようになることである。たとえば，言い争いの解決をしなければならない場面では，ただ1つの正しい答を求める二者択一的な考え方から，それぞれの言い分の文脈を考慮した判断をするようになる（Perry, W. B., 1968）。

③**問題発見的思考**　すでに知っているシステムの中で問題を解決するのではなく，新しいシステムを求め既知のシステムを越えて新しい問題を発見することである。たとえば，形式的操作期の者がすでに存在するルールや法則の組み合わせによって問題を解こうとするのに対し，後形式的操作期の者は何が問題となるのかを発見しようとする（Arlin, 1975）。

④**弁証法的思考**　矛盾や葛藤を現実の本質的な側面として受け入れることである。現実の世の中は矛盾に満ちており，ただ1つの価値観に従っていたのでは普遍的な解答に達することはできない。したがって，後形式的操作期の者は，矛盾や葛藤の解決において互いに相容れない意見どうしを和解させ，統合しようとする。

　矛盾や葛藤を内包したままの問題解決は，対立する立場を尊重しつつ新たな枠組みを探し出そうとするものであり，青年期の思考よりもより創造的であるといえよう。人生において過去に重大な決定をした高齢者の多くが葛藤を伴う決定をしていることが，インタビューによる研究にもみられている（Sinnott, J. D., & Guttman, D., 1978）。

　このように，青年期以降の思考の様式は現実生活という文脈に根差しており，相対的で弁証法的な解決を発見しようとするものである（表6-8）。

　青年期にみられたような抽象主義的な問題解決ではなく，多くの矛盾を含んだ現実の中で葛藤を解決していこうとする姿勢とそこで働く思考は，「知能」と言うより「英知」と呼んだ方がふさわしいかもしれない。

7章
パーソナリティ

　M電機では，血液型がＡＢ型の社員だけを集めて，商品開発のプロジェクトチームを作った。理由は，「アイデア，企画力に優れたＡＢ型の特質を利用するため」であるという。また，埼玉県行田市のある保育園では，年度のはじめの二カ月間ほど，園児を血液型別にクラス分けしている。そして，保母さんたちには，「園児の性格がクラスごとにはっきりするので，注意しなければならないところがわかりやすく，保育しやすい」と，好評なのである。また，こうした園児の性格に合わせた保育は評判が悪くない，という（週刊朝日，ここまできた『血液型狂時代』，12月14日号，1990より一部改変）。

　このように，血液型を拠り所にして，性格を四つのタイプに分類できるのだろうか。私たちは，自分自身の中にある自分勝手な判断基準（個人特有のパーソナリティ理論：暗黙のパーソナリティ（人格）理論）やその時々の感情，思い込みなどで人のパーソナリティを判断していることがある。このような思い込みや自分勝手な判断基準から自由になり，ありのままの人間を理解するためには，パーソナリティ理論を体系的に理解することが必要であろう。この章では，分類も含めて性格あるいはパーソナリティをどう表現（記述）するのか，測定するのか，それはどのようにして形成されるのかなどについて見る。

1　個性・パーソナリティ・性格・気質

　「あなたのよく知っている友達を思い浮かべてください，その人はどんな人ですか」，という質問に対して，私たちは，どのように答えるだろうか。社交的，実行力がある，歌がうまい，おとなしい，背が高い，など他の人と違う特徴やその人らしい点をあげる。このように，私たちが一人一人の人間を他の人と区別するときに用いる特徴やその人らしさは，すべて個性と呼ばれる。どのような人であっても，他の人とまったく同じ人はいない。このような意味で，個性をもたない人間はいない。

　このように，個性ということばは，それぞれの人間の個別性と独自性を意味するものである。ところで，上記の個性のうちで，社交的，実行力がある，おとなしいなどは，人間の行動様式（考え方・感じ方・行動の仕方）に関係するものである。そして，各個人の考え方や行動の仕方はある程度，状況を越えて比較的安定している。このように個人を特徴づけている比較的一貫性のある持続的な思考や行動様式に見られる多様な個人差を説明する概念が性格やパーソナリティである。ところで，パーソナリティ，性格，気質ということばは，区別せずに用いられることが多いが，一般的には次のような違いがあるといわれている。

　パーソナリティ（personality）は，「人格」と訳されることがあるが，その語源は，ラテン語のペルソナ（persona）であるとされている。ペルソナは劇などで使用された「仮面・マスク」を意味していた。そこから，パーソナリティという用語には外見の，目に見える行動，性質の総体といった他の人と接する面が強調されている。しかしながら，パーソナリティは，「内部の，比較的定状的な心理構造および過程であり，人の経験を組織だて，環境に対する行動と反応を形成するものである」（Lazarus, R. S., & Monat, A., 1981）。オルポートは（Allport, G. W.）は，パーソナリティを次のように定義している。「パーソナリティとは，個人

の内にあって，その個人に特徴的な行動や思考を決定する精神的身体的体系の力動的体制である」。

　これに対して，性格（character）は，パーソナリティの同義語としてよく使われることばであるが，ギリシャ語の kharakter に語源をもつものといわれる。これは，個人に「刻み込まれたもの，彫りつけられたもの」を意味していたことから，性格という用語には，生来性の固定した基礎構造を感じることができる。パーソナリティの規定因として環境的（社会文化的）要因に重きをおくアメリカではパーソナリティという用語が好まれ，遺伝的（生物学的）要因に重きをおくヨーロッパでは性格という用語が好まれている。

　ところで，性格をパーソナリティの意志的側面，つまり規制的な原理に従って，衝動を抑制する持続的な精神身体的傾性と見なす場合がある。この場合，性格は倫理的，道徳的あるいは価値的な意味あいをもつ概念になる。通常，私たちは「性格がよい・悪い」あるいは「優れている・劣っている」という場合がある。また，人格の場合も同様に，「人格者」「優れた人格」などという言葉があるように，日常の生活において，これらの日本語には，倫理的，道徳的あるいは価値的な意味あいを含んでいるが，心理学では，倫理的，道徳的あるいは価値的意味を抜いた概念としてこれらの言葉を用いる。

　気質（temperament）は，パーソナリティのいわゆる下位構造をなす，情動的な特徴を指すことが多い。気質は，神経系や内臓器官の機能に依存し，体質とも関係すると考えられている。

　この章では，個々のパーソナリティ理論を個別に概観するのではなく，複雑で多様なパーソナリティをどのように理解し，記述するのか，パーソナリティはどのように発達，形成されるのか，パーソナリティをどのように測定するのかを横断的に取りあげる。

2　パーソナリティの理解，記述

(1) 類型的記述（類型論）

　パーソナリティに見られる個人差は，多様ではあるが，一定の観点から類型（type）を設定し，これによって分類，整理し，いくつかの主要な型に簡略化できる。類型のよりどころに何を求めるかという点からみると，身体的・生理的基礎に求めるクレッチマー（Kretschmer, E.）やシェルドン（Sheldon, W. H.）の類型，心理的特徴に求めるユング（Jung, C. G.），フリードマンとローゼンマン（Friedman, M., & Rosenman, R. H.）などの類型がある。

　1) クレッチマーの類型論　　クレッチマーは，精神医学の治療に従事する中で，特定の疾患（精神分裂病，躁うつ病，てんかん）と体格の間に一定の傾向があることを見いだした（表 7-1）。さらに，これらの患者の発病前のパーソナリティや，患者の血縁関係者のパーソナリティに一定の特徴がしばしば認められることから，パーソナリティと体型を結びつけてと

表 7-1　精神分裂病，躁うつ病，てんかん群の体型分布

(%)（Kretschmer, 1924；Eysenck & Wilson, 1976 より転載）　精神分裂病患者の約半数が細長型，躁うつ病の約3分の2は肥満型の体型である。

	精神分裂病 5233 例	躁うつ病 1361 例	てんかん 1505 例
肥　満　型	13.7	64.6	5.5
闘　士　型	16.9	6.7	28.9
細　長　型	50.3	19.2	25.1
形 成 異 常	10.5	1.1	29.5
不　　　明	8.6	8.4	11.0

表 7-2　クレッチマーの気質類型　（山根，1980より一部改変）

気　質	特　　　徴	親和的体型	関連する疾患
躁うつ気質	1. 社会的，善良，親切，温みがある（全般的） 2. 明朗，ユーモアがある，活発，激しやすい（躁的成分） 3. 寡黙，平静，気が重い，柔和な（沈うつ成分）	肥満型	躁うつ病
分裂気質	1. 非社交的，静か，控え目，変人（全般的） 2. 臆病，恥ずかしがり，敏感，神経質（過敏状態） 3. 従順，お人よし，温和，無関心（鈍感状態）	細長型	精神分裂病
粘着気質	執着する，几帳面，重々しい，安定している，爆発的に激怒する	闘士型	てんかん

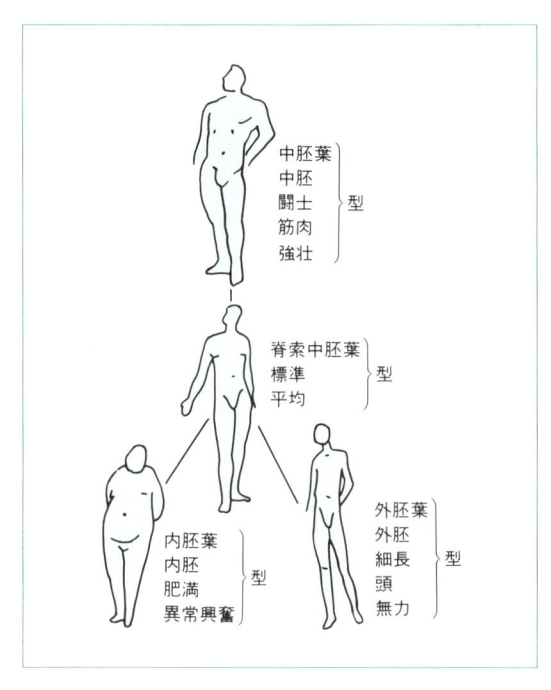

表 7-3　体型と気質との関係　（Sheldon & Stevens, 1942）

体型	気質	相関	それぞれの気質の特徴
内胚葉型	内臓緊張型	.79	食欲旺盛，寛容，緩慢，くつろぎ，自己満足，社交的
中胚葉型	身体緊張型	.82	精力的，運動好き，冒険好き，大胆率直，積極的，競争，粗い動作
外胚葉型	頭脳緊張型	.83	過敏，心配性，固い動作，尚早反応，引的込み思案

図 7-1　体型の概略図　（Martiny, 1948；Eysenck & Wilson, 1976 より転載）シェルドン以前の研究者たちによって与えられた体型の名称とその体型

らえた。クレッチマーが問題としたパーソナリティは主として，気質に関する類型である（表7-2）。

　2）**シェルドンの類型論**　　シェルドンは，約4,000人の大学生の身体の各部位を測定するとともに，パーソナリティ特性をチェックリストで評定した。彼は，体型測定の結果から，胎生期における三つの胚葉の発達度合をそれぞれ7段階で評定し，その量的配分によって3つの身体類型（内胚葉型，中胚葉型，外胚葉型）を決定した。内胚葉型は，内胚葉から発生した消化器系統がよく発達しており，身体は柔らかくて丸く，肥満している。中胚葉型は，中胚葉から発生する骨や筋肉がよく発達しており，角張ったがっちりした体型である。外胚葉型は，外胚葉から発生する神経系統や感覚器官がよく発達しており，弱々しいきゃしゃな体型である（図7-1）。シェルドンは，これらの身体類型に対応して，気質の類型があると考え，チェックリストで評定された気質にもとづき，内臓緊張型，身体緊張型，頭脳緊張型の3つの類型に分類し，身体類型との関係を求めた。内胚葉型と内臓緊張型，中胚葉型と身体緊張型，外胚葉型と頭脳緊張型との間にはそれぞれ高い相関が認められた（表7-3）。

　3）**ユングの類型論**　　ユングは，個人の心的エネルギー（リビドー）が外的な客観的世界と内的な主観的世界のいずれに流れやすいかによって，パーソナリティにおける2つの基本

態度機能	内向的	外向的
思考	理論的 知的 非実践的	客観的 堅い 冷たい
感情	無口な 子どもっぽい 冷淡な	激しい 興奮的 社交性のある
感覚	受動的 もの静かな 芸術的	現実的 官能的 愉快な
直観	神秘的 夢想的 独自性のある	幻想的 可変的 創造的

表7-4 ユングのパーソナリティ類型
（Monte, 1977：Lazarus & Monat, 1981 より転載）

的態度を仮定した。これら2つの態度は，同時には生起しないが，時には同一人物の中で変動することもある。しかしながら，人は一方の態度に傾く傾向があり，内的事象への方向づけが優位なときは内向者として，他者や物体に対する方向づけが優位なときには外向者として類型化できると考えた。彼はさらに，人が自己と環境，あるいは自分自身の内部世界とを関係づける場合に働く四つの機能（思考，感情，感覚，直観）のタイプを区別し，併せて八つの類型を考えた（表7-4）。

4) **フリードマンとローゼンマンの類型論**　身体の病気に心理的要因が関係していることが知られているが，フリードマンとローゼンマン（Friedman, M., & Rosenman, R. H., 1959）は，狭心症や心筋梗塞などの冠状動脈性心臓疾患にかかりやすい人のパーソナリティ類型を見いだし，タイプAとし，これと正反対の特徴をもつ人をタイプBとした。冠状動脈性心臓疾患には高血圧，肥満，運動不足，喫煙，コレステロールの多い食事などの要因が関与していることが知られているが，彼らは，パーソナリティも関与していることを見いだした。タイプAに特徴的な行動特性は，競争性をともなった達成努力，時間切迫と焦燥，攻撃―敵意である。目標に向かいがむしゃらに努力し，身体を酷使する。慢性的な時間の切迫感をもち，時間が足りないと感じるために，性急な行動をとる。ちょっとしたことでいらだったり，攻撃的言動を示す。とくに，自分の仕事を妨害されたり，批判されたりすると強い攻撃反応を示す。

これらの他にも，フロイト（Freud, S.）の性心理発達理論にもとづく類型，パーソナリティの類型を興味と価値の志向性に求めたシュプランガー（Spranger, E.）の類型などが知られている。

類型論では，人間をユニークな全体として考えており，これより小さな部分に分析できないものとしての全体像を問題としている。また，典型が示されているので，個々の多様なパーソナリティの全体的，直感的な理解を容易にするという特徴をもつ。これに対して，類型論では，多様なパーソナリティを少数の類型に分けてしまうために，中間型や移行型が無視されやすくなるという問題もある。また，従来の類型論の多くがパーソナリティを静態的なものと見なし，その力動的な面，とくにパーソナリティの形成に及ぼす社会的，文化的な要因を軽視しがちであったという批判もなされている。

(2) **特性的記述（特性論）**

各人には，一定のやり方で行動し，反応する傾向が認められる。われわれは，他者の持続的な行動特徴をもとに，たとえば「彼は社交的で野心家である」のように表現することがある。このような，さまざまな状況の中で一貫してみられる個人に特徴的な心理傾向あるいは行動傾向を特性（trait）と呼ぶ。特性論では，パーソナリティを構成している個々の特徴（特性）を明らかにし，それらを量的に測定し，特性の量的組合せでパーソナリティを記述しようとする。

ところで，われわれは彼が社交的であることを知っていれば，彼がどのように行動するか予測できる。しかしながらその行動の原因については何も知らない。彼は社交的だからパーティが好きだというのは循環論である。特性の名称は純粋に記述的なものであり，行動を説明するために特性をもちだすには慎重でなければならない（Eysenck, H. J., & Wilson, G. D., 1984）。

1) オルポートの特性論　　オルポートは特性を個人に固有のものである個別特性と多数の人々に共通する共通特性とに分けた。彼はオドバート（Odbert, H. S.）とともに辞書の中から人々の特徴を述べるために用いられていることばをすべて選び出し，それらを分類，整理して，最終的に14の共通特性にまとめた。

2) キャッテルの特性論　　キャッテル（Cattell, R. B.）は，オルポートの意図をさらに押し進めて，因子分析という科学的方法を用いてパーソナリティの構造を明らかにしようとした。彼は，特性を類似の社会経験を有しているすべての人に共通の共通特性と，特定個人に固有の独自特性に分けた。これらはそれぞれ，表面特性と根源特性に分けられるが，表面特性とは，外部から観察可能な，お互いに相関し合っている変数のクラスターのことであり，根源特性は表面特性を因子分析して見いだされた，表面特性の根底にある特性である。彼は，3種類の資料（Q資料―生活記録，L資料―自己評定，T資料―客観テスト）の結果を因子分析し，パーソナリティ構造を明らかにし，そこから見いだされた16種の根源的特性でパーソナリティを説明しようとした（表7-5）。

3) アイゼンクの特性論　　アイゼンク（Eysenck, H. J.）は，精神医学的診断，質問紙法，客観的動作検査，身体測定などの多面的な資料を利用し，因子分析の手法を用いて，特殊反応の水準から類型の水準（パーソナリティ次元）にいたる4層のパーソナリティ構造を提唱した（図7-2）。

アイゼンクによると，個人特有の行動様式である特殊反応が，さまざまな状況で繰り返し現

表7-5　キャッテルの16因子（Cattell, 1963：Eysenck & Wilson, 1976 より転載）

高得点の記述	因子	低得点の記述
社交的，打ち解け，のんき（感情循環気質的）	A	打ち解けない，超然とした，批判的，冷たい（分裂的）
知的に高い，抽象的思考，利発（高知能）	B	知的に低い，具体的思考（低知能）
情緒的に安定，現実直視，冷静（高自我）	C	感情的，情緒不安定，動揺しやすい（低自我）
独断的，独立心が強い，攻撃的，強情（支配）	E	謙虚，温厚，従順，順応的（服従的）
軽率，衝動的，無頓着，熱狂的（高潮的）	F	慎重，用心深い，まじめ，無口（退潮的）
責任感が強い，忍耐強い，規律的（強超自我）	G	責任感が弱い，ご都合主義，無責任（弱超自我）
物おじしない，社会的に大胆，抑制のない，自由奔放（脅威に対する抗性）	H	物おじする，控え目，気おくれ，臆病（脅威に対する過敏）
テンダーマインド，依存的，過剰防衛，直感的（防衛的な情緒過敏）	I	タフマインド，自力本願，現実的，実用主義（徹底した現実主義）
疑い深い，うぬぼれ，懐疑的（内的緊張）	L	信じやすい，順応的，ねたみのない，協調的（内的弛緩）
空想的，現実に無頓着，内的な切迫に夢中になる，自由奔放的（自閉的）	M	現実的，注意深い，慣習的，外的現実に従う，独自の（現実性）
如才ない，打算的，見通しのきく，警戒心の強い（狡猾）	N	率直，自然の，素朴な，感傷的な（無技巧）
自信がない，心配性，抑うつ的，不安な（罪悪感）	O	穏やかな，確信した，自信のある，落ち着いた（充足感）
革新的，批判的，進歩的，分析的，自由思考（急進性）	Q^1	保守的，既成観念の尊重，因習的（保守性）
自己充足的，自分の決断を選ぶ，才覚のある（自己充足）	Q^2	集団依存的，従者的（集団依存）
自律的，世間的，自覚的，自制的（高い自己概念の統制）	Q^3	いきあたりばったりの，世間体を気にしない，だらしがない，衝動的（低統合）
緊張した，興奮し切った，落ち着きがない（高緊張）	Q^4	リラックスした，穏やかな，不活発，満たされた（低緊張）

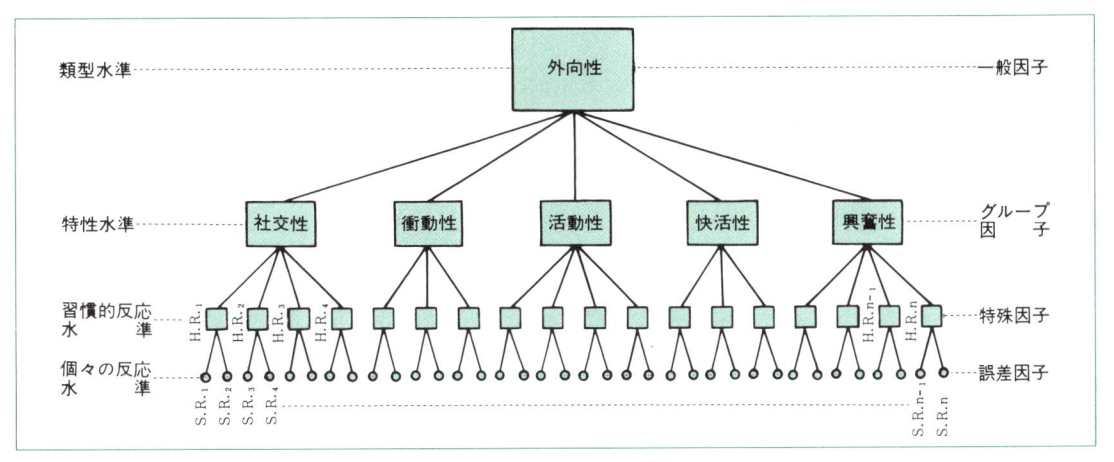

図 7-2 外向性の階層的構造 (Eysenck, 1970)

れると習慣的反応となる。習慣的反応は，お互いに相関するものが集まることにより，習慣的反応群としての特殊因子（群因子）を構成する。この特殊因子間の相関から因子分析により，さらに高次の一般因子である類型次元を経験的に見いだすことができる。この上位の共通特性とみることができる類型として，アイゼンクは外向性―内向性，神経症的傾向，精神病的傾向という3つのパーソナリティ次元を見いだした。

3 パーソナリティの形成

パーソナリティの形成における，遺伝か環境かという問題について長い間論争があったが，現在では両要因の相互作用説が一般に認められている。この節では，パーソナリティの形成におけるこれらの問題について触れる。

(1) 遺伝的要因（生物学的基礎）

パーソナリティが遺伝と環境によってどのように発達し，形成されるかという問題の解明には，双生児研究が大きな意義をもっている。双生児研究はもともと，遺伝の問題を検討するために始められたので，今日でも遺伝の研究と考えられやすい。しかしながら，この研究法は，個人差を作る環境要因の研究にも有効である。

双生児には一卵性双生児と二卵性双生児の2種類がある。一卵性双生児は遺伝子がまったく同じであり，他方二卵性双生児は，兄弟姉妹がたまたま同じ時期に受胎してほぼ同時に生まれただけであるから，遺伝子の類似度は普通の兄弟姉妹と同程度である。環境の影響は，同じ家庭で一緒に養育された一卵性双生児と，異なった家庭で別々に養育された一卵性双生児を比較することで評価できる。また，一卵性双生児間の類似度と二卵性双生児間の類似度を比較することで，遺伝的要因の影響を評価することができる。活動性，根本気分，情動など，一見して生物学的な機能に規定されているように考えられるものは，やはり遺伝的なものが大きな力を占めている。これに対して，たとえば意志のような純粋に心理学的な属性や自我価値感情のように体験とか学習とかにかなり根ざしているようなものは遺伝的な要素によらない部分が多い（福島，1984）。

(2) 環境的要因（文化社会的要因）

文化とは，一定の集団成員によって学習され，伝達され，共有されている習慣，技術，意識，

表 7-6　好ましくない親の態度とそれに対する子どもの反応（守屋，1962より作成）

好ましくない親の態度		子どもの反応
①拒否型	(イ) 積極的拒否型 　（罰，虐待，威嚇など）	注意を引く行動，攻撃的，反抗的，消極的反応など
	(ロ) 消極的拒否型 　（無視，否定，置き去りなど）	
②過保護型	(イ) 干渉型 　（世話やき，先回りなど）	依頼心が強い，引っ込み思案，孤独，幼稚，責任感が薄い，集団生活に不適応など
	(ロ) 不安型 　（心配，取越苦労など）	神経質，身体虚弱，忍耐力欠如など
③過支配型	(イ) 厳格型（権威型） 　（命令，制限，禁止，強制，独裁，非難など）	服従，従順，自主性や独創性の欠如，大人の顔色をみる，かげひなたがある，劣等感，暗い表情など
	(ロ) 期待型 　（野心の投影，依存など）	逃避的，子どもらしさの喪失，不安，満足度の欠如，消極的，無感動など
④溺愛型	献身的，盲愛，甘やかし，極端な子ども本位など	幼児的，自己中心的，内弁慶，無責任，約束が守れない，忍耐力の欠如，無作法など
⑤矛盾・不一致型	(イ) 矛盾型 　（気分本位，一貫性の欠如など）	情緒不安，反抗的，劣等感など
	(ロ) 不一致型 　（親や家族の態度の不一致）	片親に甘える，両親に対し異なる態度をとるなど

価値，態度などから構成され，それらの多少とも組織され統合された体系（詫摩，1974）と定義される。文化社会的要因の中には，家族内の人間関係，社会階層，地域性（地理的，社会的環境），宗教，民族，歴史などが含まれる。この研究の意図は，これらの要因がそこに住んでいる人々の習慣や考え方にどのように影響を与え，どのようなパーソナリティが形成されるかを検討することである。

　上記の要因の中でもっとも多く取りあげられるテーマは，育児様式の差に関するものである。サイモンズ（Symonds, P., 1937）は親の子どもに対する態度と子どものパーソナリティとの関連を調べた。親の態度を，支配―服従，受容―拒否の2つの軸でとらえ，子どもの性格と関連させた。支配―服従とは，子どもを自分の思うままに支配するか，子どもの欲求に服従するかの軸であり，受容―拒否は，子どもを受け入れて愛してやるか，子どもに対する愛情を拒否するかの軸である。支配的な親の子どもは，礼儀正しい，正直，自意識が強く，内気である。これに対し，服従的な親の子どもは，不従順，攻撃的であるが，積極的で，独立的であった。受容的な親の子どもは，情緒的に安定しており，よく社会化され，穏やかであるなどの特徴がみられ，拒否的な態度の親の子どもは，情緒的に不安定，反抗的，などの特徴がみられた（鈴木，1991）。また，守屋（1962）は，親の好ましくない態度として，拒否，過保護，過支配，溺愛，矛盾・不一致の5つの型に分類し，それらに対する子どもの反応を対応づけている（表7-6）。

4　パーソナリティの測定

　これまでいくつかのパーソナリティの記述，形成に関する理論を見てきた。パーソナリティ理論が進歩するためには，妥当なパーソナリティ測定の技術が必要となる。パーソナリティ理論における個々の構成概念が測定できなければ，その理論の否定も肯定も修正も不可能である。また，臨床的治療において，治療の効果を評価するためには，来談者がどのように変化したか，あるいは変化しなかったか，つまり臨床的治療の評価のためにも有効なパーソナリティの査定，

測定が必要となる。

　一般にパーソナリティの測定には，パーソナリティを構成する個々の属性や特性を測定する方法と，個々の部分の統合を強調して全体としてのパーソナリティ像を把握しようとする方法がある。多くのパーソナリティ測度が前者の方法であるが，行動観察法，面接法，投影法などは後者に属する。それぞれのパーソナリティ測度は，いろいろな角度からいろいろなとらえ方をしており，パーソナリティの理解，診断のための一つの資料を与えてくれる。多くの種類のパーソナリティ測度があるが，ここでは代表的なものを概観する。

(1) 評定尺度法

　パーソナリティ特性や態度，能力などについて，行動を一定の尺度上で評定する方法である。たとえば，社交性という特性を，一方の極を「非常に社交的」，他の極を「まったく社交的でない」として4段階あるいは5段階（「どちらともいえない」を入れる場合）の尺度上で評価する場合である。観察者が評定する方法（他者評定）と自分自身で評定する方法（自己評定）があるが，いずれの場合にも主観が入り込みやすいという欠点がある。とくに他者評定の場合に生じやすい評定の歪みとして，光背効果，寛大化効果，中心化傾向などがあげられる。

(2) 質問紙法（パーソナリティ目録法）

　一定のパーソナリティ特性に関する質問（行動標本）に対して，本人自身が自己評価する内省法である。質問紙法は集団施行が可能であり，標準化されていれば結果の処理も機械的にできるので，もっとも多く用いられている方法である。質問紙法は，そのテストが作成された方法によっていくつかのグループに分けることができる。専門家の評定や医師の診断などを基準として経験的に作成されたものとして，ミネソタ多面人格目録（Minesota Multiphasic Personality Inventory：MMPI），カリフォルニア心理目録（California Psychological Inventory：CPI），コーネル医学インデックス（Cornell Medical Index：CMI）などがある。特定のパーソナリティ理論に基づいて作成されたものとして，ユングのパーソナリティ理論に基づく淡路・岡部式向性検査，アイゼンクのパーソナリティ理論にもとづくアイゼンク性格検査（Eysenck Personality Inventory：EPI）などがある。

　また，パーソナリティ質問紙の作成に因子分析を用いたものに，矢田部―ギルフォード（Y-G）性格検査，キャッテルによって作成された16パーソナリティ因子質問紙（Sixteen Personality Factors Questionnaire：16 PF）などがある。わが国で広く利用されているY-G性格検査は，12の多次元的な特性が同時に測定でき，その結果はプロフィールで表される。

　ところで，質問紙法は質問に答えている人は自分の特徴的な行動について正確に報告できる「能力」を備えており，しかも「自発的に」報告しているという仮説に依存している。ここでいう「能力」とは，その人が質問項目の意味を理解し，他の人と比べて自分自身を判断することを意味している。たとえば「話好きな方ですか」という質問に対して，自分は他の多くの人と比べてどうなのかを判断しなければならない。もちろん特性の得点化の基礎となるのはそこに表れた全体的なパターンであるので，個々の項目に対する反応は決定的なものでない。実際に，人は自分自身がもっている特徴を正確に報告できるというかなりはっきりとした証拠がある。「自発的に」ということに関して，好ましく見えるように質問に答えていく人もいれば，同情を求めたり，治療を求めるためにあるいは何らかの注意を引こうとする人がいるかもしれない。ある動機づけ状況下，たとえば入社試験においてはこの種の歪み（意識的，無意識的な自分自身をよく見せようとする応答）がパーソナリティの測定に影響を及ぼすことを示す証拠がある。これらの動機づけの影響に対応する方法としてよく知られているのが，「自分をよく見せよう」としている程度を評定するための「虚偽尺度」を含める方法である。これはあらゆる実施条件で有効であるとはいえない。しかしながらこのような制限にもかかわらず，質問紙法はあらゆるパーソナリティ測度のもっとも一般的で有効なものであることが証明されている

(Eysenck & Wilson, 1984)。

(3) 作業検査法

一定の条件下で被験者に作業を課し，その作業の経過や量的パターンからパーソナリティを把握しようとするものである。この方法は，集団実施が可能，採点や結果の数量化が容易である，テストの目的が被験者にわかりにくく，作意的な歪曲が難しいなどの利点がある。しかしながら，結果の判定に主観が入りやすい，熟練が必要，また測定できるのはおもに意志的側面に限られ，質問紙法などのようにパーソナリティを多面的に測定できないものが多い。代表的なものとして，数列の加算作業を課す内田―クレペリン作業検査がある。

(4) 投　影　法

被験者にあいまいな，あるいは多義的な刺激を提示したり，構造化されていない漠然とした事態においたとき，被験者がそれらの刺激や事態をどのように解釈するのか，あるいはそれをもとにどのような新たなものを創造していくかを分析し，そこから被験者のパーソナリティ特徴を明らかにしようとする方法である。一般的に，投影法は個別検査である。そしてこの方法は，質問紙法と比べて検査の意図が被験者にとって非常にあいまいであり，反応に意図的な歪曲が少ない，自由に反応ができる，意識的な反応だけでなく，無意識，無意図的な反応が生じる，という特徴をもつ。しかしながら，標準化がかなり困難であるために，分析と解釈には高度の専門的知識や技法，豊富な経験，洞察力といった熟練が必要である。投影法を用いられる材料によって分類すると表7-7のようになる。投影法の代表的なものをいくつか簡単に説明する。

1) **ロールシャハ・テスト (Rorschach test)**　　スイスの精神科医ヘルマン・ロールシャハ (Rorschach, H.) が考案したもので，10枚の左右対象の多義的な図形（インクの染み）が描かれている。このような刺激図版であるために，異なる文化圏でも共通に利用できるという特徴があり，世界各国で利用されている。

この検査の背景には，個人の知覚にパーソナリティが反映（投影）されるという仮説がある。検査の実施方法はまず図版を1枚ずつ見せ，それが何に見えるか答えさせる（図7-3）。全図版に反応した後に，個々の反応に対する質疑を行う。これらの結果をもとに，反応領域，反応の決定因，などの面から整理，分類する。そこからパーソナリティの知的側面，上位的側面，自我機能の側面などを明らかにしていく。

2) **主題統覚検査 (Thematic Apperception Test : TAT)**　　TATは，マレー (Murray,

表7-7　投影法の種類

視覚刺激を用いるもの	ロールシャハ・テスト，主題統覚検査 (TAT)，絵画欲求不満テスト (PFスタディ) など
言語刺激を用いるもの	連想検査，文章完成テスト (SCT) など
表現と運動	人物画テスト，HTPテスト (House Tree Person test)，バウム・テスト，フィンガー・ペインティング，モザイク・テストなど
遊びと劇	プレイ・テスト，ドル・プレイ (doll play)，サイコドラマなど

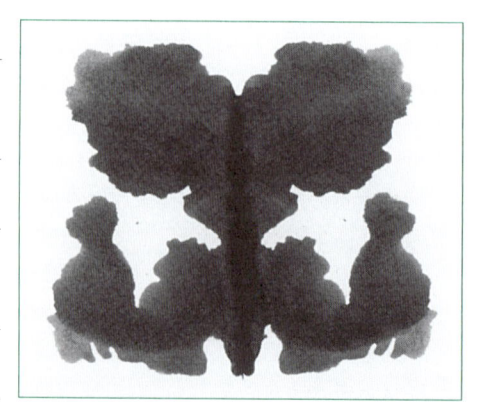

図7-3　インクブロット図

H. A.）の欲求―圧力（need-press）理論に基づき，人がもつ欲求という内的な力と，それに対して加えられる環境からの圧力との力関係からパーソナリティをとらえようとするものである。刺激としては，人物を含むあいまいな状況の絵が用いられ，被験者はその絵について空想的な物語をつくるように求められる。この物語から，絵の中の主人公，主人公の欲求，行動，感情状態，主人公に及ぼす外的な圧力，欲求の解決の仕方などを分析し，被験者の欲求，葛藤，コンプレックスなどを明らかにしていく。

5 パーソナリティ測度の信頼性と妥当性

これまで代表的なパーソナリティ測度を見てきたが，パーソナリティは比較的限られた行動標本から推論される。したがって，パーソナリティ測度の信頼性と妥当性が重要となる。

信頼性（reliability）は，①抽出された行動の代表性，安定性，一般性と，②観察者間の一致度に関する概念である（Lazurus, & Monat, 1979）。観察法であれ質問紙法であれ，パーソナリティは比較的限られた行動標本から推論される。したがって，そこで観察された行動がその人の代表的な反応であるのか，質問紙を構成している行動標本が特定のパーソナリティ特性を代表しているか，その行動が状況や場面を越えて一般化できるのか，何回測定しても同じ結果が得られるのか，などが問題となる。複数の観察者が同じ人を観察しても，観察者の視点が異なっていたり，ある側面が強調して記述されたり，そこからパーソナリティを推論する際に解釈上に違いが生じれば，観察者間の一致度は低くなってしまう。観察者自身が測定道具であるので，観察者の訓練によって，観察する行動を限定して観察者の判断や解釈をできる限り低めたり，まったく無くすことでこの問題は解決できる（Lazurus, & Monat, 1979）。

パーソナリティの測定において，信頼性と並んで重要な概念が妥当性（validity）である。これは，本来測定しようとしているものを実際に測定しているのか，その程度を表す概念である。妥当性は信頼性より重要な概念であるが，これを測定するのは難しい。妥当性には一般に，内容的妥当性，基準関連妥当性（並存的妥当性，予測的妥当性など），構成概念妥当性（因子的妥当性など）などがある。

この章の最初で述べた，血液型と性格は関連しているだろうか。血液型を聞くだけで，何の手がかりを用いることなく，パーソナリティや相性などがわかるとされている。これを実証的に検討するにはたとえば，血液型によって異なるとされている特性を測定しているパーソナリティ・テスト（信頼性，妥当性が確かめられているもの）を実施し，血液型ごとにそれぞれの得点を求める。血液型によって特定の特性得点に差が認められれば妥当性が証明される。しかしながら，いくつかの研究（たとえば，長谷川，1985）ではこのような結果は認められておらず，心理学的にはパーソナリティ判断の基準として血液型という類型は適切でないことは明らかである。

8章
臨床心理と適応への援助

1 臨床心理学の考え方

(1) 現代社会と臨床心理学

　近代化や科学技術が進み，われわれの生活が物質的に豊かになった今日，かえってさまざまな人間の心の問題が現れてきている。たとえば児童虐待，不登校，学級崩壊，引きこもりなどが，新聞やテレビのニュースをにぎわせている。これらをいちがいに心の問題としてのみ考えることはできないが，それでもこれらの問題の心理的側面を否定することはできない。また，このようにマスコミに表立って取り上げられるようなものだけでなく，われわれの中にはさまざまな心理的悩みや心の病理をかかえる人も多い。臨床心理学は，このような現代において増加する心の問題や心の悩み，そして心の病理に実践的に対応するものとして特に必要なものとなってきた。

　価値観が多様化し，流動化し続ける現代社会において，われわれにとってエリクソンの言うアイデンティティの問題が重要なテーマとしてある（Erikson, E. H., 1968）。アイデンティティとは「私」とは誰か，「私」とは何かという問いとその答えである。アイデンティティは青年期に確立すべき発達課題であるが，青年期に限定されず一生を通じて問い続けられるテーマである。今日日本ではいわゆるリストラが多くの会社で行われるなど，終身雇用制が崩れてきている。したがって大学を出て会社に就職したからといって，それでアイデンティティが確立されたとはすぐには言えなくなってきている。アイデンティティは，個人のおかれた歴史・社会の中で確立すべきものであるのと同時に，個人の心理的，内的なものである。今日ほど心理的，内的なアイデンティティを必要とする時代はこれまでなかったのではないだろうか。その意味で「私」のことを考えてゆく臨床心理学は，きわめて現代的意義をもった学問なのである。

(2) 臨床心理学とは

　臨床心理学は，さまざまな心理的悩みや心の病理，あるいは心理的問題，広くは人生の問題などに対してセラピスト（治療者）あるいはカウンセラーが，クライエント（来談者）に対して援助あるいは治療する臨床実践にもとづく学問である。言い換えれば，心理療法やカウンセリングの実践にもとづくと同時にそれを支える学問である。したがって臨床心理学はきわめて実践的な面があり，臨床実践と研究とを区別することが難しい，実践即研究であるといえる学問である。

　心理療法やカウンセリングでは，セラピストあるいはカウンセラーが，クライエントの心理を理解し（心理診断，見立て，心理テスト等を含む），方針・対応を立て，クライエントを援助あるいは治療する。そのさい，セラピストあるいはカウンセラーとクライエントとの関係性が重要になってくる。セラピストあるいはカウンセラーとクライエントという人間が人間的交流を含むその関係性にもとづいて心理療法あるいはカウンセリングは展開されるので，物質を対象とする自然科学とは異なり，研究者でもあるセラピストあるいはカウンセラーは，対象であるクライエントを自分から切り離して観察・研究することが困難であるばかりでなく，同時

に研究者でもあるセラピストあるいはカウンセラーが心理療法あるいはカウンセリングの中の自分自身を研究対象ともするという矛盾を含んでいる。

　臨床心理学の起源をどこまでさかのぼるかは難しいところだが，一応19世紀末から20世紀初頭にかけてのウィーンのフロイトにその現代的出発点を見ることができよう。そのフロイトはヒステリーや神経症の治療を行っていたのだが，後述するように彼自身「創造の病い」と呼ばれる深刻な心理的危機の時期に自らの心を研究対象とする自己分析を通じて自らの心理学を確立していった。フロイトとならぶ現代臨床心理学の祖であるスイスのユングも，精神分裂病と見まがうような深い心理的危機の中から，その自らの心理的体験を研究し，自身の心理学を創り出した。そして彼らは彼らのもとを訪れる患者に対して彼ら自身が行った自分の心の研究を彼らと同様に行うように援助していったのである。このように，臨床心理学は，その出発点から「私」が「私」のことを考える「私」の心理学（河合，1989）であった。

　心理療法あるいはカウンセリングの実際においてクライエントが行うのはセラピストあるいはカウンセラーとの関係を土台として「私」（クライエント）が「私」（クライエント）を対象として感じ考えてゆくということである。そのなかで気づきや洞察が生じ，心理療法やカウンセリングのプロセスが進んでゆく。そのさいセラピストあるいはカウンセラーは，クライエントの心理，クライエントとの関係，さらにそのクライエントとの関係のなかで動くセラピストあるいはカウンセラー自身の心理について理解を深めながら，クライエントに出会ってゆくという開かれた態度をとらなければならない。そのようなセラピストあるいはカウンセラーの開かれた態度があるからこそクライエントは「私」（クライエント）が「私」（クライエント）を対象として感じ考えてゆくことが促進されるのである。また，セラピストやカウンセラーは，心理療法やカウンセリングを有効に行うために，まず自分の心をより深く知るために教育分析というものを受けることがある。これはセラピストやカウンセラー自身がクライエントになって他のセラピストやカウンセラーのもとで心理療法やカウンセリングを受けるものである。このように臨床心理学は「私」の心理学であって，「私」が「私」のことをより深く知るための学問であると言える。臨床心理学を学ぶ人はその理論を学ぶときもその理論が「私」のことをよりよく知るために役立てるようにして学ぶことをおすすめする。以下では臨床心理学の基本的な理論の中から，代表的な臨床心理学者であるロジャーズ（Rogers, C. R.），フロイト（Freud, S.），ユング（Jung, C. G.），アドラー（Adler, A.）のものを紹介する。彼らの理論は，彼ら自身の自己分析や臨床体験をもとにして生まれた「私」の心理学であることを忘れてはならない。そしてそれらがあなた自身の「私」の心理学を深めるものであることを願ってやまない。

(3) ロジャーズ──クライエント中心療法

　心理療法あるいはカウンセリングを考えてゆくとき，われわれがまず学ぶ必要があるのは，アメリカのロジャーズのクライエント中心療法の考え方である。第2次世界大戦後，日本に臨床心理学が普及しはじめたときにもっとも影響を与えたのがロジャーズの心理学である。従来，心理療法あるいはカウンセリングを受ける人のことをペイシェント（患者）と呼んでいたのを，今ではクライエントと呼ぶようになったのはロジャーズの功績が大きい。ペイシェント（患者）という言葉には，どうしても正常者とは異なった異常な者，病める者として，セラピストあるいはカウンセラーが上位に立ち，ペイシェント（患者）は下位に立つというニュアンスがある。一方，クライエントという言葉は，英語でもともと対等なビジネスパートナーを表す言葉であり，セラピストあるいはカウンセラーとの関係においてよりいっそう対等であるという意味合いが込められている。ロジャーズは，クライエントこそが心理療法あるいはカウンセリングにおいて主体性をもつべきだと考えた。

ロジャーズは，まず心理療法あるいはカウンセリングにおいてセラピストあるいはカウンセラーによる指示的療法ではなく非指示的療法ということを考えた。彼はセラピストあるいはカウンセラーがクライエントに指示・命令を与えるのではなく，むしろセラピストあるいはカウンセラーはクライエントが主体的，自発的に話すのにまかせ，それを無理にさえぎることなく受容的に聴いてゆくうちに心理療法あるいはカウンセリングのプロセスが進んでゆくことに気づいた。このようなセラピストあるいはカウンセラーの「聴く」態度は現代の日本の多くの心理療法・カウンセリングの基本的なものとなっている。

　ロジャーズはさらに一歩進んで非指示的療法からクライエント中心療法へと自らの心理療法あるいはカウンセリングの名称を変えていった（ロジャーズ，1951）。すなわち，セラピストあるいはカウンセラーが非指示的であるというよりもむしろクライエントの方が心理療法あるいはカウンセリングの中心となるのだという考え方である。そしてロジャーズは心理療法あるいはカウンセリングが有効に進むための6つの条件を提示した。それらは以下のものである（ロジャーズ，1957）。

　①2人の人間（セラピストあるいはカウンセラーとクライエント）が，心理的な接触をもっていること。
　②クライエントは経験と自己概念とが一致せず，傷つきやすい，あるいは不安な状態にあること。
　③セラピストあるいはカウンセラーは，心理療法あるいはカウンセリングにおけるクライエントとの関係のなかで一致しており，統合されていて，純粋であること。
　④セラピストあるいはカウンセラーはクライエントに対して無条件の肯定的な尊重・受容をすること。
　⑤セラピストあるいはカウンセラーはクライエントを共感的に理解すること。
　⑥セラピストあるいはカウンセラーの無条件の肯定的な尊重・受容と共感的理解が最低限はクライエントに伝わること。

　これらのうち，③，④，⑤の条件は，後にロジャーズの3条件として多くのセラピストあるいはカウンセラーにとってたいへん重要なものとして考えられるようになった。

　ロジャーズの心理療法あるいはカウンセリングについての考え方は現代の日本のセラピストあるいはカウンセラーの多くに深く浸透しているものである。

(4) フロイト——精神分析——

　現代の臨床心理学の起源はフロイト（1856～1939）にあると言っても過言ではない。フロイトは臨床心理学にとどまらず，広く20世紀の学術，文化に影響を与えた。フロイトと言えば，まず何より「無意識」という概念を広く普及させた存在である。

1) ヒステリー研究
　初期のフロイトはヒステリーの研究・治療で成果をあげた（ブロイアー＆フロイト，1895）。当時フロイトが住んでいたウィーンでは，ヒステリーの患者が多く，その大半は女性であった。ヒステリーとは，器質的には原因が見つからないが，まひやけいれん，記憶喪失などの機能障害をおこすものである。フロイトはヒステリーの患者に催眠をかけて心的外傷（トラウマ）にかかわる失われていた記憶を患者に思い出させていき，それに成功するとヒステリーの症状が消失することを経験した。フロイトは患者が意識にあるのが耐えきれない心的外傷の記憶を無意識へと追いやる心の働きがあり，それを抑圧と呼び，その結果それが身体等に転換して現れ，ヒステリーになるのだと考え，逆に無意識に抑圧された記憶をそれに伴う感情とともに思い出させることによってヒステリーは治ると考えた。これをカタルシス療法と呼び，無意識の意識化という図式はここにおいて始まり，以後の精神分析のモデルとなった。また，フロイトは心的外傷の多くが性的なものとかかわっていると考え，独自の性愛

理論を展開していった。

2) **自由連想法**　その後フロイトは次第に催眠を用いなくなり，治療の対象をヒステリーから強迫神経症などの神経症へと移してゆき，代わりに自由連想法という技法を用いるようになった。この方法は患者をカウチ（寝椅子）に横たわらせてくつろがせ，治療者は患者から見えないよう背後に座り，患者の抑制や抑圧を弱め，そのときに思いつくことを何でも自由に語らせ，患者の話し連想したことを分析し，解釈することによって治療を進めるものであった。この自由連想法を用いるのが狭義には精神分析であり，今日においても心理療法や教育分析に使われているが，クライエントに自由に語ってもらうという方向性は，広くとらえればロジャーズのクライエント中心療法にも通じるものであり，心理療法のプロトタイプとなっている。

3) **フロイトの自己分析と『夢判断』**　自由連想法を用いるようになった時期である1894年から1900年に至る期間，フロイトはエレンベルガーが言う創造の病いと呼ばれるものにかかっていたと考えられている。創造の病いとは，ある観念に激しく没頭し，ある真理を求める時期におこるものであり，それは抑うつ状態，神経症，心身症，あるいは精神病という形をとりうる一種の多形的な病いである（Ellenberger, H. F., 1970）。フロイトの場合それは神経症的なものであったが，この時期において友人のフリースを自分のセラピスト代わりにして深く自己分析を行っている。その結果が『夢判断』（1900年）へと結実している。『夢判断』はフロイト自身の夢の自己分析が多く扱われているが，この『夢判断』は初めて夢を本格的に臨床心理学の立場から研究したものと言える。フロイトによれば，われわれが覚えている夢は顕在夢と呼ばれるものであり，その背後には夢思想あるいは潜在夢と呼ばれるものがあり，それが圧縮，置き換え，視覚化，象徴化などの夢独自の文法によって顕在夢へと変換されるものだと考えた。この『夢判断』以後，フロイトとは夢の考え方を異にする場合もあるが，いずれにせよ臨床心理学の領域において夢はクライエントの心理を理解するための手がかりとして用いられ，今日に至っている。

4) **失錯行為**　フロイト（1904）は，日常生活におけるちょっとした失敗について研究し，本人は偶然や不注意からたまたま失敗したと考えるが，言い間違い，度忘れ，紛失，破損などの失錯行為の背後には無意識的な心理的意味があることを多くの実例を用いて明らかにした。

5) **転移**　フロイトはヒステリーや神経症を治療してゆくうちに患者が治療者に対して非合理的な感情をもつようになることが非常に多いことを経験した。たとえば，年配の男性セラピストが，若い女性患者を担当するとき，その患者はあたかもセラピストが自分の父親であるかのようにふるまうことがある。このような患者がセラピストに対していだく意識的，無意識的空想のパターンは，転移と呼ばれ，抑圧された願望と人生早期の対象関係の結果として生じてくるものであり，幼児期から作られ，機械的，盲目的に反復されている無意識的で非現実的な対人関係のパターンがセラピストに対して反復されるものである。また，言い換えれば，転移とは，無意識的にセラピストに負わせる非現実的な役割でもある。たとえば，ある中年の女性のクライエントは，若い女性のセラピストに対して，良い娘の役割を演じるようにしむけるかもしれない。ところで，逆にセラピストがクライエントに対して向ける転移もある。これはクライエントの転移に対してセラピスト自身に無意識的で非合理で幼児的な感情や考え，態度が生じてくるもので逆転移と呼ばれる。今日においては転移も逆転移も，より広く考えられ，心理療法やカウンセリングにおける相互交流の一つの現れとして，心理療法やカウンセリングのプロセスを理解してゆくのに用いられている。

6) **心の構造**　初期のフロイトは，心の構造を意識，前意識，無意識の3つの部分に分けて考えた。意識は広大な無意識の上にある部分であり，心全体からすれば氷山の一角にすぎない。前意識とは，今は気づいていないが努力すれば意識化できる心の部分のことである。そ

して無意識とは，さまざまな欲動や情動をともなった観念や記憶などが抑圧されており，それらは常に意識化されようとする強い力をもっているとした。後期になってフロイトは，エス，自我，超自我の3つの部分から心の構造を考えるようになった。エスとは，本能エネルギーの貯水池にたとえられる部分であり，精神分析において以前は無意識と言われていた部分である。フロイトは自我や超自我すら無意識的部分があると考えるようになり，そこでこのエスという概念を使うようになった。エスとはドイツ語で「それ」という意味であり，自分の中にあってかつ自分のものでないように感じられるようなまさに「それ」としか言いようのない部分のことである。そして自我は，エスと超自我，さらに現実とを調整する機能をはたす部分であり，心の統合性と現実への適応をつかさどる部分である。また超自我とは，幼少期の両親のしつけの内在化されてできた部分で倫理的，道徳的規範によって自我に圧力をかけている部分である。これら心の3つの部分が力動的関係にあると考えるのが，後期フロイトの考え方である。

7）**防衛機制**　自我は現実，エス，超自我という3つの領域からの圧力を受けて現実不安，エス不安，超自我不安という3種の不安を生じる。そこで自我はそれぞれの不安を防衛し，適応するためにさまざまな防衛機制を働かせる。以下に主要な防衛機制について記す。

①抑圧……苦痛な感情や欲動，記憶を意識から締め出す。
②逃避……空想，病気，現実，自己へ逃げ込む。
③退行……早期の発達段階へ戻る。幼児期への逃避。
④転換……不満や葛藤を身体症状へ置き換える。
⑤昇華……反社会的な欲求や感情を社会的に受け入れられる方向に置き換える。
⑥反動形成……本心と裏腹なことを言ったり，したりする。
⑦同一化……相手を取り入れて自分と同一と思う。
⑧投影……相手へ向かう感情や欲求を他人が自分へ向けていると思う。
⑨知性化……感情や欲動を直接に意識化しないで，知的な認識や考えでコントロールする。
⑩自己懲罰……罪悪感を消すために自己破壊的な行動をする。

(5) ユング——分析心理学

ユングは精神科医として出発し，当時世界的権威であったチューリッヒのブルグヘルツリ精神病院で研究と治療をはじめた。ユングはそこで大勢の精神分裂病患者と出会った。当時精神分裂病は心理学的に了解困難と考えられていたが，ユングは精神分裂病と言えども心理学的に理解可能であると考え，精神分裂病の心理学的理解に努めた。そのなかで健常者にも使用できる言語連想検査を始めてコンプレックス理論をつくりだした。

1）**コンプレックス理論**　言語連想検査とは，被験者に100個の単語を順番に提示し，その単語から思いつく単語を言ってもらうものである。ユング（1906）は言語連想検査を行ううちに，単語を連想するのに非常に時間がかかったり，連想が思い浮かばなかったり，普通ではない反応語が現れることに気づいた。そしてそれは単に知的な問題ではなく，情動的な要因が深く働いているものであり，意識よりも無意識に問題があると考えた。このように無意識に存在し，情動的に結びついた心的な内容の塊が通常の意識的活動を妨害するような現象を体験し，ユングはこの塊を感情的なトーンをもつコンプレックスと呼んだ。そしてこのコンプレックスを知りそれを解消することが心の病理の治療につながると考えた。

2）**タイプ論**　『夢判断』を読んだユングはやがてフロイトの研究仲間となり，一時はフロイトの後継者と目されたが，やがてフロイトの考え方から離れてゆき決別した。彼にとって心理的な父親であったフロイトを失ったユングは，まったく方向性を見失ってしまい，精神分裂病とも見まがうような深刻な心理的危機におちいる。そのなかで彼は自己分析を行い，やがて自分自身の心理学を確立し，それを分析心理学と呼んだ。このような創造の病いの時期を経

てユングが発表した最初の大著は『タイプ論』（1921年）である。そのなかでユングは，人間のタイプを外向，内向の２つの基本的な態度と思考，感情，感覚，直観の４つの根源的な機能とから，人間を外向的思考型，内向的思考型，外向的感情型，内向的感情型，外向的感覚型，内向的感覚型，外向的直観型，内向的直観型の８つのタイプに分類できるとした。外向とは，自分自身よりも他人や外界に関心をもつ傾向性であり，内向とはむしろ自分自身の内側に関心が向く傾向性であるとした。また，思考とは，概念的に考える機能であり，感情とはある事柄の価値を評価する機能であり，感覚とは五感にとらえられる事実を指摘する機能であり，直観とはある事柄がどこに向かって進むのか，その可能性はどのようなものであるかを五感を離れてもたらす機能である。思考と感情，そして感覚と直観はそれぞれ対立する機能とされ，人間には優越機能と劣等機能があると考えた。心理療法においてユングは患者のタイプを知り，その劣等機能を見出し，それを少しでも発展させることを治療の一つの方針とし，これを個性化のプロセスと呼んだ。

3）夢分析　ユングはフロイトと決別したけれども，フロイトが『夢判断』以来心理的に重要なものと考えた夢についてより深く考えていった。そして心理療法の中心として夢分析を行うようになった。ユングは，夢はまず意識を補償する無意識のものであると考え，意識の一面性を矯正しようとするはたらきであるとした。またユングは夢のイメージは神話や宗教，おとぎ話などに普遍的に現れるイメージと通底するものと考え，個人の夢をそのような人類の心の全史の中に位置づけ考えようとし，そのような試みを拡充法と呼んだ。

4）心の構造　ユングは無意識の研究を進めてゆくうちに，個人的なことにかかわる個人的無意識とさらに深い層にある人間に普遍的なものである普遍的無意識があるとし，意識を含めて３層を考えた。普遍的無意識の領域には，元型と名づけられた人類にとって普遍的な鋳型のようなものが存在すると考えた。また，自我，影，ペルソナ，アニマ・アニムス，自己という概念を用い，人間の心の構造を理解しようとした。まず自我とは，意識の中心である。また影とは個人の意識によって生きられていない部分であり，個人的無意識にかかわるものとした。ペルソナとは，個人が外界に適応するためにつける仮面であるような心の部分を指す。アニマ・アニムスとは，ともにラテン語で魂を意味し，男性の無意識に存在する女性的な部分をアニマ，女性の無意識に存在する男性的な部分をアニムスと呼んだ。最後に自己とは，意識と無意識を含めた心全体の中心であり，統合の中心であるとした。本来，人間はこの自己を実現する傾向をもっており，あるいはまたそれを心理療法によって促進できるとし，そのようなプロセスを自己実現あるいは個性化と呼んだ。そして心理療法は究極的にはこのような自己実現あるいは個性化を目指すものであり，心の病理をもつものであろうとなかろうとそれによってたとえ苦しみをともなおうともよりよく生きることができると考えた。

⑹　アドラー ── 個人心理学

　ウィーンのアドラーは医師として職業生活を出発したが，やがてフロイトの研究仲間となり，後にはユング同様フロイトから離れて独自の臨床心理学者として活躍し，自らの心理学を個人心理学と名づけた。医師として出発したアドラーは，まず器官劣等性とその補償という考え方を提示した（アドラー，1907）。アドラーによれば，人間は劣等な器官があるとそれによって心理的にも影響を受けて，好ましくない言動がおこることがあるという。その一方で逆に劣等な器官をうまく補償し適応していくようなケースがあるという。たとえば，ベートーベンは難聴に苦しみながら偉大な作曲家として多くの名曲を残したし，スメタナも同様であった。

　その後，アドラーは器官劣等性からさらに劣等感そして劣等コンプレックスの問題を取り上げた（アドラー，1929）。アドラーは，劣等感は誰もが所有する普遍的なものであり，それを補償して優越性へと向かう努力が個人の人生を形成すると考えた。しかし劣等感があまりに強

まると劣等コンプレックスとなって個人を神経症に導いたり不適応をおこすことがあるという。一般に個人は劣等感を補償し優越性へと向かって努力する過程で人生が形成されるわけだが、個人が過度に自分が優越であると思い込むようなケースについては、劣等コンプレックスの裏返しの優越コンプレックスであり、それは神経症においてよく見られるものだとアドラーは主張した。したがって神経症者には劣等コンプレックスと優越コンプレックスが共存する場合がしばしば見られるという。劣等コンプレックスが過度のものとなれば、その個人は自分が敵国に住んでいるというような気になるという。

また、アドラーの考えで男性的抗議という概念がある。これはアドラーの時代において女性が男性よりも弱く劣った存在と考えられていたことによるが、アドラーは女性や「弱い」男性が、より強い男性性を過剰に希求しようとし、問題行動をおこすというものである。

アドラーは後にライフスタイルという概念を提出し、個人がその人生の目標に向かって取る一貫した動きのことを指した。そして神経症は、歪んだライフスタイルによっておこると考え、神経症の治療はこのライフスタイルを修正することにあると考えた。アドラーによれば、ライフスタイルは早期回想や夢などに現れるという。

さらにアドラーは、共同体感覚という概念を、人間の根本的な問題として考えたが、それは個人が他者や社会に関心をもち、積極的にそれらに関わってゆく生まれつきの可能性が人間にはあるというもので、この共同体感覚ぬきには、個人は社会適応することもできないし、心理的に健全に生きてゆくことができないという。神経症の治療では、この共同体感覚を育むことが重要であるとアドラーは考えた。

アドラーは、人生の課題として、交友、仕事、愛・結婚を3つの最重要なものとしてとらえた。これらの課題も共同体感覚がその個人になければなしえないというのがアドラーの考え方であった。

以上、臨床心理学の基本的な考え方として、ロジャーズ、フロイト、ユング、アドラーの理論についてふれたが、いずれも彼ら自身の臨床経験や性格傾向、あるいは自己分析がそのベースにあるという点において臨床心理学はすぐれて「私」の心理学であると言えよう。

2 適応への援助：カウンセリング・心理療法

(1) 臨床心理学的援助：カウンセリング・心理療法

1) カウンセリングとは，心理療法とは：人間の成長への援助・弱った心の回復への援助　カウンセリングという言葉が世の中に氾濫し、曲解や誤解も多々あるようである。たとえば、「カウンセラーの助言をもらって暗かった人生が明るくなる」と思っている人もいるし、不登校の子どもをもつ親からは「子どもが学校に行くようにカウンセリングで説得して欲しい」という注文が来ることもある。しかしカウンセリングでは命令・説得はしないし、カウンセラーが魔法の言葉を唱えてすぐに人生がパッと明るくなるというわけでもない。ではカウンセリングまた心理療法とはどのようなものなのであろうか。

カウンセリングという言葉の意味するところは若干の変遷をたどっているが、ここでは現代の臨床心理学のカウンセリングの定義を考えたい。しかし対象が人間の心という複雑なものである以上、カウンセリングや心理療法の定義づけはなかなか困難を伴うものである（友田1955；河合1992）。カウンセリングとは、心に何らかの問題をかかえていて相談に訪れた者（クライエント）に対し臨床心理学的な訓練を受けた専門家すなわちカウンセラーが実践する言語あるいは非言語を媒介とする援助活動と言えるだろう。問題を解決する主体はクライエントであり、クライエントがもつ健康な側面を最大限発揮してもらい、自分の心を整理し、問題を理解しその解決に向かって考え、決断し、行動するのを、カウンセラーは共に考えることに

よって援助する。だから「この問題はこうすれば解決する」とカウンセラーが指示したり、ハウツーを教えたりというものではない。

ロジャーズ（1942）はカウンセリングを「個人のより大きな独立性（independence）と統合（integration）を直接に目指しているのである。焦点は人間であって問題ではない。ひとつの特殊な問題を解決するのが目的ではなく、個人を援助して成長するようにし、現在の問題および将来の問題に対してよりよく統合されたやり方で対処できるようにするのが目的なのである」としている。河合（1992）は「心理療法とは、悩みや問題の解決のために来談した人に対して、専門的な訓練を受けた者が、主として心理的な接近法によって、可能な限り来談者の全存在に対する配慮をもちつつ、来談者が人生の課程を発見的に歩むのを援助すること、である」としている。そして医学モデルではなく臨床心理学モデルに準拠するものであると述べている。

一般的には、カウンセリングは健康度の比較的高いクライエントを対象とし、心理療法はそれより病理水準の重い者を対象とするとされている。言い換えると、カウンセリングは自己成長を援助し、心理療法は弱った心の回復を援助すると言えるだろう。しかしこの二者の間に明確な境界線は引かれないとされている。本書でもカウンセリングと心理療法は重なる部分が大きいので、ほとんど同義として考えてゆきたい。

2）カウンセリング・心理療法の3要素　カウンセリング・心理療法は、①クライエント・来談者、②カウンセラー・心理療法家、③心理臨床の場の3要素から成り立っている（図8-1）。①クライエントとは何らかの問題・課題をかかえていて相談に訪れた人のことである。「自分の悩みを解決したい」と自ら望んでカウンセリングを受けに来る場合が多いが、他者から勧められて訪れる者もいる。学校内不適応があり教師に勧められた生徒、糖尿病の食餌療法がうまくゆかず医師から紹介された患者などである。非自発的に来談したクライエントはカウンセリングへの動機づけ自体も課題となることがある。②カウンセラー・心理療法家は、クライエントの相談を受け、その問題の解決、課題の達成を臨床心理学的方法により援助する専門家である。心理療法ではセラピストと呼ぶこともある。主に臨床心理士がこれに該当する。③心理臨床の場はクライエント・カウンセラー関係が成立する場のことで、クライエントとカウンセラーが問題解決・課題達成に向け共同作業を行う空間のことである。クライエントが安心して話をし、心を開くにはプライバシーの保たれた安全な場所が必要である。

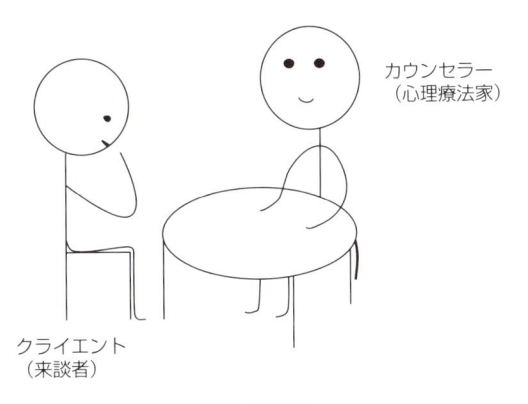

図8-1　カウンセリング・心理療法の3要素

カウンセラー（心理療法家）
クライエント（来談者）
心理臨床の場
（クライエント・カウンセラー関係が成立し、共同作業を行う場）

3）カウンセラー・心理療法家に求められるもの：基本的態度　カウンセラー・心理療法家の基本的態度として、ロジャーズ（1957）は純粋性（genuineness）・一致（congruence）、無条件の肯定（unconditional positive regard）、共感的理解（empathic understanding）をその条件にあげた。すなわちカウンセラー・心理療法家は、感情と表現が一致したあるがままの無理のない心理状態でおり、クライエントをかけがえのない大切な存在として認め受け入れ、その感情に共感しつつもクライエントを客観的に冷静に見る、そういう態度が求められているのである。クライエントとまったく同じ感情で一緒に怒ったり悲しんだりするという態度ではない。山中（2001）は心理臨床家をたとえて「川でおぼれている人に手を差し伸べながら、片方

の足は川に入っているが，もう片方はしっかり地面を踏んでいる」と述べている。クライエントの心の襞に沿いながらも客観的に見つめる冷静さが必要なのである。クライエントを受け入れ，共感・理解するには，まずその話にじっくり耳を傾けること（傾聴）が必要である。

日本臨床心理士会の倫理綱領（日本臨床心理士会，1990）には臨床心理士が遵守すべき事柄があげられている。心理療床家は基本的人権を尊重し，専門家としての知識と技能を人々の福祉の増進のために用いるために，責任，技能，秘密保持等9か条にわたる倫理規定を守るよう求められている。

> ここで注意してほしいことがある。カウンセリング・マインドという言葉を聞くこともあるかもしれないが，これは和製英語で，カウンセリング的な態度で相手に対応することを指す。カウンセラー以外の職種の人が相手を共感的に理解しようとする態度のことで，たとえば「教師が頭ごなしで叱らずカウンセリング・マインドで生徒に接する」「看護婦が難しい患者にカウンセリング・マインドで接する」というように使われている。カウンセリングとカウンセリング・マインドは別物である。

4) **クライエント・来談者とカウンセラー・心理療法家の関係**　以上見てきたことから，クライエントとカウンセラーの関係は通常の人間関係とはかなり異なることが読み取れるであろう。師弟関係でもないし，友人関係というのでもない。カウンセラーがクライエントを援助するのであるが，基本は対等の関係である。カウンセラーが一方的に治すというのではなく，クライエントが自分の力を発揮するのを援助するのである。まず両者間にラポール（rapport）と呼ばれる信頼関係が生じることが必要である。クライエントがカウンセラーに信頼を置き，カウンセラーもクライエントの力を信頼しなければカウンセリングは進まない。また両者の間で焦点が当てられるのは徹底的にクライエントの問題なのであって，クライエントのみが自己開示する。面接を重ねる過程で転移（transference）が生じることがある。これはクライエントが幼児期に重要であった人物（親など）に抱く感情を無意識的に（面接の経過で意識化されることもある）カウンセラーに向けることである。クライエントは退行的，依存的になったり怨みをいだいたりする。またカウンセラーもクライエントに対して無意識的な態度や非合理的な感情を向けることがある。それを逆転移（counter-transference）と呼んでいる。クライエントに対して距離を置いてしまったり，反対に入れ込んでしまったりすることがある。転移や逆転移が面接過程で生じる現象であることを，カウンセラーが理解しておくと，振り回されないでいられるし面接も深まっていくのである。

(2) 具体的な援助方法

1) **カウンセリング・心理療法での取り決め：構造**　場所，時間，料金，守秘義務，制限，その他の約束事等についてクライエントに説明し了解を得ることが必要である。カウンセリング・心理療法は，クライエントの心という複雑なものを対象にするので，時間のかかることが多い。無造作に始めることのないよう，また丁寧な面接が行えるように，いくつかの約束事をクライエントに了解してもらうことが必要になってくる。まず面接の目標を設定する。当面問題となっていることの解決を目標とするが，それ以外のことが真の問題として現れてくる事態もある。その場合はまた目標を設定しなおすこともありえる。場所は相談室など決まった場所を設定する。時間の設定はクライエントの状況に応じて1週間に1回50分などと決める。期間の設定はおおよその予測は可能なこともあるが，きっちりと期間を決められない場合も多い。料金は，公的機関では無料の場合もあるが，医療機関，民間の相談機関では有料である。キャンセルについてもきちんと取り決めておくことが重要である。またカウンセリング・心理療法についての料金は支払われるので，それ以外の金品の授受は行わない。守秘義務を保持するためにカウンセラーは面接場面以外ではクライエントと面会しない。これらについて，契約する段

階でクライエントにきちんと伝え納得してもらう必要がある。

   2) **カウンセリング・心理療法の流れ**　図8-2のように，本人あるいは周囲のものがカウンセリングの申し込みを行い，それを受け付ける。インテーク段階でクライエントの主訴，問題とされていることなどの情報収集を行う。場合によっては他機関への紹介がなされることもある。査定を行ってクライエントのかかえる問題を理解し，見立てを行う。必要であればパーソナリティ把握のため心理検査が行われる。目標・時間・料金・場所等の設定が同意されれば契約が成立する。導入期にはクライエントとのラポール形成に努め，クライエントが安心して話せるようサポートする。クライエントに依存や退行が見られることもある。展開期に入って自己理解が進んでゆくと問題・課題についてじっくり考えられるようになるが，それがクライエントにとってつらい作業であることも多い。カウンセリングへの抵抗が生じて遅刻，キャンセルという形で現れることもある。しかしこの局面を乗り越えて自己洞察が進むと潜在力が発揮できるようになり，問題の解決に向けて現実的な行動を考えられるようになる。それが終結期である。そして自分の力に自信がもて一人で歩んでゆけると確信したときに終結を迎える。

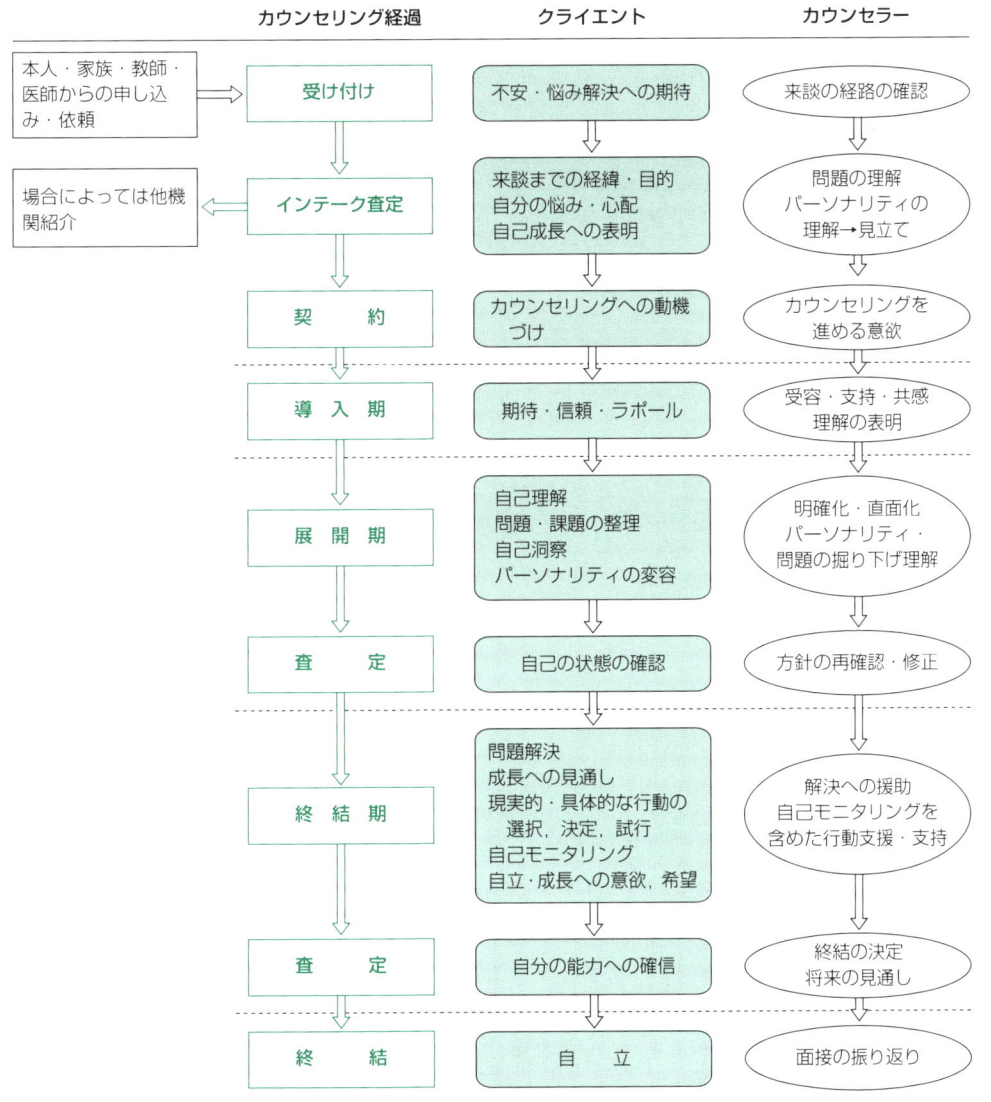

図 8-2　カウンセリング・心理療法の具体的な流れとクライエント・カウンセラーの状態

3) **カウンセリング・心理療法の面接技法** カウンセリング・心理療法で用いられる面接技法の主なものを表8-1にあげる。

表8-1の①②③④は面接の導入期から使える技法であるが、⑤⑥⑦は面接がかなり展開してからタイミングを見計らって用いることが肝要である。面接ではクライエントの発言の背後にある感情を理解しようとすることが大切である。質問についても同様である。

4) **非言語的コミュニケーション** 面接は言語によるところが大きいが、非言語的な側面も重要なコミュニケーションとなりえる。クライエントが部屋に入ってきた時の様子の把握はそのセッションの見立てにもなる。全体の印象、服装、姿勢、顔色、視線、手脚の動き等々、図8-3にあげたような項目がチェックポイントになる。これらは心の変化の反映であることが多

表8-1 面接での技法とその意義（友田, 1955, 前田, 1986を参考に筆者がまとめた）

技法	具体例	意義
①単純な受容	はい。はあ。なるほど。（うなずき）	クライエントを尊重し、受容している気持ちの表明。話しやすい雰囲気にする。
②繰り返し	～ということなのですね。	カウンセラーが傾聴していること、自分の言葉を聞かされて、気づきが生じる。
③感情の反射	あなたは～と感じるのですね。	クライエントの感情への共感を表明する。より深く理解されていると感じる。
④激励	（気軽な雑談）少し緊張気味かな？（長い沈黙の後）どう話したらよいのか考えてしまうのですか？	緊張をほぐし自由に振舞うよう元気づける。ラポールを高める。沈黙しているクライエントの気持ちを言語化して反射する。
⑤明確化	あなたのお話しになりたいことは、～ということのように思えますが。	クライエントがまだ不明確でいたり、十分表現できないでいる内容を明確にして、理解を促す。
⑥直面化	今～とおっしゃっていますが、前におっしゃったことと少し違っているようですね。	クライエントが注意をむけない重要な行動や発言を取り上げる。問題の本質に立ち向かうのを促す。
⑦解釈	それは～ということのようですね。	問題の意識的自覚、洞察が深まるように、カウンセラーの解釈を伝える。④⑤⑥の順で進む。
⑧質問への応答	～と聞いてみたいのですね。～と聞かずにいられないのはなぜでしょう、もう少し話してみませんか？	クライエントの質問の意図を反射したり、予め用意してある答えを反射する。クライエントが発する質問の背後にある気持ちを表明できるよう発展させる。

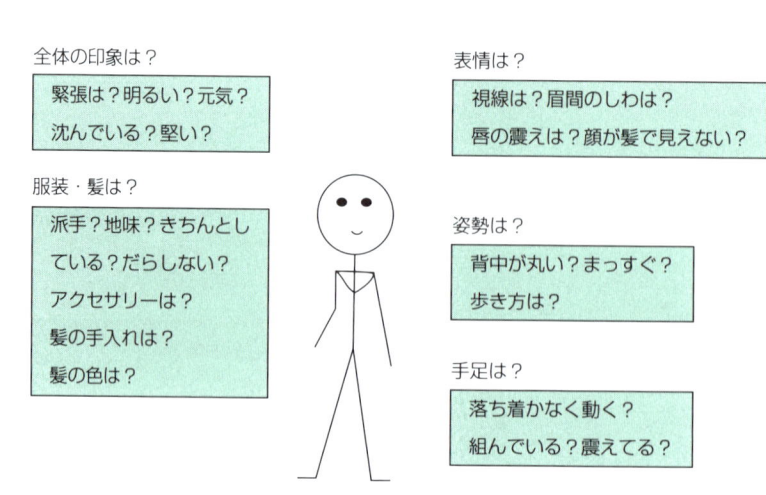

全体の印象は？
緊張は？明るい？元気？沈んでいる？堅い？

表情は？
視線は？眉間のしわは？唇の震えは？顔が髪で見えない？

服装・髪は？
派手？地味？きちんとしている？だらしない？アクセサリーは？髪の手入れは？髪の色は？

姿勢は？
背中が丸い？まっすぐ？歩き方は？

手足は？
落ち着かなく動く？組んでいる？震えてる？

図8-3 非言語的コミュニケーション・チェックポイント

い。名探偵シャーロック・ホームズは，依頼人の服や裾についた泥はね，顔色から彼女の境遇やどのような道筋で訪れたのかを告げて依頼人を驚かせた。このようなプロとして観察力をカウンセラーも学ぶべきであろう。また遅刻やキャンセル，面接の場以外での行動化などは重要なメッセージを伝えているのである。そしてこれらはそっくりカウンセラーにもあてはまる。クライエントはカウンセラーの顔つき，一挙手一投足を敏感に感じ取り「自分への関心が薄れたのではないか」「拒否されたのではないか」と不安をもつことがある。カウンセラーは自分の外見や態度などを把握しておくべきであろう。

(3) さまざまな心理療法

　現在，さまざまな心理療法があるが，方法は異なっていても目的はクライエントの適応を援助することにある。クライエントはそれぞれ異なったパーソナリティ，異なった問題をかかえているわけで，彼らの問題解決に最も適した方法を適用する必要がある。心理療法家は自分の技法をしっかり身につけることが重要であるが，それ以外にもさまざまな技法を知っておくことが大切である。以下に主要な心理療法をあげる。そのどれもが基本的には上に述べてきたクライエント・カウンセラー関係を有していると言える。以下の①②③については前節を参照してほしい。

　①来談者中心療法：ロジャーズが提唱したクライエントに徹底的に焦点を当てていく技法。

　②精神分析：フロイトによって始められたクライエントの過去，無意識，性的欲動に焦点を当て，それらを意識化することで症状が改善すると考える。

　③分析心理学：ユングが創始した心理学で，個人レベルの無意識だけでなく，普遍的無意識をも想定する。クライエントは自分の隠れた側面を知り，普遍的無意識である元型を認識し，個性化（心の再構成）できることを目標とする。

　④行動療法：不適応行動は誤った学習によるものと考え，その減弱と適応的行動の強化を目標とする，学習理論に基づく技法である。ソーシャル・スキル・トレーニング（SST，社会技能訓練）や認知療法はこの範疇である。

　⑤プレイセラピー（遊戯療法）：プレイ（遊び）を媒介として心理療法を進める。言語表現が十分ではない子どもが主な対象である。プレイをとおして自己表現，カタルシスがなされる。

　⑥アートセラピー：描画，コラージュ，粘土，写真，音楽，ダンス等の非言語的手段による表現を通して心理療法を進める。表現によるので山中（1990）は芸術・表現療法と呼んでいる。また表現だけではなく，アートを鑑賞することで治癒効果を得るという絵画鑑賞療法（高田・黒須，1997）も提唱されている。

　⑦箱庭療法：河合（1969）の紹介によって日本で普及した。クライエントは砂が敷かれた箱庭の中に人物，動物，木，建物などのミニチュアを置いて自分の世界を構成する。その過程でクライエントの内面が表現されて心的ダイナミクスが再構成され，セラピーが進む。子どもへの適応が可能。

　⑧家族療法：あるクライエントの問題をその個人だけに起因するものとはせずに，その家族全体のダイナミックスによるものと考える。家族をシステムととらえ心理療法の対象とする（亀口，1993）。

　⑨グループ・アプローチ：「個人の心理的治療・教育・成長・個人間のコミュニケーションと対人関係の発展と改善，及び組織の開発と変革等を目的として，グループの機能・過程，ダイナミックス・特性等を用いる各種技法の総称」（野島，1988）のことで，**エンカウンター・グループ**，サイコドラマ等がこの範疇である。精神科のデイケア，ガン患者グループへの心理療法などもある。

(4) カウンセラー・心理療法家が行うこと

1) クライエントへの直接的援助

①カウンセリング・心理療法：上述したとおりである。
②ガイダンス：進路指導，職業指導等のために情報提供したり適性を査定したりする。
③心理査定（アセスメント）：クライエントの心理的状態を把握する。初回面接，インテークの段階でまず行われる。また面接が進んでクライエントに変化が生じ，カウンセリングの修正をした方が良いかどうか確かめたい時，終結が適切かどうか確かめたい時にも行われる。主に心理検査や，観察で行うが，面接の経過そのものを検討することが査定となることも多い。心理検査はカウンセリングを担当する者とは別の心理臨床家が行う方が望ましいことが多い。クライエントによっては試されるという感じをもち一定の構えをもってしまうことが予測されるからである。

2) 専門家への援助

①コンサルテーション：専門家に対してその専門性を尊重しながら行う助言を提供する。たとえば，担任教師が不登校の子どもについて相談してきた時，その子どものパーソナリティの説明をして担任としての対応の仕方の助言をすることなどがこれにあたる。
②スーパービジョン：ベテランカウンセラーであるスーパーバイザーがカウンセラーの担当するケースについて指導助言し，クライエント理解，クライエントとの関係の理解を援助する。

3) トレーニング
カウンセラー・心理療法家は資質の向上のために日々研鑽することが求められる。新しい知見の学習はもとより，事例検討を行ったり，スーパービジョンを受けたり，ロールプレイなどの体験学習も行って感覚を磨くことが重要である。また世の中全般についての幅広い情報収集も必要なことである。

(5) カウンセリングの地域での広がり

1) 相談室からコミュニティへ：他職種との連携
カウンセリングというと相談室における一対一面接がイメージされるかもしれないが，現在はカウンセラーがコミュニティ（地域）に出て心理臨床を実践する場面も増えてきている。コミュニティにアプローチしてその地域の精神保健増進のために活動することもカウンセラー・心理療法家の役割のひとつである。心理臨床家の専門性の枠を広げ，地域社会の人々との連携の中で援助する姿勢が，このようなコミュニティ心理学的アプローチに重要であることを山本（1995）は指摘している。その際，さまざまな職種と連携していくことが求められる。たとえば医療分野ではチーム医療という観点から医師，看護婦，医療ソーシャルワーカー等と，教育機関では教師，養護教諭と，福祉分野ではケースワーカー，施設職員，行政担当者と，司法・矯正分野では警察官，矯正施設職員，弁護士と，また産業の分野では人事担当者との連携が大切である。地域において相談援助を行っている主な機関を以下にあげる。これら諸機関の横の連携もますます重要になってきている。

①教育：教育相談所，教育センター，大学保健管理センター
②医療：病院，診療所，保健所，精神保健福祉センター
③福祉：児童相談所，女性相談所，福祉事務所，児童家庭支援センター
④司法・矯正：家庭裁判所，少年鑑別所，少年院等の矯正施設，警察
⑤産業：企業の相談室，保健センター
⑥その他：開業心理相談室

2) さまざまな場面でのカウンセリング
それでは，コミュニティに対してどのような援助活動があるのだろうか。具体的な場面でのカウンセリングについて以下に紹介する。（　）内はその場面で話題になる事柄を示す。対象と活動内容も示す。

①スクールカウンセリング：（不登校，いじめ，ADHD，非行）児童・生徒，保護者への

カウンセリング，教師へのコンサルテーション等を行う（村山・山本，1995）。

②HIVカウンセリング：（HIV抗体検査前後，陽性告知によるショック，服薬治療のサポート，発症不安，家族告知，ターミナル期）感染者，パートナーへのカウンセリング，情報提供，医療従事者へのコンサルテーションを行う（兒玉，1995；矢永，2001）。「事例」を参照して欲しい。

③被害者へのカウンセリング（犯罪，交通事故，災害等によるPTSD）被害者とその家族へのカウンセリングや情報提供を行う。

④高齢者へのカウンセリング：（喪失体験，抑鬱，痴呆）高齢者，介護者・家族へのカウンセリングを行う。高齢者の心理・行動についての家族の理解を援助する（黒川，2001）。

⑤子育て支援カウンセリング：（育児不安，発達障害の心配，児童虐待，親業）親や家族へのカウンセリング，親子の並行面接を行うこともある。

⑥先端医療でのカウンセリング：（ガン，白血病，臓器移植，遺伝子診断，人工受精）患者と家族へのカウンセリング。その医療を受けることによる可能性，リスク等の情報を提供し，期待と不安を整理し，クライエントによる選択を援助する。治療に伴う心身の負担を理解し治療を支える（小池，2001）。

以上，近年注目されてきている分野でのカウンセリングについて概観した。このようにカウンセラー・心理療法家の扱う分野，内容は多岐にわたり，しかもその分野での専門性も要求されている。個々人の個別性を重視する心理臨床家独自の視点とコミュニティにもアプローチしていく柔軟な姿勢をも併せもちながら専門性を発揮することが，今後ますます重要になっていくであろう。そのような姿勢が他職種との役割分担や連携を有機的にしていくと考えられる。

―― 事 例 ――

ここではHIVカウンセリングの事例を紹介し考察を加えた。事例内容はすべてフィクションであるが，HIVカウンセラーはこのようなケースに出会うことが多い。

【事例】Aさん。男性。38歳。会社員。妻と中学生の長男の3人暮らし。2ヶ月前医師よりHIV（＋）を告知された。医師はAさんに妻へ告知して妻にも検査を受けてもらうよう強く勧めた。しかしAさんはこのHIVが4年前の単身赴任時の婚外性交渉による感染であり，妻に告げて拒否反応が返ってくるのを恐れて告白できず悩んでいた。告知直後にカウンセラーに紹介され，Aさんは妻に言えば離婚されるかもしれないという心配を話した。「妻にはすまないことをした，もし妻にまで感染させていたら，と思うといても立ってもいられない。早く話して抗体検査を受けてもらいたいが，いざとなると言えない。妻と顔を合わせるのを避けてしまって不審に思われているみたいだ」と語った。カウンセラーは，妻に言わなくてはと思いながら言えないAさんの気持ちを理解し，「簡単なことではない，一緒に考えていきましょう」と告げた。カンファレンスでカウンセラーは医師に，妻への告知を強調し過ぎると受診の中断もありえること，今は本人の気持ちを受け止めることが重要であることを伝えた。その後，カウンセラーは妻への罪の意識，事実を隠し続けることのメリット・デメリットに触れ，また妻の体を思いやる気持ちにも焦点を当てていった。数回のセッションでAさんは妻に告白することを決心し，実行した。Aさんの危惧していたとおり妻はショックで混乱し，Aさんも落ち込んだ。しかし彼は自分で納得して実行した結果だからと妻の非難に耐え，謝罪した。妻にもカウンセリングを提案した。妻もカウンセリングを希望し，別のカウンセラーが担当した。妻は夫への怒り，不信，失望をカウンセラーにぶつけていたが徐々に落ち着きを取り戻し，子どものためにも自分がHIV抗体検査を受けた方が良いと判断し，検査を受けた。結果は陰性であった。Aさんは妻の結果に安堵し，わがことのように喜んだ。それを見た妻はAさんの思いに動かされ，病気を抱えている夫の身を案じることができるようになった。まだ葛藤をもちながらも，夫と共に今後も暮らしていく決心をした。

【考察】医師はその職業上の役割から，妻への二次感染を心配し妻に告知して検査を受けてもらう必

要性を強調した。それに対しカウンセラーは妻への告知をするようにとは言わず，告げることのできないAさんの気持ちを受け止めた。医師とカウンセラーの役割分担と連携がはかられた。カウンセラーはAさんの気持ちを一緒に整理していった。その過程でAさんは妻に告白する勇気を得て，自ら困難な作業を決断実行し，妻の非難を浴びてもたじろがずにいられた。これはAさんが自己決定し，本来もっていた健康な力を発揮できたことによるのである。さらに妻に対しても積極的な生き方を勧めることができた。妻とAさんとは別のカウンセラーが担当した。もしAさんの担当者が妻も担当すると，Aさんへの守秘義務と妻へのそれとを両立させることで大きな負担を強いられるからである。Aさんも妻も，自分の話したことが相手に伝わらないと確信できたからこそ安心してカウンセリングが受けられたのである。カウンセリングがAさんの治療意欲を継続させる結果にもなった。

図 8-4　カウンセリング場面での応答

――――――――――――――カウンセリング実習・やってみよう――

応答練習
1) あなたがカウンセラーならどのような言葉を返すでしょうか？
   1～4のどれにいちばん近いでしょうか？　それともまったく別の言葉を返すでしょうか？
1　身体が動かない？　それはお困りでしょう。ご両親も心配しているでしょうね。
2　朝だけ動かなくなるのですか？　本当は学校に行きたくないということなのでは？
3　朝だけ身体が動かないのですか？　変ですね？　医者に行ってみましたか？
4　学校に行きたい気持ちがあるのに，朝になると身体が動かないということですか？
2) あなたがクライエントなら上記1～4の言葉を聞いて，それぞれどのように感じるでしょうか？　考えてみてください。

9章
社 会 行 動

1 対 人 行 動

(1) 対 人 認 知

1) 人をどう判断するか　われわれはいろいろな人と出会い，その人がどのような人であるかを判断しているが，相手がどのような人であるかを正しく判断することは難しい。また，われわれは知らず知らずのうちに最初から相手を誤って判断していることがよくある。われわれが対人認知でどのような誤りをもつことがあるかを，いくつかの例をあげて説明する。

①**ハロー効果（光背効果）**　われわれは人が何らかの目立つ好ましい（好ましくない）特性があると，その人を判断するときにその特性に引きずられてしまう傾向がある。たとえば，美しい女性は性格も良いとか，学校の先生は立派な人物であると判断してしまうことである。

②**論理的過誤**　われわれは，経験的にある特性AとBとが論理的に関係があってよく一緒に現れることを知っていて，特性Aをもつ人はBももつだろうと誤って判断する傾向がある。たとえば，暖かいという特性があると，正直であると判断してしまうことである。

③**寛大効果**　われわれは好意をもっている人に対しては，その人の良い特性を甘く，悪い特性をあまり厳しくは評価しない傾向がある。

④**ステレオタイプ**　われわれは他人を自分に了解可能なものに単純化して理解しようとする傾向がある。この他人像は実態とはかなり違っていたり，歪曲されていることがある。ステレオタイプは他人の外見に対する反応や，あるいは文化の中に見いだされることが多い。たとえば，やせている人は神経質と思っていたり，外国人は日本語ができないと思い込んでいたりすることである。

⑤**暗黙の人格理論**　われわれが経験的に獲得してきた，人を判断するときの性格観や信念体系である。「暗黙の」というのは，明確に表現されることがほとんどなく各人に独特のものであるからである。一般的な妥当性はない。

2) 人をどうとらえるか　われわれはいろいろな人に出会うが，何を手がかりに相手の印象を作るのであろうか。アッシュ（Asch, S. E., 1946）は被験者に単語リストを読み，どのような印象が作られるかを調べた。「知的な，器用な，勤勉な，暖かい，決断力のある，実際的な，注意深い」というリストの中の「暖かい」を「冷たい」に変えただけで，印象がまったく違うことを見いだし，他人を一言で言い表すような中心的特性をもつ言葉と，それ以外の周辺

表 9-1　第一印象の形成についての中心特性語の効果（Kelley, 1950）

「○○先生はMIT（マサチューセッツ工科大学）の経済社会学部の卒業生です。他の大学で3学期間心理学を教えた経験があります。ここで教えるのは初めてです。先生は26歳で，兵役を終えており，結婚しています。先生を知る人は，先生がやや冷たく（とても暖かく），勤勉で，批評眼があって，実際的で，決断力があるとみなしています。」

的特性をもつ言葉があることを示した。ケリー（Kelley, H. H., 1950）はアッシュが見いだした中心的特性が実在の人物の印象を形成するときにどのような効果があるかを調べた。ケリーは学生に新しい講師を紹介し（表9-1），講義の後でその講師に対してどのような印象をもったかを調べた。そして，「暖かい」と「冷たい」とで印象がまったく違っていて，また，暖かいと紹介されたときの方が学生が講師に好意をもって，講義後の討論のときの発言量が増えていたことを見いだした。

(2) 対 人 魅 力

1) **どんな人を好きになるか**　われわれはどのようなことで人を好きになるのだろうか。さまざまな理由が考えられるが，そのうちの代表的なものを述べる。

① **近接性**　われわれは人を知り始めた頃は物理的に近くにいる人に好意をもつようになることがある。フェスティンガーら（Festinger, L. *et al.*, 1950）は，アパートに移り住んだお互いに面識のなかった人が，近くに住む人とまず親密になることを見いだした。また，ザイアンス（Zajonc, R. B., 1968）も接触する回数が多いほど好意度が高くなることを見いだし，単純接触効果（mere exposure）と呼んだ。

② **身体的魅力**　われわれは外見にひかれて人を好きになることがある。ウォルスターら（Walster, E. *et al.*, 1966）はダンスパーティに参加した大学生にランダムに割り当てたパートナーの魅力を評定させた。そして，男女を問わず，自分の魅力度の高低にかかわらず相手の身体的魅力が高いときだけが，相手への好意度が大きく，デートの希望が多かったことを見いだした。

③ **性格特性**　われわれの中にはいろいろな性格の人がいる。その中でも人に好かれる性格と嫌われる性格がある。アンダーソン（Anderson, N. H., 1968）は性格を表すと思われる555語の言葉について大学生がどのような印象をもつかを調査した（表9-2）。そして，誠実さや正直さが好まれていて，不誠実さや不正直さが嫌われていることがわかったが，この結果に男女差はなかった。

④ **態度の類似性**　われわれは自分と同じような考え方や価値観をもつ人に好意をもつことが

表9-2　性格特性語の好意度（上位・下位各16語）
（Anderson, 1968）

順位	好まれる特性	好意度	嫌われる特性	好意度
1	誠実な	5.73	うそつき	0.26
2	正直な	5.55	詐欺師	0.27
3	理解のある	5.49	下品な	0.37
4	忠実な	5.47	残酷な	0.40
5	うそを言わない	5.45	不正直な	0.41
6	信頼できる	5.39	偽りを言う	0.43
7	聡明な	5.37	不快な	0.48
8	頼りになる	5.36	意地悪な	0.52
9	心の広い	5.30	卑劣な	0.52
10	思慮深い	5.29	だます	0.62
11	賢い	5.28	信頼できない	0.65
12	思いやりのある	5.27	不親切な	0.66
13	気だてのよい	5.27	誠意のない	0.66
14	信用できる	5.27	無礼な	0.69
15	成熟した	5.22	執念深い	0.72
16	暖かい	5.22	どん欲な	0.72

・数値の範囲は0～6で，大きいほど好意的

ある。バーンら（Byrne, D. et al., 1965）は態度の類似性と相手への好意度の関係を調べた。そして，態度が類似しているほど相手への好意度が高くなることを見いだした。ニューカム（Newcomb, T. M., 1961）は大学の寮の交友関係を調べ，フェスティンガーら（1950）の調査と同様に最初は近くの人と友人になるが，日がたつと同じような態度や価値観をもつ人と親しくなっていることを見いだしている。

⑤ **相補性** われわれは自分の不十分な点を補ってくれる相手に魅力を感ずるという考え方である。ウィンチら（Winch, R. F. et al., 1954）はとくに配偶者選びにおいて相補性の重要性を指摘した。プラトンの『饗宴』で述べられているベターハーフはこの考え方である。

⑥ **相手の好意的評価** われわれは自分を褒めてくれると自尊心が高まり，その人に好意をもつ。アロンソンら（Aronson, E. et al., 1965）は相手の自分に対する評価が変化する（しない）で相手への評価がどう変わるかを調べた。そして，一貫して自分に対して好意を示してくれた人よりも，最初は否定的だったが途中から肯定的態度になった人に対しての方がより好意的になることを見いだした。また逆に，最初から否定的であった人よりも，初めは肯定的であったのに途中から否定的になった人に対しての方がより嫌いになっていることを見いだしている。

2) **人をもっと好きになる** われわれはどのようなときに人をもっと好きになるのであろうか。いくつかの代表的な研究を紹介する。

① **相手のことを考える** われわれは好意をもっている相手のことを何気なく考えていることがある。そして，考えることでますますその相手のことを好きになっていくことがある。テッサー（Tesser, A., 1978）はこのような現象を実験で確かめ，自己発生的態度変化と呼んだ。スタンダールが『恋愛論』の中で述べている「結晶作用」がこれである。

② **興奮したとき** われわれは興奮しているときに相手がより魅力的であると感じることがある。ダットンら（Dutton, D. G. et al., 1974）は男子大学生に危険なつり橋か安全でしっかりした木橋かのどちらかを渡らせ，渡った直後に魅力的な女性に話しかけられるという実験条件で，その女性に対する魅力度がどう違ってくるかを調べた。その結果，危険なつり橋を渡った直後のよりドキドキしているときの方が相手の女性に対する魅力度が高くなっていた。興奮状態にあるときの方が異性に好意をもちやすいわけである。

③ **反対があるとき** 交際中の恋人たちが親などに反対されたとき，相手への恋愛感情がより一層激しくなることがある。ドリスコールら（Driscoll, R. et al., 1972）はこの現象を「ロミオとジュリエット効果」と名づけた。

3) **好きになることと愛すること** われわれは「好き」や「愛する」という言葉を使うが，「好き」と「愛する」を同じような意味で使っているのだろうか。「私はあなたが好き」「お茶は熱いのが好き」などの言い方があるが，「好き」を「愛する」に言い換えても同じ意味なのだろうか。ルービン（Rubin, Z., 1970）は「好き」と「愛する」は別のものと考え，恋愛の尺度と好意の尺度を作成し，実際のカップルに調査した（表9-3）。そして，恋愛と好意は違うものであり，女性の方が，恋愛と好意をはっきり区別していることを明らかにした。

また，リー（Lee, J. A., 1977）は恋愛をエロス（Eros），ルダス（Ludus），ストーゲイ（Storge），マニア（Mania），アガペ（Agape），プラグマ（Pragma）の6つに分けた。

① **エロス** 相手の外観に反応する恋愛。
② **ルダス** 恋愛をゲームと考えるタイプ。
③ **ストーゲイ** 友情のように時間をかけて発達する恋愛。
④ **マニア** 独占欲が強く嫉妬などの感情をともなう恋愛。
⑤ **アガペ** 相手の利益だけを考える自己犠牲的な恋愛。
⑥ **プラグマ** 相手の教育程度や職業などに基準を作りそれに合わせて相手を選ぶ実利的な恋

表 9-3　好意尺度と恋愛尺度の項目（Rubin, 1970）

恋愛尺度
1. ＿＿が調子が悪いときは，まず私がすべきことは励ましてあげることである。
2. すべての点で＿＿を信頼できると思う。
3. ＿＿の欠点には目をつぶることができる。
4. ＿＿のためにはどんなことでもしてあげたい。
5. ＿＿を独占したい。
6. ＿＿と一緒にいられないなら私はとてもつらい。
7. 私は寂しいときには真っ先に＿＿に会いたい。
8. 私の一番の関心事の一つは＿＿の幸せである。
9. ＿＿のほとんどんなことでも許せる。
10. ＿＿を幸せにしてあげねばと思う。
11. ＿＿と一緒にいるときは私はほとんどずっと彼（彼女）を見ている。
12. ＿＿に信頼されるととてもうれしい。
13. ＿＿がいないと私はやっていけないと思う。

好意尺度
1. ＿＿といる時私たちはほとんどいつも同じ気分である。
2. ＿＿はとてもよく慣れ親しんでいると思う。
3. ＿＿を責任ある仕事に推薦する。
4. ＿＿はとても成熟した人と思う。
5. ＿＿の判断は信頼できる。
6. ＿＿を少しでも知ったならほとんどの人は好意をもつだろう。
7. ＿＿と私はよく似ていると思う。
8. ＿＿にクラスやグループの選挙の時に投票する。
9. ＿＿はすぐに他人の尊敬を得る人だと思う。
10. ＿＿は非常に知的な人だと思う。
11. ＿＿は最も好ましい人の一人である。
12. ＿＿は私がなりたいと思う人物である。
13. ＿＿はすぐに人に賞賛されると思う。

・下線の所に相手の名前を入れて点をつける。それぞれの項目について1点（まったく違う）から9点（完全にそう思う）までで点をつけ，恋愛尺度と好意尺度のそれぞれで合計点を出す。ルービンの調査では，女性の男性に対する恋愛尺度得点と好意尺度得点の平均はそれぞれ90.57と89.10，男性の女性に対する値はそれぞれ90.44と85.30であった。

愛。

松井（1993）は日本の青年の恋愛はマニア型が多く，さらに女子の方がプラグマ的でストーゲイ的であることを見いだしている。

(3) 対人距離

われわれは人と接するとき相手や内容によってさまざまな距離をとっている。好意をもっている相手には近づこうとするだろうし，嫌な相手とは距離を置こうとするだろう。ホール（Hall, E. T., 1966）は対人距離の目安を4つに分けている。

① **親密距離**　0〜45 cm。ごく親しい人だけが入ることができる距離。
② **個体距離**　45〜120 cm。友人同志で私的な話ができる距離。
③ **社会距離**　120〜360 cm。商談などの社会的な距離。
④ **公衆距離**　360 cm 以上。講演などが行われる距離。

(4) 個人に対する説得

人をどう動かすか　われわれが相手を説得するときにどのような原理が働いているのだろうか。チャルディーニ（Cialdini, R. B., 1988）は人を説得するときの多くの方法を分類し6つにまとめた。

① **返報性**　われわれは自分に恩恵を与えてくれた人にお返しをせずにはいられなくなる。
② **一貫性**　われわれは一度決定を下したり，ある立場をとると，その決定・立場を正当化す

るような一貫した行動をとるようになる。
　③ **社会的証明**　われわれは他人が正しいと考えている基準に基づいて物事が正しいかどうかを判断する。そして，ある場面で何か特定の行動をする人が多いほどそれが正しい行動と考える。
　④ **好意**　われわれは，たとえ見知らぬ人であっても，自分に好意を示してくれる人の要請を受け入れる。
　⑤ **権威**　われわれは権威のある人には無条件に従いがちである。
　⑥ **希少性**　われわれは手に入れることが難しいものは貴重なものと見なす。あるいは，近づくことが制限された場合に，そのものへの魅力を高める。

2　集　団　過　程

(1) 個人と集団

　人の生活は，集団の中で営まれる事が多い。子どもは，多くの場合家族の中で育ち，学生生活では授業や課外活動などを通じて，教師や友人，仲間との交流が行われる。社会に出て職業につく場合も，多くは他の人との関わりの中で仕事が進められる。このように人の生活は，集団と深く関わりあっている。そして，個人が集団の一員として身を置く場合，所属する集団からさまざまな影響を受けている。ここでは，他者の存在が個人の行動に与える影響をとりあげた研究を見てゆこう。

　1) 社会的促進（social facilitation）　社会的促進とは他者の存在によって個人の行動が促進され作業が進むことを指している。この社会的促進には，他者の見ているところで作業する場合などに促進現象が生じる観衆効果（audience effect）と，他者と同じ行動に従事することによって促進現象が生じる共行為効果（co-action effect）がある。このような現象を，ザイアンス（Zajonc, R. B., 1965）は社会的促進仮説により説明している。これは，課題遂行状況における他者の存在は，覚醒水準あるいは動因水準を高めて一定の興奮状態を引き起こし，自分が慣れ親しんだ課題や単純な課題ならば，その作業の遂行を促進し，逆に未習熟な課題の場合には，遂行を制限してしまうという考え方である。

　2) 社会的手抜き（social loafing）　そばに他者がいる条件で社会的促進が観察される一方，他者と同じ作業に関わっていると意識する場面で，個人の努力量が減少することも観察されている。このような，集団課題状況で観察される現象を，ラタネら（Latané, B. et al., 1979）は，社会的手抜き（social loafing）と呼んでいる。この社会的手抜きが生じる理由として，①集団課題遂行場面では，課題遂行に関する社会的圧力が分散され，個々の成員が自己に求められている努力量を小さく認知するためと説明されたり，②個人の努力量が集団の成果にどれだけ反映しているのか識別が難しい場合，個人は努力しても評価されず，怠けても責任を回避できると認知するためと説明されたり，③最小の努力で集団の成果の恩恵を得ようとするフリー・ライダー効果が生じるため，などの説明がなされている。

　3) 傍観者効果　社会的手抜きは集団課題遂行場面で個人の努力量が減少することを指していたが，人が緊急事態に直面した時，その個人の周囲に傍観者が多くいる場合ほど，援助行動が行われにくくなる傾向があることを，傍観者効果（bystander effect）という。

　この傍観者効果の研究に関心が集まったきっかけは，ニューヨークの住宅地で起こったキティ・ジェノヴェーズ事件の調査結果とその報道などによる。事件は，1964年3月13日午前3時20分頃，ニューヨーク郊外のキュー・ガーデンに在住していたキティ・ジェノヴェーズという若い女性が，帰宅直前の自宅アパート前で，暴漢に襲われ刺殺されたという出来事であった。事件後の調査で，アパートの住民が最初に彼女の悲鳴に気づいてから犯人に殺されるまでの30

分ほどの間，38名の住民が明かりをつけた部屋の窓から，階下で助けを求めるキティを目撃しながら，だれひとりとして助ける者もいなければ通報もしなかったという事実が判明した。この事件は，ニューヨーク・タイムズ紙にも掲載され，多くの住民が事件に気づいていながら傍観者にとどまってしまった事実に関心が集まった。このような関心は，その後「冷淡な傍観者」に関する社会心理学的な研究の進展に大きな刺激をあたえた。ラタネら（Latané, B., & Darley, J. M., 1970）は，他者の存在が援助行動に抑制的に影響することを実験を通じ検証している。

(2) 集 団 過 程

1) 集団の定義
心理学で「集団」という場合，単なる人の集まりではなく，①2人以上のメンバーがいてお互いに相互交渉があり，②メンバーの間に共通の目標と物の見方や考え方があること，③メンバーの間に一定の地位や役割が分化し，④メンバーの間に感情的な結びつき（われわれ感情）があること，などを集団の特徴として考えている。

2) 集団形成の要因
人はどんなきっかけで集団を作り，その活動に参加していくのであろうか。これには，次のような要因が関係すると考えられている。

① **類似性の要因**　「類は友を呼ぶ」という言葉のように，性格・興味・考え方などが似ている者どうしがまとまりやすい。

② **相補性の要因**　類似性の要因とは反対に，お互いまったく違った考え方や性格をもつ者どうしが，補い合い助け合うことで，各自の満足が得られる集団ができる場合もある。

③ **近接の要因**　「家が近い」など，物理的・環境的に近接している者どうしがまとまりを作りやすい。

④ **集団の目標や活動に対する魅力**　その集団の活動が，自分にとって価値があると考えられる魅力的なものであり，そこに所属する事が欲求を満たすものであること。

⑤ **所属に対する魅力**　疎外感や不安，孤立などから逃れたい，あるいは他の集団に対抗しなければならない状況などがある場合など。

以上の要因が相互に関わりながら，集団が作られていくと考えられる。集団が形成されると，やがて集団の成員に一定の役割や地位が分化し，集団が構造化されてゆく。

(3) 集団規範と同調

1) 集団規範の生成過程
シェリフ（Sherif, M., 1935）は集団規範が生成されてゆく過程について，自動運動現象を用いた実験を行っている。自動運動は暗室の中で静止した光点をしばらく凝視していると，客観的には静止している光点が上下左右に不規則に動いて見える現象である。シェリフは暗室内で，被験者に針の穴から漏れてくる光の観察をもとめ，その光点が何インチ動いて見えたかを答えさせた。被験者が個人で報告した光点の移動距離は，最初ばらつきがあるものの，報告回数を重ねてゆくとしだいに一定の値におちつき，個人内に一定の判断枠組みが成立することが観察された。次に，個人の判断枠組みが安定した被験者を集め，2人ないし3人のグループで，お互いに報告の声が聞こえるように光点の移動距離を何回か回答させると，そのグループ内で被験者の報告する移動距離がしだいに一致し，同じような距離を報告するようになることが観察された。シェリフは，このような形で一致した判断を集団基準（group standard）と呼んだ。この距離の判断の一致は，集団内で行動や判断の基準が共有されることから生じると考えられた。いったん共有された集団基準は，その後，被験者の判断に影響を与え，単独場面での移動距離の報告にもどっても持続することがわかった。

2) 集団規範
人の集まりが構造化され，集団としてのまとまりができてくると，集団の成員はやがて「こうした状況ではこうあるべきだ」といった一定の基準や価値観をもつよう

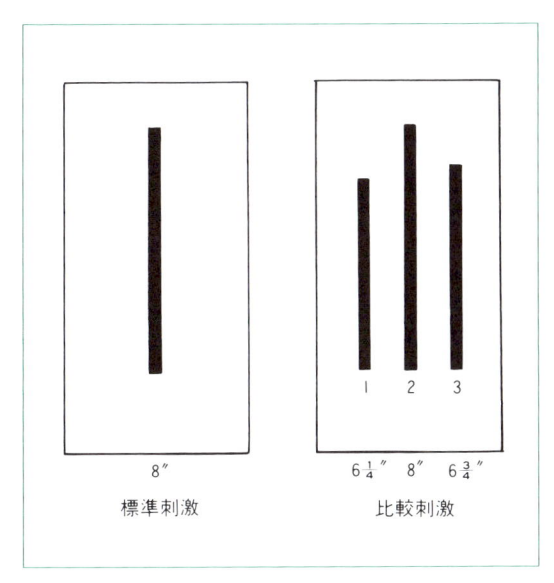

図 9-1 同調の実験で用いられた刺激図 (Asch, 1955)

標準刺激 8″
比較刺激 6 1/4″　8″　6 3/4″

表 9-4 実験群と統制群の誤りの分布
(Asch, S. E., 1951.)

圧力試行での誤り数	実験群*（$n=50$）人数	統制群（$n=37$）人数
0	13	35
1	4	1
2	5	1
3	6	
4	3	
5	4	
6	1	
7	2	
8	5	
9	3	
10	3	
11	1	
12		
合　計	50	37
平　均	3.84	0.08

＊実験群の誤りはすべてサクラの判断の方向への誤りである

表 9-5 サクラの全員一致の誤りが被験者の判断に及ぼす効果
(Asch, S. E., 1951)

サクラの人数	0	1	2	3	4	8	12
被験者数	37	10	15	10	10	50	12
誤判断の平均数	0.08	0.33	1.53	4.0	4.20	3.84	3.75
誤判断の範囲	0～2	0～1	0～5	1～12	0～11	0～11	0～10

になる。このような，認知，判断，行動の面で，集団内の大多数の成員が共有する判断の枠組みや思考様式を集団規範（group norm）と呼ぶ。シェリフの実験では，いったん集団基準が成立すると集団から離れても個人の判断に戻るのではなく，集団基準に沿った反応が観察されたが，こうした過程が集団規範の生成に関わるものであることが示唆された。生成された集団規範は，やがて成員にとっての期待される行動基準となり，集団成員相互の行動や判断の類似性を生み出すもとになる。そして集団内では，この規範からはずれる行動をとる成員に対して，まわりの成員から規範に沿って行動するよう働きかけが行われるようになる。この働きかけは斉一性への圧力（pressure to uniformity）と呼ばれている。

　3）同　調　集団規範や斉一性への圧力など，社会的な圧力の影響を受けて，個人がそれまでの意見・態度・行動などを所属集団に一致するように変えることを同調（conformity）という。アッシュ（Asch, S. E., 1955）は，集団圧力（group pressure）とそれに対する同調の関係について検討するために，線分の長さの比較判断を求める実験を行っている。アッシュの実験では，実験者から「知覚実験」と説明された被験者への課題は，1枚のカードに描かれた標準刺激の線分と，もう1枚のカードに描かれた3本の線分を比較し，どれが標準刺激と同じ長さかを答えるものであった（図9-1）。回答は被験者集団の中で順番に声を出して報告する事が求められた。ただし，この集団の中で本当の被験者は実は1名であり，7番目に回

答が求められる。他の回答者は一般の被験者をよそおった，故意に全員一致で誤判断をする実験協力者（サクラ）であった。判断は18試行行われたが，このうち12試行はサクラが故意に全員一致で誤った判断を行う圧力試行である。その結果，被験者8名の集団（うち7名がサクラ）の条件では圧力試行時には表9-4のような判断の誤りが起こった。50名の被験者中，圧力試行での判断でサクラに影響されず，終始，正答できたのは1/4の13名であり，集団圧力の影響の大きさがうかがわれる結果となった（表9-4）。その後，多数者であるサクラの人数や役割を変えた条件での実験も行われた（表9-5）。そこで多数者の数が3～4名になると同調による誤りが最大となること，また，集団の中で本当の被験者以外に正しい判断を回答する「味方」が1人でも入ると，同調は急激に低下することなどがわかった。

4）同調と権威への服従

同調の心理メカニズムは，権威への服従行動にもかかわっていると考えられている。ミルグラム（Milgram, S., 1963, 1974）は人が権威者から命令を受けたとき，どの程度それに従うかを「アイヒマン実験」と呼ばれる実験で検討している。この実験は「記憶に及ぼす罰の効果」を調査するという名目で一般市民から被験者をつのり，その後2人1組にした被験者にくじ引きで教師役と生徒役を決めることを求める。教師役は生徒が誤答するたびに電気ショックを送るよう，実験指導者（権威者）から要請を受けるというものであった。電気ショックの送電盤は15ボルトきざみで450ボルトまで30段階のスイッチが用意されており，教師役は，生徒役が1回誤答するたびに1段階ずつ電気ショックを強くして送るよう求められた。教師役が電気ショックをためらったりすると，実験者は順次，以下のような言葉をかけて実験の継続を促す。①「実験を続けてください」，②「あなたが続けることが実験には必要です」，③「あなたが続けることがどうしても実験には必要なのです」，④「続ける以外に選択の余地はありません」，以上に加え，「電気ショックで身体的障害が起こることはありません」との言葉も用いられた。実験者が順に以上の言葉をかけても教師役がスイッチを押さないときに実験は終了となる。生徒役は実は実験協力者（サクラ）であり，送電盤も精巧につくられた模擬のものであるが，教師役の本来の被験者は現実の実験場面であると信じ込まされている。この状況で，ためらいながらも62.5%の被験者が，450ボルトの電気ショックまで与えることが観察された。この実験の多くの被験者のように，人は一定の組織や権威者の要請のもとでは，意思に反して期待された役割と一致した行動をとる傾向があることを，記憶しておく必要がある。

(4) 社会的影響の類型

アッシュの実験で観察された被験者の同調行動のように，人が他者との相互作用の中で影響を受けることを社会的影響（social influence）と呼ぶ。ドイッチュとジェラード（Deutsch, M., & Gerard, H. B., 1955）はこの社会的影響を，情報的影響（informative influence）と，規範的影響（normative influence）の2つのタイプに分類している。情報的影響とは自分の判断に自信がもてない場合，他者の与える情報を手がかりにして，それを受け入れ同調が生じることをいう。規範的影響は，自分の意見や判断の正しさに対する自信より，他者や集団と異なることによる困惑や気まずさを避け，周囲の期待に沿おうとして同調が生じることである。

1）意見変容の3類型理論

また，ケルマン（Kelman, H. C., 1961）は同調行動を心理的要因から分析し，社会的影響の受容のパターンには，①屈従，②同一化，③内面化（内在化）の3つがあるとしている。

①屈従（compliance）は，個人が内面では相手の働きかけを拒否していながら，その他者や集団からの好意的反応を得ようとして，他者や集団の影響を受容するもので，私的な承諾のない同調や規範的影響による同調と同様のタイプのものである。

②同一化（identification）は，個人が魅力的な他者や集団に魅了され，その他者や集団の

もっている意見や判断を取り入れるため，自ら進んで他者や集団の期待に応じた判断や意見を表明しようとするものであり，その時点ではそのように思いこんでいる同調である。

③内面化（内在化）（internalization）は，他者の意見や判断が自らの価値観と一致するためにその意見や行動を心から受容するもので，私的な承諾を伴った同調をいう。

(5) 社会的勢力と影響過程

1) 社会的勢力　フレンチとレイブン（French, J. R. P. Jr., & Raven, B. H., 1959）は影響を受ける側の視点に立って社会的な影響を分析し，その多様性を示した。この場合の社会的影響は影響の受け手（P）の生活空間の中に生じる影響の送り手（O）を原因とした力のことをいう。OとPはそれぞれ個人と個人の場合もあれば，個人と集団，集団と集団の場合もある。これら2者関係の中で潜在的に働く力が社会的勢力である。この社会的勢力には次のようなものがあげられている。

①**報酬勢力**（reward power）　報酬勢力は報酬を与える能力を基礎にした影響力である。報酬勢力を使える範囲はPの同調に対してOが報酬を出せる範囲に限られる。

②**強制勢力**（coercive power）　強制勢力は従わなければOから罰を受けるのではないかというPがもつ予想から生じる勢力である。強制勢力の強さはOがどれほどの罰を与えることができるかによる。

③**正当勢力**（legitimate power）　文化的に共有されている価値，権威をもつ集団や組織，正当な機関が任命した影響者など，Oが正当な権利として影響力を行使し，それを受けるPの側も，従う義務があるという価値を内在化している場で派生する勢力。

④**準拠勢力**（referent power）　準拠勢力は，PがOと同一化（同一視）したいという気持ちに基づいて生じる影響力。

⑤**専門勢力**（expert power）　専門勢力は，Oがもつ専門分野の知識の量や，PがOの知識量を専門家として認める場合に生じる影響力。

⑥**情報勢力**（informational power）　情報勢力はOがもっている情報がPにとっても意味があると認めている場合に生じる勢力。

2) 少数者影響過程　従来，集団の多数者が共有する規範が斉一性の圧力の背景として考えられていた。しかし現実の集団では，時に，集団の中の少数者が多数者に影響を与えることもある。モスコヴィッチ（Moscovici, S., Lage, E., & Naffrechoux, M., 1969）は，このような影響過程について一連の実験的研究を試み，少数者の一貫した行動が多数者に影響を及ぼし，多数者の行動を変えてゆく過程が存在することを検証した。

(6) リーダーシップ

集団研究の重要な部分を占める研究の対象としてリーダーシップ（leadership）についての研究がある。リーダー（leader）とは，集団の中で他の成員に対してより大きな影響力をもち，中心的な役割を果す特定の個人を示す言葉である。リーダーシップとは，この特定の個人（リーダー）が集団や集団の成員に対して与える肯定的な影響過程であり，その役割行動であると考えられている。集団の目標達成に促進的に働きかけ，集団が効果的に機能するように働きかけるリーダーシップは，今日では，集団機能，集団状況，成員関係などの観点から研究が進められている。

1) 組織における社会的風土の研究　リーダーシップに関する古典的研究として，ホワイトとリピット（White, R., & Lippitt, R., 1960）の組織における社会的風土の研究がある。これは，10歳の少年5名からなる複数の集団に，1名の成人のリーダーが割り当てられ，6週間のあいだ，専制型・民主型・放任型のいずれかのリーダーシップで成員に接し，その影響を観察

したものである．集団はお面作りなどの趣味的な活動を中心とするものであったが，それぞれのリーダーシップのもとでの成員の活動内容が検討された．その結果，専制型のリーダーのもとでは，作業量はもっとも高まるが成員同士の連帯感は低く，弱い者いじめや敵対行動，攻撃行動などが多く観察された．民主型のリーダーのもとでは成員相互の連帯や友好関係，モラールなど集団内の人間関係は良好で，作業の内容も独創性に富むものであった．放任型のリーダーのもとでは遊んでいる時間が多く，作業量も低くなり成員同士はバラバラでまとまりがないなどの結果が観察された．

　　2) PM理論　　三隅(1984)はリーダーシップの「PM理論」をまとめている．PM理論ではリーダーシップをとらえる際に，集団の目指す目標に向けてメンバーの活動を統制し，達成に向けて厳しく方向づける目標達成機能（P機能）と，励ましたり支持をしながら，集団としてのまとまりを保つために調整を行う，維持機能（M機能）の2つの側面を重視する．そして，これらの機能の強弱の組み合わせによって，リーダーシップをpm型・pM型・Pm型・PM型の4つのタイプに整理する考え方である．この理論に基づくさまざまな集団の実地調査から，集団の維持と目標達成の両面を配慮するPM型が，もっともリーダーシップ行動の効果性が高いことが示されている．

　　3) 状況即応モデル　　リーダーシップは集団の置かれた状況により，その効果性が異なるという考え方を状況即応（contingency）モデルと呼ぶ．フィードラー（Fiedler, F. E., 1967）はこの立場に立って，リーダーとフォロワーの状況要因を現場研究と実験により検討した．そして，リーダーシップの型を，関係動機型（対人関係の維持に動機づけられるタイプ）と仕事動機型（職務の遂行に動機づけられるタイプ）に分け，さらにリーダーがその集団の課題状況などの程度コントロールできるかといった要因で，集団の効果性が規定されるとしている．リーダーシップのスタイルは，LPC（least preferred coworker）尺度により弁別される．自分にとってもっとも苦手な仕事相手を好意的イメージでとらえる（高LPC）タイプは関係動機型．苦手な仕事相手にきびしい評価を下す（低LPC）タイプは仕事動機型に分類される．さまざまな集団についての実証データからリーダーがフォロワーを高統制または低統制の場合，仕事動機型（低LPC）のリーダーがより効果的で，リーダーが中統制の場合，関係動機型（高LPC）のリーダーの方がより効果的であることが示された．

3　社会的現象

(1) 社会的態度

　　1) 態　　度　　関西では，「野球といえば阪神タイガース」という熱狂的なファン（いわゆるトラキチ）が多いが，たとえ阪神の成績が悪くても，いや成績が悪いからこその阪神なのである（阪神ファンの皆様ごめんなさい）．彼らは可能な限り試合を見に野球場まで出かけて行き，行けないときでも，実況中継を視聴する．勝ち負けにかかわりなく，その日のスポーツのダイジェスト番組を複数のテレビ局で視聴し，翌日の新聞のスポーツ欄を眺めるであろう．またタイガースグッズを集め，黄色に黒の横縞のついたメガホン，シャツ，車のステッカーなどを所持している．これはヤングや，ギャルに限らない．年輩のおっちゃんやおばちゃんも「虎ちゃん」のぬいぐるみなどを立派な置物の横に大事そうに飾っているのである．またコンパなどでも，その日の試合の様子や関連する話題で座が盛り上がる．

　これは別にタイガースファンだけでなく，他のひいきのチームをもつ人であっても，野球好きの人であれば，程度の差はあっても類似の行動をとるであろう．

　このように，野球のひいきチームに対する好き嫌いの感情や行動は態度という．さまざまな時機によって異なるはずの行動がひいきのチームに対しては一貫して同じ態度をとる．

シェリフら (Sherif, M. et al., 1945) によると,
①態度は生まれつきのものでなく，学習・経験によって形成され,
②一定の対象や状況に対して形成され，つねに主体－客体関係（自己対他者の関係）を含んでいる。
③態度は一度形成されると，かなりの期間持続される反応傾向である。
④感情や情動を伴い,
⑤広範囲な対象をもつもの
という。

この場合一定の対象というのは上の例でいえば，ひいきのプロ野球チームや大学の親友（たち），PKO協力法や小選挙区比例代表制，または乗用車などあらゆるものをさす。

2) 態度の成分 　態度は環境刺激（状況）に対して起こすときに媒介するものといえる。図 9-2 はローゼンバーグら (Rosenberg, M. J. et al., 1960) のモデルで，態度は認知，感情，行動という3つの成分から成るものとして示されている。

刺激状況（対象）と反応（行動）は外から観察できるが，媒介変数は直接観察できない。感情的成分というのは，ある対象に対して快・不快とか，好き・嫌いの感情である。認知的成分は，その対象についての善悪や，望ましくないといった判断や信念からなっている。また行動的成分は，対象へ近づきたい・遠ざかりたい（たとえば，少数者集団への社会的距離尺度），所有したい・排除したいなどといった行動傾向からなり，態度の動機的な面をさしている。夜，地下鉄に乗っていて，泥酔客が乗り込んできたとすると，この客に対する不快感は態度の感情的成分であり，このようになるまで飲めば健康を損なうのにと思えば，それは態度の認知的成分である。また泥酔客を避けて席を移動すれば，それは態度の行動的成分という。川名 (1992) によると，「態度の中核をなすものは認知的成分と感情的成分である。また態度は行動に影響を与えるが，必ずしも，直接的に行動を決定し，予測するものではない」という。

3) 態度の機能 　カッツ (Katz, D., 1960) によると，態度には4つの機能があるという。

① 実利機能 　個人が利益を最大にし，経費を最小にしたいという目標充足の功利的な道具として態度が機能する。これは個人が環境に適応に役立つ。

② 知識機能 　われわれの住む環境を効率的に知り，実際的な行動の手引きとする働き。

③ 自己実現機能 　自己のもっている価値観や自己のイメージを表明する欲求を充足させる機

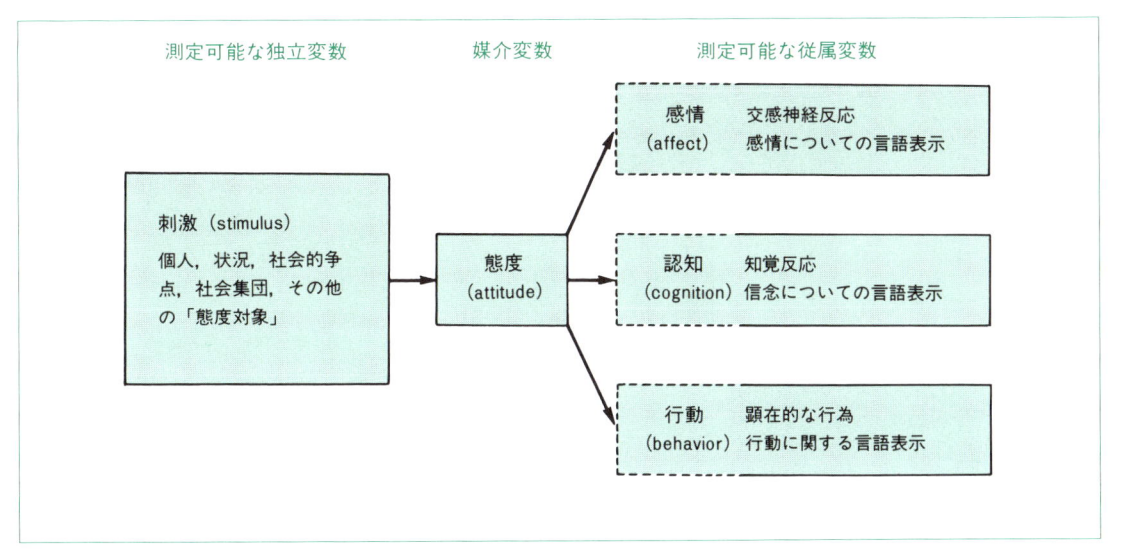

図 9-2　態度の構成概念（Rosenberg & Hovland, 1960）

能。自らのアイデンティティを確立することになる。

　④ 自我防衛機能　自己の立場や価値観と対立し，自己の内部の不安や葛藤の原因となるような外的事実や内的衝動を否定し，拒否する機能である。

　4) 態度の形成　クレッチら（Krech, D. *et al.*, 1962）によると，欲求を満たしてくれる対象手段には好意的態度が形成されるが，反対に欲求充足を阻害する対象には非好意的態度が形成される。またある対象に対する手がかりとなる情報にどのように接触したかによって，態度の形成は異なる。準拠集団の規範や価値に，より多く同調することによって，その集団の成員は同じような態度を形成する傾向がある。また個人に特有なパーソナリティも態度形成に影響を及ぼす。

　5) 態度の変容　態度は一度形成されると，かなり長時間持続するものであるが，まったく変わらないというわけでもない。環境の変化に応じて多少とも変化する可能性がある。他の人の態度を主としてコミュニケーションによって変容させるものを説得というが，態度変容を説得コミュニケーションの面から考えると，個人が直接，刺激状況や対象に対して，態度形成のときとは異なる環境条件に出会うと，態度変容を起こすことがある。

　たとえば，所属集団を変える（大学の新入生が高校から大学へ）ことによって，新しい集団の規範が元の集団の規範とは異なるとき，新しい方を受け入れる（Hartley, R. E., 1960）場合や，長い間温存していた家族の保守的態度を大学の進歩的態度へと変容する（Newcomb, T. M., 1961）といったようなことである。

　6) 態度変容に影響を及ぼす要因

　① 送り手のもつ信憑性　図 9-3 および図 9-4 は 4 つの話題（抗ヒスタミン剤，原子力潜水艦，鉄鋼不足，映画・劇場の将来）について，3 種類の送り手（専門誌，大衆週刊誌，専門外の投稿者）の論述として同一の文が提示される。あらかじめ測定しておいた大学生の意見の変容に，どのように影響するかを調べたものである（Hovland, C. L., & Weiss, W., 1951）。「映画・劇場の将来」を除いて，コミュニケーションを与えた直後は，信憑性の高い送り手の方が意見変容が多い。ところが 4 週間後では，信憑性の差による意見変容に差は見られなかった。これは，スリーパー効果（sleeper effect）といわれる。これは時間の経過とともに，送り手の影響が

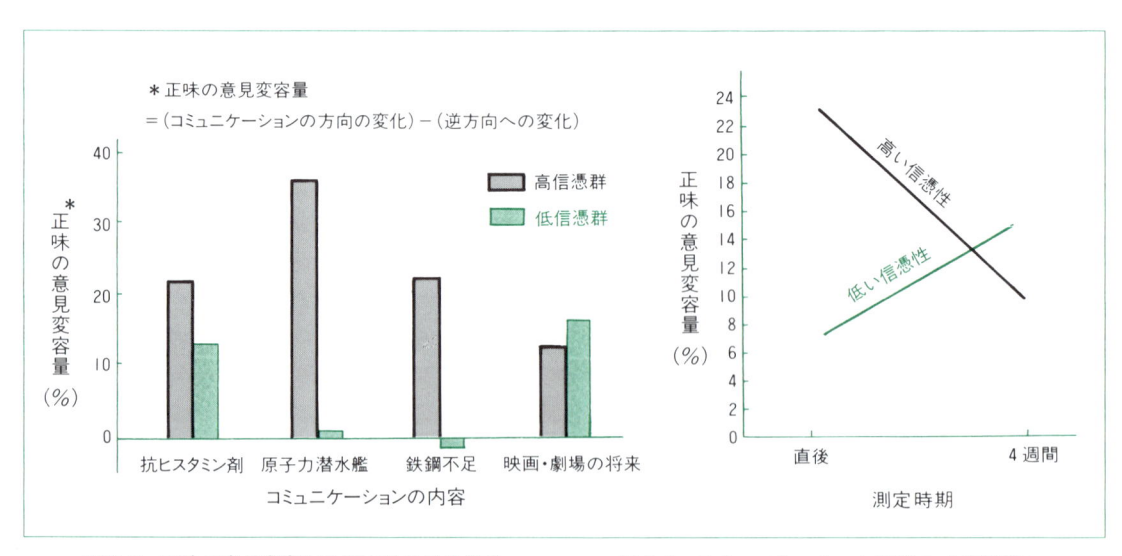

図 9-3　正味の意見変容に及ぼす送り手の信憑性の効果（Hovland & Weiss, 1951）

図 9-4　コミュニケーション直後と 4 週間後との正味の意見変容量における送り手の信憑性の効果（Hovland & Weiss, 1951）

少なくなり，話題だけが印象に残るためであろう。つまり送り手の信憑性はコミュニケーション直後にもっとも効果をもつのである。

ウォルスターとフェスティンガー（Walster, E., & Festinger, L., 1962）は送り手が受け手の意見を変容させようという意図を受け手が知ると，警戒的となり，説得の効果は小さくなるという。

②　受け手の所属集団の規範の評価の問題　ケリーとフォルカール（Kelley, H. H., & Volkart, E. H., 1952）は，ボーイスカウトの隊員に対して自己の所属集団の活動（狩猟・野営等の森林知識・技術，キャンプ活動など）について共通にもっている肯定的態度の程度を調べた。10週間後，集団外の人が森林活動について批判をし，近代社会でやるべき都市での諸活動について示唆を与えた。図9-5はその示唆がどの程度まで受け入れられたかを示す。すなわちボーイスカウト活動を高く評価している（所属集団の規範を強く受け入れている）人ほど，反ボーイスカウトの情報のコミュニケーションによる意見変容を受け入れることは少なく，むしろ強い抵抗を示した。

③　コミュニケーション内容　コミュニケーションの内容が送り手の意図する方向のみの場合と，送り手の意図しない方向をも加えた場合，「受け手がコミュニケーションの唱導方向と一致した意見をすでにもっているか，その問題についての知識・情報が不足している場合は一面的コミュニケーションの方が有効であり，その問題について数々の知識・情報をもっている場合は，両面的コミュニケーションの方が有効である」（原岡，1971）という。

恐怖を起こさせるようなコミュニケーションの場合，表9-6は歯科衛生に関して15分の講義をして3種類の訴えかたをした結果を示したものである。恐怖は弱いほど実際行動をとりやすい（Janis, I. L., & Feshbach, S., 1953）。それを支持する結果は他にもいくつかある（Nunnally, J. C., & Bobren, 1959；Berlson, B. R., & Steiner, G. A., 1964 など）。一方で強い恐怖を起こす内容を送った方が受容されやすいという結果もある（Berkowitz, L., & Gottingham, D. R., 1960；Leventhal, H., & Niles, R., 1965；Leventhal, H., & Singer, R. P., 1966；原岡，

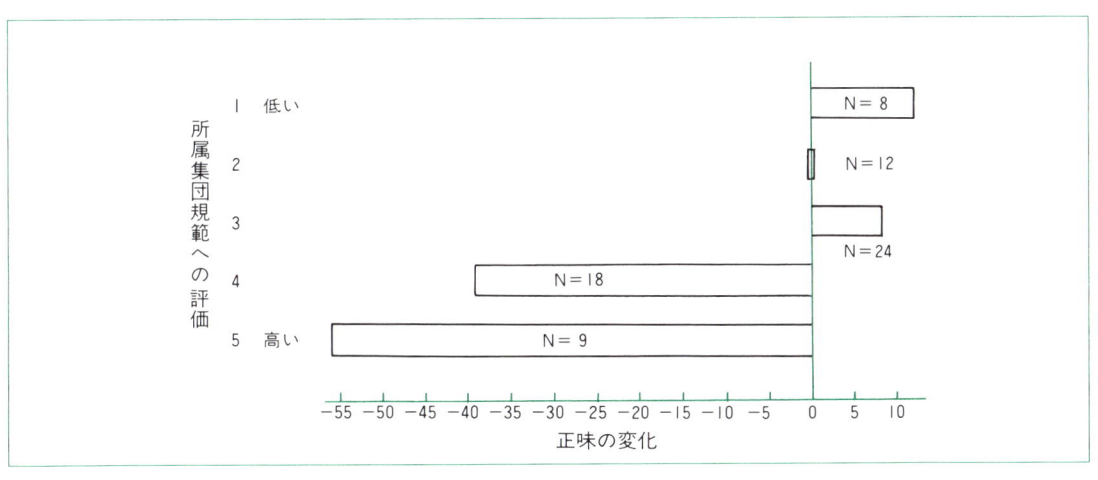

図9-5　受け手の所属集団規範への評価と意見変容（Kelley & Volkart, 1952）

表9-6　恐怖喚起の脱得効果（Janis & Feshbach, 1953）

	強い訴求 （N＝50）	中庸の訴求 （N＝50）	最少の訴求 （N＝50）	統制群 （N＝50）
説得に同調増加	28%	44%	50%	22%
説得に同調減少	20%	22%	14%	22%
変容なし	52%	34%	36%	56%
計	100%	100%	100%	100%
正味の効果	＋8%	＋22%	＋36%	0%

1968)。つまり恐怖の程度と説得効果は必ずしも一義的というわけではなく，受け手の特性や話題の関与度などが関連するものと思われる。

④ コミュニケーションの提示順序　これは一面的コミュニケーションではどこにクライマックスをもっていくかの問題であり，二面的コミュニケーションでは変容させたい内容をどこにもってくるかの問題である。

図9-6は，ある訴訟事件に対する法廷で，陪審員（被験者）の有罪・無罪の判定が証人の証言ごとにどのように変化していくかを調べたものである。それによると，まず起訴状朗読の後6人の検察側証人の順序の場合と，逆の場合とを作り出す。いずれも後から提出される証言の方が説得効果が大きいことを示している。これは**新近性効果**（recency effect）というものである（Anderson, N. H., 1959）。

8）**態度変容への抵抗**　送り手から態度変容への説得が行われても受け手は必ずしも送り手の意図通りに態度変容するわけではなく，受け手からの抵抗もある。

一般に何らかの情報が流されたとき，受け手はそれをすべて受け取るわけではなく，受け手側の興味・性格の内的要因だけでなく，情報側の要因（外的要因）も影響する。したがって，一方的に流された情報に気がつくのは，その内容に何らかの関心をもったからである（Feather, N. T., 1963）。また多くの情報の中から自己の態度・意見に沿っているか，あるいは自己にとって有利な情報のみを取り入れる傾向もある（Berelson, B. R *et al*., 1955；Carter, R. F., 1962）。情報を取り入れるのは積極的に選択するためだけでなく，それに反発するための場合もある。たとえば自分の支持する人また党に対するマイナスの情報が流されると，それを流した送り手を反対党か対立者の悪意として，かえって自分の態度をより強固にする。結果としては，説得コミュニケーションとは逆方向に変化する。いわゆる**ブーメラン効果**（boomerang effect）を起こす。

態度形成は反対意見をすでに知らされている（二面提示）の方が容易であったが，あらかじめ変容と同じ方向でゆるやかな意見を知らされている方が態度変容の抵抗は少ない。これを**免疫効果**という。

フェスティンガー（Festinger, L., 1957）の**認知的不協和の理論**（cognitive disonance）からも態度変容の抵抗について考えられる。つまりタバコと肺癌の因果関係のように「タバコを吸うと肺癌になる」ということを知りながら，「それなのに私はタバコを吸っている」という

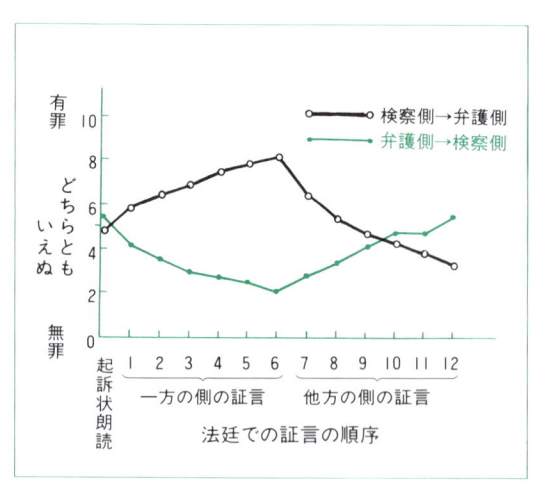

図 9-6　意見変化におけるコミュニケーションの提示順序効果（Anderson, 1959）

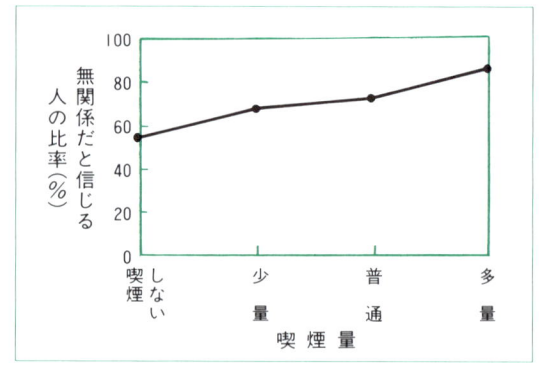

図 9-7　認知的不協和の解消化（Festinger, 1965）
喫煙しない人は，喫煙と肺癌とのあいだの因果関係を認めることが比較的多いが，喫煙者は，喫煙量の多い人ほど，この因果関係を認めようとしない傾向が強い。

場合，認知と行動が不均衡（不協和）状態にある。この場合タバコをやめるか（行動の変容），タバコを吸えば肺癌になるという説は信用できないと考える（認知を変容）かのどちらかの方法で均衡（協和）を達成するであろうというのが，フェスティンガーのモデルである。図9-7に示されているのは，喫煙量が多い人ほどこの因果関係を認めようとしない傾向が強い。認知的に一貫性を欠くような反対意見に態度変容することは，「不協和」を生じるため，それを防衛する働きによって抵抗を受けるというものである。

(2) 群 集 行 動

外国から有名な歌手が来日してきた。空港の到着ロビーには多数のファンが集まって，歌手を一目見ようとどっと群がったため怪我人が何名も出た。このような事件や事故は毎日のように紙面やTV画面を賑わしている。

単なる人間の集まりは集団ではなく，集合体という。これはある要因の媒介によって集団にもなれば群集にもなる。

ブラウン（Brown, R. W., 1954）は，群集とは不特定多数の人が特別の関心をもって一時的にある場所に集合するもので，集合体における大きさ（size），身体的物理的接近の程度（congregation）と特定の対象の注意の集中度（polarization），そして集合体に対する人々の同一視（identification）の程度の四つの次元をあげ，集団的なものと群集的なものに分類している。大きさの次元は物理的収容能力によるもので，一部屋に入れるか，ホールや広場に入れるか，または広場にも入りきれないほどの大きさの3つに分類して，群集はその種類により，どのサイズにもあてはまる。

接近度の次元では，一時的不定的集合が群集にあてはまる。共通の興味や関心に特別に注意が集中し一時的にしか同一視しないものが群集である。

またブラウンはその行動による群集を分ける（図9-8）。まず能動的か受動的かによって二分し，能動的群集をモッブ（mob），受動的群集を聴衆（audience）と呼ぶ。

能動的群集には，フラストレーションを暴力的行動によって解消しようという攻撃的モッブがある。被害の規模によって，リンチ，テロ，暴動（riot）がある。1992年のロスアンジェルスで起こった黒人暴動事件，関東大震災時の朝鮮人虐殺事件などの例がある。

つぎに逃走的モッブは，危険から身を守ろうとして起こるもので，感情的かつ合理性を欠く行動をとくにパニックと呼ぶ。高層ビルや劇場など多数の人々が集まっているときに火災が起

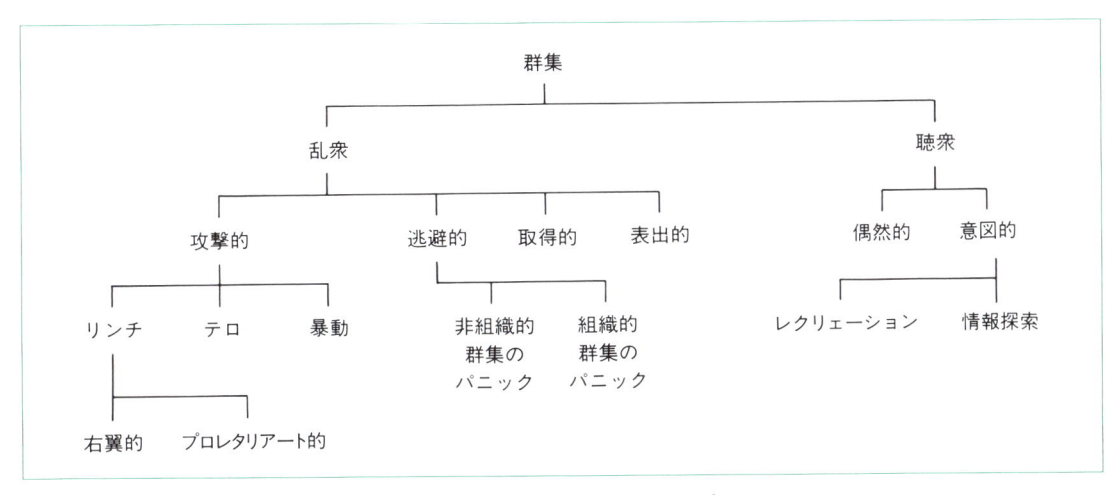

図9-8 群集の諸相（Brown, 1954）

こると数少ない出口にそれらの人々が殺到し，そのために助かるはずの人まで巻き込んで多数の死者を出す例は10数年前の千日ビル火災，熊本のデパート火災，東京のホテル火災など枚挙にいとまがない。

利得モッブは望ましい対象を得ようとして多数の人が殺到する行動で，1973年の石油ショック時に起きたトイレットペーパーの買占め騒ぎや，豊川信用金庫の取り付け騒ぎ，1993年の日本での米買い占め事件，あるいは外国から来日の有名歌手に対して，当日のショーだけでなく彼（彼女）を一目見ようとして，空港まで駆けつけたファンの例などもある。

表出的モッブは日常の退屈な生活から逃れたくて馬鹿騒ぎを起こすものである。プロ野球の観客が興奮のあまり球場のフィールドまでなだれ込んだり，物を投げたりする行動をいう。

他方，聴衆というのは環境に適応してそれを取り入れるもので受動的といえる。これは始めから何らかの情報を求めて集まるといったもので，映画，講演会，コンサート等といった意図的なものから偶然街頭で演奏している歌手の演奏や選挙の立候補者の応援のために駆けつけた弁士の演説に傾聴するために集まるものもある。

1) 群集行動の特性　　群集行動は基本的には，共通の関心，一体感，無名性，無責任性，無批判性，欲求感情の解放，被暗示性および親近感を行動傾向としている（南，1957）。

また安倍（1978）は①同質性，匿名性，過激性，②被暗示性，③情緒性，④批判性，⑤無責任性の五つを挙げている。

群集行動はこのようにある対象に対する関心が強まって動機づけが強くなると，その行動は理性を失い，情緒に動かされてしまう。しかも同じような関心をもった人々の集まりなので，その行動は同質的で，自己は埋没され，匿名的となる。匿名となると，人は無責任となり，無批判となる。つまり，「どさくさにまぎれて」行動してしまう。動機の高まりはちょっとしたことで暗示にかかりやすいことを意味している。1992年4月末，ロスアンジェルスで黒人に暴行を働いた4人の白人警官の無罪判決に対する不満・批判が黒人を含めた人々の暴動へとつながった。この暴動は元々白人警官の黒人への偏見に対する抵抗のはずであったが，やがて黒人より後に移住したにもかかわらず，自分達より裕福なコーリアンタウンの人々への鬱憤へと変わり，店への暴力と略奪へと移っていった。この暴動・略奪に加わった人々はこの典型的な例といえる（中嶋，1992）。

2) 群集行動のメカニズム　　マクドゥーガル（McDougall, W., 1908）の暗示・模倣説は，社会生活の3つの基本的な相互作用である，暗示，共感，模倣が多様な人々を巻き込んだとき，精神的にも行動面でも同質性を示されるというものである。

また始めは単なる傍観者であった人々が互いにその渦中に巻き込まれて，興奮を高めつつ，渦巻状にその輪を広げていくものというブルマー（Blumer, H., 1946）の説もある。上で述べたいわゆるロス暴動に加わった人々の行動はまさにこの例である。

リンチやテロの攻撃モッブは**少数者集団**（minority group）が犠牲者になることがある。これは群集側の社会不安や不満がその根源にあることが多い。アメリカで移民禁止法（1924）を制定させたのは，低賃金でよく働く日系人に職を奪われた低下層の白人たちの不満を利用したものである。彼らはWASPからは当時もっとも遅く移住してきた。そのため社会的には低地位に甘んじていた。彼らはその後に移住した日系人を自分たちより低い層におくことで精神のバランスを辛うじて保っていた。しかしその低層の日系人と職の奪い合いをすることは許せない。そのような不満の蓄積から，日系人の追出しをはかった。黒人に対するリンチも同じような白人の不満に根を発している。ドイツではここ数年ネオナチが台頭してきているようだが，失職したり，就職できない若者がネオナチに加入し，ユダヤにではなく最近流入してきた難民へのリンチを繰り返しているという。

日本では1973年のオイルショック時の世情不安なときに，豊川信用金庫で取り付け騒ぎが起

きた。これなどは単に就職祝いに冗談でいったことばを近くで聞いていた高校生が母親に話したことから，母親が自分のコミュニケーションネットワークの中を大変な速さで大々的に広がってしまったものである。

また多数者の圧力は「みんなでやれば怖くない」式行為で，少数者の理性は多数者によって掻き消されてしまう。上述のロスアンジェルス騒動でも，コーリャンタウンの店からの略奪は，堂々と，さも得意げにカメラマンに戦利品を見せびらかしていた（Newsweek, 1992；TIME 1992）。戦争中によくみられる一般市民による一部理性的発言者への非国民呼ばわりや，家族に対する投石騒ぎなどの例がある。群集の規範に沿った行動であろう。前節で述べたアッシュの同調性の実験のように，明らかに長さが異なるとわかっていても，他の成員全員の「等しい」という声に，自らも同調してしまう。

このように考えると，多くの人がほとんど同一の行動をとっている場面で，一人だけその中に巻き込まれずに自分の信念を貫いて別の行動をとるのは大変困難なことである。

(3) 流 言

社会的コミュニケーションは，新聞，ラジオ，テレビなどマスメディアを通じたマスコミュニケーションもあれば，個人間のいわゆる口伝えによるパーソナルなものもある。情報内容は，国の存亡に関わるものから，ごく身近な噂話的なものまでさまざまである。

流言はどちらかといえば，身近な口コミよることが多い。しかし一度流され始めると，人間関係の網の目をすみずみまで伝わっていく。しかもその網の目はネズミ算のごとくどんどん大きくなっていく。木下（1992）によると，「東京と福岡の人が知り合うのに5人いれば全国の人とつながる」という。さらにマスメディアが伝播の一翼を担うとその広がりは爆発的となる。

流言の特徴として，木下（1977）は「第1に，その内容は真偽を問わずに確実な知識をもとにしたものではなく，次々と伝えられていく。第2に，社会的広がりをもつ連鎖的コミュニケーションであり，しかも伝え手は一人とは限らず，同時に複数の人に伝える可能性がある。そのため，その情報は網の目状に拡大する。さらに流言の内容は伝え手を一人通過するたびにその人の意図が入り，歪められていく」。前述の木下は，かっぱの絵による再生ゲーム（子どもの「伝達ゲーム」遊びの絵画版）をさせると，動物の手足以外はすべて，伝え手の意図や気質がその再生図に影響している。酒好きの人は手に杯ととっくりをもっているように描いているのに，それを見たはずの次の酒を飲めない婦人警官の絵には，杯もとっくりも欠落していた（1992）という。このゲームは情報源から口伝えされた内容を，源に確認することもできないままに記憶内容の変容も加わり，源の内容からかなりズレを生じてしまう。しかし，デマ（demagogy）とは異なり，故意に事実を歪めたり，捏造するという悪意をもたない。

1) **流言の発生条件**　流言の発生条件は，①主題に対する受け手の関心，②伝え手の認知的あいまいさ，③伝え手の欲求・感情，④伝え手の性格，⑤批判能力，⑥流言集団，⑦社会的緊張，そして⑧情報のあいまいさなどである（木下，1977）。

伝え手に関心のない内容ならば，少なくともそのルートはそこで切れてしまうので広がりは小さい。豊川信用金庫の場合，小さい町の数少ない金融機関であるので，利用者が多く，倒産する／しないは町の一大関心事となる。それ故に取り付け騒ぎにまで発展したと考えられる。また職場の人間関係や，学校の定期試験についての流言の広がりの大きいのも，当事者たちにとって自我関与（関心）の大きさによるものといえる。

認知の曖昧さとは，われわれの環境に直接深く関係することがらに対して，十分説明がなされないと非常に不安となるようなものである。何の説明もなしの電車の急停車。ハイジャックの犯人と機外の人，いずれも外のまた機内の状態についての流言が飛び交うことになる。

人は誰よりも多くの情報をもち，誰かに誇示したい自己評価の欲求がある（Maslaw, A.,

1954)。

流言は匿名性・無責任性から，ある種の気安さがあり，自己の欲求や感情をより無防備な形で投影させることができる（藤竹，1974）。アメリカにおける黒人暴動についての流言（Allport, G. W., & Postman, L., 1947），関東大震災時の朝鮮人の暴動についての流言，あるいは「火星からの侵略」というラジオドラマに踊らされた人々のこと（Cantril, H., 1947）など，いずれも社会情勢が不安定なときにその不安の実態を認知したいという衝動から情勢の変化に著しく敏感であるために起こる（安倍，1974）。またこの不安感情が強くなりすぎると，そこから逃れようとして，流言の内容は熱狂的，狂信的さらに妄想的にすらなる（木下，1977）。

さらに受け手がその内容について，冷静な批判力で，その事実確認を行えば，次の伝え手とならず，そのルートはそこで切れる。もっともいくら批判力があっても，問題の関心が強すぎると歯止めにならない例もある（京大問題記録編纂会，1969）。

2) **流言の取るルート** 流言は各自のもつ独自のコミュニケーション・ルートをもっている。木下によれば，所属集団・準拠集団やそれを取り囲む集団で，流言集団といわれ，その人の関心，興味などが共通なときに作られる集団である（1977）。それが網の目のように広がるのは個人が複数集団に重複して所属していることが多いため，次々とその集団の間を流れていくからである。このような集団は普段は，潜在していて目につかないが，流言が流れ始めて，初めて顕在化するのである。

3) **流言の結果** 流言は一度流れ始めると，伝え手たちの人間関係の網の目を使って伝わるが，その規模が大きいものほど流言に終わらず，群集行動にまで発展することがある。たとえば，上述した豊川信金倒産の流言では，取り付け騒ぎ，トイレットペイパーが市場から無くなってしまったという流言では買い占め，東海地震の誤報（1981）では被害への対策行動などがある。1993年も米の減収によって初めて米の禁輸を解いたとき，国民の外米忌避を危惧して，政府では，複数国のしかも種類の異なる米をブレンドして販売すると広報したとき，日本の米は一斉に店頭から消えてしまうという流言から，やはり買い占めをしたものが現れた。また京大の学園封鎖（1969）時に東京の某私立大学の全共闘の学生数百名がゲバ棒と称する角材をもって流れ込んでくるといううわさで，京大の学生たちや教職員たちもその防御対策を真剣に話し合ったものである。

(4) 宣　伝

数年前プロ野球の阪神タイガースが優勝した年か，翌年か，とにかく絶頂期に，そのチームの看板打者であったバース選手の顔が野球ではなく新聞の一面一杯に掲載されたことがあった。その前日，翌朝の紙面を見るようにとの予告の広告が出た。予告通り，あるいは予告を知らないでその翌朝，紙面をみた読者はあっと驚かされた。なぜなら立派な髭を蓄えていた（はずの）バースの顎はきれいさっぱり剃られていたからである。これは確か髭剃りの広告であったと思う。このように何か新商品を売り出そうとするとき，商品についてポジティブな特徴を大々的に広告する。この広告というのは宣伝の一つである。

宣伝は組織的，体系的な方法で人々の態度を変化させ，一定の行動へ駆り立てようとするものである（辰野，1969）。

宣伝にはその目的と内容が受け手に直接わかるような直接的宣伝と受け手にはわからないような間接的宣伝がある。前者は上例のように新商品の売り出し広告のようなもの，後者にはテレビで以前放映されていた「刑事コロンボ」の中で使われていたもので，映画のコマの切れ目に1人の観客がまったく意識なしで，ある刺激（キャビア）を一瞬間（たとえば1/1000～3000秒間位）繰り返し提示されることで，彼の無意識界に何らかの影響を及ぼす（水を飲みに，ある場所に行かせる）ことで，所期の目的（殺人者のアリバイ作り）を達成するものである。こ

れは日本でもごく最近サブリミナル効果といって宣伝した映画があった。アメリカではよくやる商品の宣伝方法である。

1) **宣伝の種類**　　宣伝には上で述べた商品の広告，映画の宣伝の他に，政府の新しい政策を打ち出すとき（たとえば消費税率のアップ，選挙制度の改革等について，政府または与党側の国民への周知または理解を目的として），あるいは野党側の新政党の結成といったもの，思想に関する宣伝（たとえば反政府側のキャンペーン）などがある。

2) **宣伝の原理**　　無数の刺激の中の焦点に当たるもののみが知覚される。知覚は注意を引き起こすものに焦点があたる（村田，1987）。注意を支配する外的要因（環境的要因）には，村田によれば以下のものがある。

① **強度と大きさ**　色彩が強烈で，街頭の立て看板も，新聞広告でも大きいほど目を惹く。
② **対比**　周囲の色や形とは対照的なものほど人目を惹く。
③ **反復**　選挙運動における立候補者の名や政党名の連呼，テレビの CM では商品の名が繰り返し連呼される。
④ **運動**　ネオンでも静止しているものより運動しているものが注意を惹く。映画館の CM はスライドよりビデオの方がよく見てくれる。
⑤ **新奇性**　今まで見聞きしたことのない広告のコピーや絵，お笑いのタレントの型破りのギャグなどは思わず耳を傾ける。

シャルディニ（Cialdini, R. B., 1993）は「社会的現実性」の中で，広告に役立つ原理として，以下のことをあげている。

① **返報の法則**　どんなに些細なものでもお返しのあるものには惹かれる。
② **希少の価値**　季節や数に限定すると魅力が増す。
③ **権威の法則**　その道の専門家や権威のある人の勧めはそれにしたがいやすい。
④ **コミットメント**　少しでも自らかかわりのあるものには，それへの関心が増す。
⑤ **好みの法則**　好きな人の勧めには素直にしたがえる。
⑥ **コンセンサス**　周囲の多くの人が受け入れている事柄は自分も受け入れやすい。

(5) **流　行**

ワイドショーなどで，有名ホテル内で開催された半年先のパリコレ（クション）のショウが服飾評論家といわれる人の解説でしばしば放映される。

最近の服装の流行は，このようなパリコレとかミラノコレクションとかいったところで作られるものらしい。

1) **流行の定義**　　神山（1990）は「流行とは社会の多数のメンバーが，一定の行動様式を，少なくとも直接的には各自の自発的意志に基づいて採択する結果として発生する」といい，4つの観点から定義づけを表9-7に概要している。4つの観点とは，①広く普及している様式という観点，②同調性と個別性の拮抗作用という観点，③様式の普及過程という観点，④集合行動の観点である。

2) **流行の特徴**　　鈴木（1977）によると，流行は一般的普及過程には通常はみられない特徴を備えているという。

① **新奇性**　流行は何らかの意味で，「新奇なもの」「珍しいもの」という印象を与える。ロビンソン（Robinson, R. E., 1958）は一般的な意味で定義される流行とは，新奇なための新奇の追求である。しかし，ラングら（Lang, K., & Lang, G. E., 1961）によれば，大きな力となった流行はもはや新奇性には頼っていないという。

② **効用からの独立**　流行にあたる普及または変化が，流行項目の相当するその事物あるいは思考や行動のパターンが元来持つ客観的ないし物理的効用からは独立であるという。また表9

表 9-7　流行の諸定義（神山，1990より転載一部変更）

観　点	定　義
(1)広く普及している様式	流行とはある一定時点において広く普及しているスタイルである。（Nystrom, 1928/Young, 1930） 流行はかなりの人数の人々に共通の反応のタイプである。それはしばしば人々が選択するときに反復して生じる変化であり，集団のうちのわずかな部分の人が採用してきた行動や思考の新しい様式である（Borgadus, 1926）。
(2)同調性と個別性の拮抗作用	流行が効用を伴うことはあってもそれが本当の動機ではなく，同調することで得られる利益がその動機である（Ellwood, 1918）。 流行はある一定の短期間にある社会の中の相当範囲の人々が，その趣味，嗜好，思考，判断，行為動作などの様式を比較的自由に選択，採用，廃棄に生じ，変化する社会的同調行動の現象である（斉藤，1959）。 流行は，ある社会集団の中で，一定数の人たちが，一定の期間，ある意図のもとに始められた同似の集合行動をとるように心理的に誘われることである（南，1957）。
(3)様式の普及過程	流行は新しい様式ないし成果が，広告による導入のあと，消費者によって採用される社会的伝播の過程である（King, 1964）。 流行はこれまでとは違った行動様式が導入され，一般化していく普及過程の特殊な類型である（池内，1968）。
(4)集合行動	流行は集合行動の基本形態である（Lang & Lang, 1961）。 成員がエリートを目指して模倣することによって地位の再確認と自己表現を求め，何らかの固定したステイタス・シンボルをもっていないような社会においてしばしば生じる，非合理的で移り安い事項ないし行動パターンである（Gold, 1964）。 流行とは，価値付加過程を通して，熱狂的反応が顕在化する集合行動である（Smelser, 1963）。

-7に示したように，エルウッド（Ellwood, C. A., 1918）のいうように流行はたまたま効用を伴うことがあっても流行自体は効用に依存しない．

③ **短命性**　上記2点と関連して，それらの帰結として流行はきわめて速やかに移り変わりやすい。

⑹　一般大衆への説得

　　説得とはコミュニケーションの送り手が受け手にあてて送り手の意図する方向に受け手の元の態度を変容させることである。受け手が前節，前々節で述べた個人や小集団ではなく一般大衆である場合，送り手は受け手を催眠状態に陥れることがしばしばある。ナチの反ユダヤ主義の演説，最近では宗教集団の集団自殺のときの教祖の演説。観客（受け手）はいつの間にか，ヒットラーや教祖（送り手）の演説にすっかり酔いしれてしまい，送り手のいうがままにしたがってしまう。

　　この方法は最近の催眠商法で使われている方法である。売り手は主婦を集めて，はじめはつまらないものを次々と惜しげもなく与え，十分主婦層が催眠状態に陥ったら，本命である商品を売りにかかる。

　　また大衆への説得は単なる命令より講義の方が効果があるという結果もある。

引 用 文 献

〈第2章〉

Cho, F., Suzuki, M., & Honjo, S. 1986 Adoption success under single-cage conditions by cynomologus macaque mothers (*Macaca fascicularis*). *American Journal of Primatology*, **10**, 119-124.
Condon, W. S., & Sander, L. 1974 Neonate movement is synchronized with adult speech. *Science*, **183**, 99-101.
Ekman, P. 1973 Cross-cultural studies of facial expression. In P. Ekman (Ed.), *Darwin and facial expression*. New York: Academic Press. pp. 169-222.
Fantz, R. L. 1961 The origin of form perception. *Scientific American*, **204**, 66-72.
Field, T. M., Woodson, R., Greenberg, R., Cohen, D. 1982 Discrimination and imitation of facial expressions by neonates. *Science*, **218**, 179.
Harlow, H. F. 1959 Love in infant monkeys. *Scientific American*, **200**, 68-74.
Harlow, H. F., Harlow, M. K., & Hansen, E. W. 1963 Maternal affectional system of rhesus monkeys. In H. Rhein-gold (Ed.), *Maternal behavior in mammals*. New York: Wiley. Pp. 254-281.
Hess, E. H. 1959 Imprinting: An effect of early experience. *Science*, **130**, 133-141.
Klaus, M. H., & Kennell, J. 1976 *Maternal-infant bonding*. St. Louis: The C. V. Mosby Company. (竹内　徹・柏木哲夫訳　1979　母と子のきずな　医学書院)
Klopfer, P. H. 1971 Mother love: What turns it on? *American Scientist*, **59**, 404-407.
小島徳造　1974　中枢神経系の解剖　医歯薬出版
Lorenz, K. 1935 Der Kumpan in der Umwelt des Vogels. *Journal für Ornithologie*, **83**, 137-413.
Lorenz, K. 1943 Die angeborenen Formen möglicher Erfahrung. *Zeitschrift für Tierpsychologie*, **5**, 235-409.
Masataka, N. 1993 Effects of experience with live insects on the development of fear of snakes in squirrel monkeys, *Saimiri sciureus*. *Animal Behaviour*, **46**, 741-746.
Meltzoff, A. N., & Moore, M. K. 1977 Imitation of facial and manual gesture by human neonates. *Science*, **198**, 75.
宮田　洋・藤沢　清・柿木昇治（編）　1985　生理心理学　朝倉書店
Nakamichi, M., Fujiji, H., & Koyama, T. 1983 Behavioral development of a malformed infant in a free-ranging group of Japanese monkeys. *Primates*, **24**, 52-66.
NHK取材班　1993　2脳と心　脳が世界をつくる　知覚　日本放送出版協会
NHK取材班　1993　3脳と心　人生をつむぐ臓器　記憶　日本放送出版協会
NHK取材班　1994　4脳と心　人はなぜ愛するか　感情　日本放送出版協会
二木宏明　1984　脳と心理学　朝倉書店
Penfield, W., & Rasmussen, T. 1950 *The cerebral cortex of man: A clinical study of localization of function*. New York: The Macmillan. (岩本隆茂・中原淳一・西里静彦訳　1986　脳の機能と行動　福村出版)
Penfield, W., & Roberts, L. 1965 *Speech and brain mechanisms*. Princeton, NJ: Princeton University Press. (上村忠雄・前田利男　1965　言語と大脳　誠信書房)
佐藤幸治　1964　禅のすすめ（現代新書27）　講談社
Tinbergen, N. 1951 *The study of instinct*. London: Oxford University Press. (永野為武訳　1975　本能の研究　三共出版)
時実利彦　1962　脳の話　岩波書店
時実利彦（編）　1966　脳の生理学　朝倉書店
時実利彦（編）　1966　脳と神経系　現代の生物学6　岩波書店
時実利彦（編）　1969　新脳波入門　南山堂
塚田裕三　1966　100億の脳の細胞　NHK現代科学講座2　日本放送出版協会
山鳥　重　1985　脳からみた心　NHKブックス482　日本放送出版協会

〈第3章〉

Berkeley, G. 1709 An essay towards a new theory of vision. *Everyman's Library*, No. 483, Dent.
Gibson, J. J. 1950 *Perception of the visual world*. Boston: Houghton Mifflin.
Gibson, J. J. 1979 *The ecological approach to visual perception*. Boston: Houghton Mifflin.
Helmholtz, H. von 1866 *Handbuch der Physiologischen Optik*. Leipzig: Voss, Part III (Translated and republished, New York: Dover, 1962)
Hochberg, J. 1964 *Perception*. Englewood Cliffs, N. J. Prentice Hall.
岩間吉也・塚原仲晃（編）　1985　脳研究最前線　大阪書籍
久保田競・佐藤昌康（編）　1976　感覚と行動の神経機構　産業図書
Mustatti, C. L. 1931 Forma e assimilazione. *Archivio Italiano di Psicologia*, **9**, 61-156.
大山　正・今井省吾・和気典二（編）　1994　新編感覚・知覚ハンドブック　誠信書房

苧阪良二　1962　知覚　矢田部達郎（編）　心理学初歩　培風館
Roberts, L. G. 1963 *Machine perception of three dimensional solids*. Report→315. Cambridge, Mass.: Lincoln Lab, M. I. T.
Rock, I. 1984 *Perception*. New York : Scientific American Library.
佐々木正人　1994　ジェームズ・ギブソン「エコロジカルな光学」にいたる　Imago 66-75.
Uexküll, J. V. & Kriszat, G. 1940 Streifzüge durch der Umwelten von Tieren und Menschen Bedeutungslehre. S. Fischer Verlag（日高敏隆・野田保之訳　1974　生物から見た世界　思索社）
Wallach, H., & O'Connel, D. N. 1953 The kinetic depth effect. *Journal of experimental Psychology*, **45**, 205-217.
Wertheimer, M. 1912 Experimentelle Studien über das Schen von Bewegung. *Zeitschrift für psychologie*, **61**, 161-265.
Wertheimer, M. 1923 Untersuchungen zur Lehre von der Gestalt. II. *Psychologischen Forschung*, **4**, 301-350.

〈第4章〉
Anderson, J. R. 1980 *Cognitive psychology and its implications*. San Francisco : W. H. Freeman.
Anderson, J. R. 1985 *Cognitive psychology and its implications*. 2nd ed. New York : W. H. Freeman.
Atkinson, R. C., & Shiffrin, R. M. 1971 The control of short-term memory. *Scientific American*, **225**, 82-90.
Baddeley, A. D. 1986 *Working memory*. Oxford : Clarendon Press.
Baddeley, A. D. 1986 *Human memory : Theory and practice*. Hove and London : Lawrence Erlbaum Associates.
Baum, W. M. 1974 On two types of deviation from the matching law : Bias and undermatching. *Journal of the Experimental Analysis of Behavior*, **22**, 231-242.
Bernard, C. 1865 *Introduction à l'étude de la médecine expérimentale*. Paris.（三浦岱栄訳　1938　実験医学序説　岩波書店）
Bower, G. H., Clark, M. C., Lesgold, A. M., & Winzenz, D. 1969 Hierarchical retrieval schemes in recall of categorical word lists. *Journal of Verbal Learning and Verbal Behavior*, **8**, 323-343.
Brown, R. 1973 *A first language : The early stages*. Cambrige, Mass.: Harvard University Press.
Catania, A. C. 1992 *Learning*. 3rd ed. Englewood Cliffs, N. J.: Prentice Hall.
Chomsky, N. 1978 On the biological basis of language capacities. In G. A. Miller, & E. Lenneberg（Eds.）, *Psychology and biology of language and thought*. New York : Academic Press. Pp. 199-220.
Collins, A. M., & Quilian, M. R. 1969 Retrieval time from semantic memory. *Journal of Verbal Learning and Verbal Behavior*, **8**, 240-247.
Collins, A. M., & Loftus, E. F. 1975 A spreading-activation theory of semantic memory. *Psychological Review*, **82**, 407-428.
Conrad, C. 1972 Cognitive economy in semantic memory. *Journal of Experimental Psychology*, **92**, 149-154.
Craik, F. I. M., & Watkins, M. J. 1973 The role of rehearsal in short-term memory. *Journal of Verbal Learning and Verbal Behavior*, **12**, 598-607.
Demint, W. C., & Miller, M. M. 1974 An introduction to sleep. In O. Petre-Quadens, & J. D. Schlag（Eds.）, *Basic sleep mechanisms*. New York : Academic Press.
Ebbinghaus, H. 1885 *Über das Gedächtnis*. Leipzig : Duncker.
Entus, A. K. 1977 Hemispheric asymmetry in processing of dichotically presented speech and nonspeech stimuli by infants. In S. E. Segalowits, & F. Gruber（Eds.）, *Language development and neurological theory*. New York : Academic Press. Pp. 63-73.
Freud, S. 1917 *Vorlesungen zur Einführung in die Psychoanalyse*. Frankfurt : Fischer
Garcia, J., Ervin, F. R., & Koelling, R. A. 1966 Learning with prolonged delay of reinforcement. *Psychonomic Science*, **5**, 121-122.
Gazzaniga, M. S., & Le Doux, J. E. 1978 *The integrated mind*. New York : Plenum.
Greeno, J. L. 1978 The nature of problem solving abilities. In W. K. Estes（Ed.）, *Handbook of learning and cognitive processes*. Vol. 5. *Human information processing*. Hillsdale, N. J.: Lawrence Erlbaum Associates.
Guttman, N., & Kalish, H. I. 1956 Discriminability and stimulus generalization. *Journal of Experimental Psychology*, **51**, 79-88.
服部四郎　1967　言語の構造と機能　大河内一男（編）　言語　東京大学公開講座9　東京大学出版会
Hellyer, S. 1962 Frequency of stimulus presentation and short-term decrement in recall. *Journal of Experimental Psychology*, **64**, 650.
Herrnstein, R. J. 1961 Relative and absolute strength of response as a function of frequency of reinforcement. *Journal of the Experimental Analysis of Behavior*, **4**, 267-272.
Hockett, C. F. 1960 The origin of speech. *Scientific American*, **203**, 89-96.
井上昌次郎　1988　睡眠の不思議　講談社
印東太郎　1973　心理学におけるモデルの構成――意義・展望・概説――　印東太郎（編）　モデル構成（心理学研究17）　東京大学出版会

Jenkins, J. G., & Dallenback, K. M. 1924 Obliviscence during sleep and waking. *American Journal of Psychology*, 35, 605-612
鹿取廣人 1982 知覚・認知の働き——その発生と展開—— 人間の成長 第3章 小学館
Köhler, W. 1917 *Intelligenzprüfungen an Menschenaffen*. Springer.（宮 孝一訳 1962 類人猿の知恵試験 岩波書店）
Kolb, B., & Whishaw, I. Q. 1990 *Fundamentals of human neuropsychology*. 3rd ed. New York : W. H. Freeman.
Kosslyn, S. M. 1994 *Image and brain : The resolution of the imagery debate*.
Lenneberg, E. H. 1967 *The biological foundations of language*. New York : Wiley.
Lindsay, P. H., & Norman, D. A. 1977 *Human information processing : An introduction to psychology*. 2nd ed. New York : Academic Press.
Miller, G. A. 1956 The magical number seven, plus or minus two : Some limits on our capacity for processing information. *Psychological Review*, **63**, 81-97.
村田孝次 1977 言語発達の心理学 培風館
Neisser, U. 1967 *Cognitive psychology*. New York : Appleton-Century-Crofts.
岡本夏木 1982 子どもとことば 岩波書店
大熊輝雄 1982 眠りと夢の生理学 サイコロジー, **26**, 10-19.
Penfield, W., & Jasper, H. H. 1954 *Epilepsy and the Functional Anatomy of the Human Brain*. Boston : Little, Brown.
Peterson, L., & Peterson, M. J. 1959 Short-term relation of individual verbal items. *Journal of Experimental Psychology*, **58**, 193-198.
Reynolds, G. S. 1975 *A primer of operant conditioning*. Revised ed. Glenview, Ill.: Scott Foresman.（浅野俊夫訳 1978 オペラント心理学入門——行動分析への道—— サイエンス社）
Rips, L. J., Shoben, E. J., & Smith, E. E. 1973 Semantic distance and the verification of semantic relation. *Journal of Verbal Learning and Verbal Behavior*, **12**, 1-20.
Rosch, E. 1978 Principles of categorization. In E. Rosch, & B. B. Lloyd（Eds.）, *Cognition and categorization*. Hillsdale, N. J.: Lawrence Erlbaum Associates.
佐伯 胖 1986 コンピュータと教育 岩波書店
Scheerer, M. 1963 Problem-solving. *Scientific American*, **208**, 118-128.
Selfridge, O. 1959 Pandemonium : A paradigm for learning. In *Symposium on the mechanisation of thought processes*. London : H. M. Stationery.
篠 憲二 1985 言語と実存 新岩波講座 哲学2 経験 言語 認識 岩波書店
Siegel, S. 1975 Evidence from rats that morphine tolerance is a learned response. *Journal of Comparative and Physiological Psychology*, **89**, 498-506.
Silveira, J. 1971 Incubation : The effect of interruption timing and length on problem solution and quality of problem processing. *Unpublished doctoral dissertation*. University of Oregon.
Sperling, G. 1960 The information available in brief visual presentation. *Psychological Monographs*, **74**, 1-29.
Terrace, H. S. 1979 *Nim, a chimpanzee who learned sign language*. New York : Knopf.
Thorndike, E. L. 1911 *Animal intelligence : Experimental studies*. New York : Macmillan.
Tulving, E. 1972 Episodic and semantic memory. In E. Tulving, & W. Donaldson（Eds）, *Organization and memory*. New York : Academic Press. Pp. 381-403.
Tulving, E. 1983 *Elements of episodic memory*. London : Oxford University Press.
Tulving, E. 1985 How many memory systems are there? *American Psychologist*, **40**, 385-398.
Tversky, B. 1991 Spatial mental models. *The psychology of learning and motivation*, **27**, 109-145.
Vygotsky, L. S. 1956 *Thought and language*. Cambridge, Mass. : M. I. T.（柴田義松訳 1969 思考と言語 明治図書）
Zener, K. 1937 The significance of behavior accompanying conditioned salivary secretion for theories of the conditioned responses. *American Journal of Psychology*, **50**, 384-403.

〈第5章〉

Ames, C. 1984 Competitive, cooperative and individualistic goal structures : A cognitive-motivational analysis. In R. Ames, & C. Ames（Eds.）, *Research on motivation in education*. Vol. 1. *Student motivation*. Florida : Academic Press. Pp. 177-207.
Arnold, M. B. 1960 *Emotion and personality*. New York : Columbia University Press.
Bard, P. 1934 On emotional expression after decortication with some remarks of certain theoretical views : Part 1. *Psychological Review*, **41**, 309-329, Part II. **41**, 424-449.
Bridges, K. M. B. 1932 Emotional development in early infancy. *Child Development*, **3**, 324-341.
Butler, R. A. 1954 Curiosity in monkeys. *Scientific American*, **190**（2 ; February）, 70-75.
Cannon, W. B. 1927 The James-Lange theory of emotion : A critical examination and an alternative theory.

American Journal of Psychology, **39**, 106-124.
Cannon, W. B. 1932 *The wisdom of the body*. New York: Norton.
Darwin, C. 1873 *The expression of the emotions in man and animals*. Appleton-Century-Crofts.
Fox, M. W. 1972 *Understanding your dog*. New York: Coward, McCann & Geoghegan.（平方文男・平方直美・奥野卓司・新妻昭夫訳　1991　イヌのこころがわかる本　朝日新聞社）
Harlow, H. F. 1950 Learning and satiation of response in intrinsically motivated complex puzzle performance by monkeys. *Journal of Comparative and Physiological Psychology*, **43**, 289-294.
Harlow, H. F. 1959 Love in infant monkeys. *Scientific American*, **200**, 6, 68-74.
Hurlock, E. B. 1925 An evaluation of certain incentives used in school work. *Journal of Educational Psychology*. **16**, 145-159.
Krech, D., Crutchfield, R. S., & Ballachey, E. L. 1962 *Individual in society*. New York: McGraw-Hill.
Lange, C. G., & James, W. 1922 *The emotions*. K. Dunlap (Ed.), I. A. Hupt (Tr.) Baltimore: Williams & Wilkins.
Maslow, A. H. 1943 A theory of human motivation. *Psychological Review*, **50**, 370-396.（Maslow, A. H. 1954 *Motivation and personality*. New York: Harper.）
Papez, J. W. 1937 A proposed mechanism of emotion. *Archives of Neurology and Psychiatry*, **38**, 725-743.
Pultchik, R. 1962 *The emotions: Facts, theories and new model*. New York: Randam House.
Schlosberg, H. 1954 Three dimensions of emotion. *Psychological Review*, **61**, 81-88.
Shachter, S., & Singer, J. E. 1962 Cognitive, social and physiological determinations of emotional state. *Psychological Review*, **69**, 379-399.
Watson, J. B. 1924 *Behaviorism*. New York: Norton & Company.

〈第6章〉

Arlin, P. K. 1975 Congnitive development in adulthood: A fifth stage? *Developmental Psychology*, **11**, 602-606.
Atchley, R. C. 1975 The life cours, age grading and age-linked demands for decision making. In Datan, N., & Cinsberg, L. H. (Eds.). *Life-span developmental psychology*. New York: Academic Press.
Basseches, M. 1984 Dialectical thinking as metasystematic form of cognitive or ganization. In M. L. Commons, F. A. Richards, & C. Armon (Eds.). *Beyond formal operations: Late adolescent and adult cognitive development*. New York: Praeger.
Bowlby, J. 1969 Attachment: *Attachment and loss*, Vol. 1. Basic Books.（黒田実郎他訳　1977　愛着行動　母子関係の理論 I　岩崎学術出版社）
Bowlby, J. 1973 Separation: *Attachment and loss*. Vol. 2. Basic Books.（黒田実郎他訳　1977　分離不安　母子関係の理論 II　岩崎学術出版社）
Chapman, A. H., & Chapman, M. C. M. S. 1980 *Harry Stock Sullivan's concepts of personality, development and psychiotric illness*. New York:（山中康裕監修　武野俊弥・皆藤　章訳　サリヴァン入門——その人格発達と疾病論——　岩崎学術出版社）
Erikson E. H. 1963 *childhood and society*. 2nd. ed. New York: W. W. Norton.（仁科弥生訳　1977　幼児期と社会　みすず書房）
笠原　嘉　1977　青年期　中央公論社
笠原　嘉（他編）　1976　青年期の精神病理　弘文堂
河合千恵子　1990　配偶者を喪う時——妻たちの晩秋・夫たちの晩秋　廣済堂出版
Lavouvie-Vief, G. 1986 Postformal styles of adult thinking. In J. M. Rybash, M. J. Hoyer, & P. A. Roodin (Eds.), *Adult cognition and aging*. New York: Pergamon Press.
Levinson, D. J. 1978 *The seasons of a man's life*. New York: Knopf.
三隅二不二　1987　働く事の意味　教育と医学，**35**，4-12.
Mitchell, J. C. 1969 *Socialnetworks in urban situations*. Manchester England: University of Manchester Press.（三雲正博・福島清紀・進本直文訳　1983　社会的ネットワーク　国文社）
文部省　平成6年度　文部統計要覧
村田孝次　1989　生涯発達心理学の課題　培風館
西園昌久（編著）　1988　ライフサイクル精神医学　医学書院
小此木啓吾　1978　モラトリアム人間の時代　中央公論社
小此木啓吾　1992　現代精神分析の基礎理論　弘文堂（ウィニコット；乳幼児の依存と成熟過程）
Perry, W. B. 1968 *Forms of intellectual & ethical development in the college years: A scheme*. New York: Holt, Rinehart and Winston.
Piaget J. 1947 *La Psychologie de l'intelligence*. A. Colin.（波多野完治・滝沢武久訳　1960　知能の心理学　みすず書房）
Piaget, J. and Inhelder, B. 1969 *The psychology of child*. New York: Basic Books.
斉藤　学（編）　1994　児童虐待〔危機介入編〕　金剛出版（神庭靖子；早期母子関係）

Santrock, J. W. 1985 *Adult development and aging*. Wm. C. Brown.（今泉信人・南　博文訳　1992　成人発達とエイジング　北大路書房）

Sinnott, J. D., & Guttman, D. 1978 Dialectics of decision-making in older adults. *Human Development*, **21**, 190-200.

Storck, P. A., Looft, W. R., & Hooper, F. H. 1972 Interrelationships among Piagetian tasks and traditional measures of cognitive abilities in mature and aged adults. *Journal of Gerontology*, **27**, 461-465.

高橋恵子　1990　波多野誼余夫（編）　生涯発達の心理学　岩波書店

鑪幹八郎・山本　力・宮下一博（編）　1984　自我同一性研究の展望　ナカニシヤ出版

Winnicott, D. W. 1965 *The maturational process and The facilitating environment*. London: Hogarth Press.（牛島定信訳　1977　情緒発達の精神分析理論　岩崎学術出版社）

山本多喜司・ワップナーS.（編著）　1991　人生移行の発達心理学　北大路書房

〈第7章〉

Allport, G. W. 1937 *Personality: A psychological interpretations*. Henry Holt.（詫間武俊・青木孝悦・近藤由起子・堀　正訳　1982　パーソナリティ——心理学的解釈——　新曜社）

Eysenck, H. J. 1970 *The structure of human personality*. Methuen.

Eysenck, H. J., & Wilson, G. D. 1976 *A Textbook of Human Psychology*. MTP.（塩見邦雄監訳　1984　心理学概論　創元社）

Friedman, M., & Rosenman, R. H. 1959 Association of specific overt behavior pattern with blood and cardiovascular findings. *Journal of the American Medical Association*, **169**, 1286-1296.

福島　章　1984　性格をどう生きるか　彩古書房

長谷川芳典　1985　「血液型と性格」についての非科学的俗説を否定する　日本教育心理学会第27回総会発表論文集　422-423.

Hilgard, E. R., Atkinson, R., & Atkinson, R. C. 1979 *Introduction to psychology*. 7th ed. New York: Harcourt Brace Jovanorich.

Kretschmer, E. 1924 *Korperbau und Charakter: Untersuchungen zum Konstitutions Problem und zur Lehre von den Temperamenten*. Springer.

Lazarus, R. A., & Monat, A. 1979 *Personality*. 3rd ed. Prentice-Hall.（帆足喜与子訳　1981　パーソナリティ　岩波書店）

守屋光雄　1932　発達心理学　朝倉書店

小此木啓吾　1993　コンプレックス　加藤正明他（編）　新版精神医学事典　弘文堂

Sheldon, W. H., & Stevens, S. S. 1942 *The variety of temparament*. Haper.

Spielberger, C. D. (Ed.) 1972 *Anxiety: Current trends in theory and research on anxiety*. Vols. I & II. New York: Academic Press.

鈴木乙史　1991　パーソナリティの発達　佐治守夫・飯長喜一郎（編）　パーソナリティ論　日本放送出版協会　Pp. 14-26.

Symonds, P. 1937 *The psychology of parent-child relationship*. Prentice-Hall.

詫摩武俊　1974　現代性格心理学の特徴　詫摩武俊（編）　性格心理学　大日本図書　Pp. 45-77.

山根　薫（編）　1980　現代教育心理学　人格の診断　日本文化科学社

〈第8章〉

Adler, A. 1907 *Studies über Minderwertigkeit von Organen*. Urban und Schwarzenberg.

Adler, A. 1969 [Original: 1929] Ansbacher, H. L. 1969 *The Science of Living*. (Introd. & Ed.) Double Day Anchor Books.（岸見一郎訳　1996　個人心理学講義　生きることの科学　一光社）

Breuer, J. & Freud, S. 1895 *Studien über Hysterie*. Deuticke.

Ellenberger, H. F. 1970 *The Discovery of the Unconscious*. Basic Books.（木村　敏・中井久夫監訳　1980　無意識の発見　上・下　弘文堂）

Erikson, E. H. 1968 *Identity: Youth and Crisis*. W. W. Norton & Co.（岩瀬庸理訳　1973　アイデンティティ　金沢文庫）

Freud, S. 1900 *Die Traumdeutung*. Deuticke.

Freud, S. 1904 *Zur Psychopathologie des Alltagslebens*.

Jung, C. G. 1906 *Experimentelle Untersuchungen*. Walter.

Jung, C. G. 1921 *Psychologische Typen*. Rascher Verlag.

亀口憲治　1992　家族システムの心理学　北大路書房

河合隼雄　1967　ユング心理学入門　培風館

河合隼雄　1969　箱庭療法入門　誠信書房

河合隼雄　1989　「序　今『心』とは」宇沢弘文・河合隼雄・藤沢令夫・渡辺　慧（編）『岩波講座　転換期における人間3　心とは』岩波書店

引 用 文 献

佐治守夫・飯長喜一郎（編）　1983　『ロジャーズ　クライエント中心療法』　有斐閣
河合隼雄　1995　心理療法序説　岩波書店
小池真紀子　2001　終末期医療といのち―ガンの緩和ケア　成田善弘（監修）・矢永由里子（編）　医療のなかの心理臨床　新曜社　Pp. 125-162.
兒玉憲一　1995　エイズカウンセリング　山本和郎（編）　臨床・コミュニティ心理学　新曜社　Pp. 198-199.
黒川由紀子　2001　老いの場に携わる心理臨床　成田善弘（監修）・矢永由里子（編）　医療のなかの心理臨床　新曜社
前田重治　1985　図説精神分析学　誠信書房
前田重治　1985　臨床精神分析学　誠信書房
野島一彦　1995　グループアプローチ　野島一彦（編）　臨床心理学への招待　ミネルヴァ書房　Pp. 174-177.
小此木啓吾他訳　1971~1984　フロイト著作集　全11巻
Rogers, C. R.　1942　*Counseling and Psychotherapy*. Houghton Mifflin.（佐治守夫編・友田不二男訳　1966　「ロジャーズ「カウンセリングと心理療法」」『ロジャーズ全集2』岩崎学術出版社）
Rogers, C. R　1951　*Client-centered Therapy : Its Current Practices, Implications, and Theory*. Houghton Mifflin
Rogers, C. R.　1957　The necessary and sufficient condition of therapeutic personality change. *Journal of Consulting Psychology*, **21**, 95-103.（佐治守夫編・伊東　博訳　1966　ロジャーズ「サイコセラピィの過程」『ロジャーズ全集4』岩崎学術出版社）
高田知恵子・黒須正明　1997　絵画鑑賞療法―アートセラピーへの新しい試み―　臨床描画研究XII, 182-202.
友田不二男　1956　カウンセリングの技術　誠信書房
山本和郎　1984　コミュニティ心理学的発想の基本的特徴　山本和郎（編）　臨床・コミュニティ心理学　Pp. 18-21.
矢永由里子　新たな感染症　新しい挑戦―HIV臨床　成田善弘（監修）・矢永由里子（編）　医療のなかの心理臨床　新曜社　Pp. 162-210.
山中康裕　2001　こころに添う　金剛出版
財団法人日本臨床心理士資格認定協会（編）　1990　臨床心理士倫理要綱

〈第9章〉
安倍北夫　1974　パニックの心理――群集の恐怖と狂喜――　講談社
安倍北夫　1978　集合行動　安倍北夫・島田一男（編）　現代社会心理学　ブレーン出版　Pp. 139-156.
穐山貞登（監）東工大社会心理グループ（編）　1990　いかにも・なるほど・まさかの社会心理学　川島書店　Pp. 32-33.
Allport, G. W., & Postman, L.　1947　*The psychology of rumour*. H. Holt.
Anderson, N. H.　1959　Test of a model for opinion chnge. *Journal of Abnormal and Social Psychology*, **59**, 371-381.
Anderson, N. H.　1968　Likableness ratings of 555 personality-trait words. *Journal of Personality and Social Psychology*, **9**, 272-279.
Aronson, E., & Linder, D.　1965　Gain and loss of esteem as determinants of interpersonal attractiveness. *Journal of Experimental Social Psychology*, **1**, 156-171.
Asch, S. E.　1946　Forming impressions of personality. *Journal of Abnormal and Social Psychology*, **41**, 258-290.
Asch, S. E.　1951　Effects of group pressure upon the modification and distortion of judgement. In H. Guetzkow (Ed.), *Groups, leadership, and men*. Carnegie.（岡本二郎訳　1969　集団圧力が判断の修正とゆがみに及ぼす影響　カートライト, D・ザンダー, A. 編　三隅二不二・佐々木薫訳編　グループ・ダイナミックス第2版　I　誠信書房　Pp. 227-240.）
Asch, S. E.　1955　Opinions and social pressure. *Scientific American*, **193**, 31-35.
Berelson, B. R., Lazaesfeld, P. F., & McPhee, W. N.　1955　*Voting : A study of opinion formation in a presidential campaign*. Chicago University Press.
Berelson, B. R., & Steiner, G. A.　1964　*Human behavior*. Harcourt, Brace.
Berkowitz, L., & Gottingham, D. R.　1960　The interest value and relevance of fear-arousing communications. *Journal of Abnormal and Social Psychology*, **60**, 37-43.
Blumer, H.　1946　Collective behavior. In A. McLee (Ed.), *New outline of the principles of sociology* II. Barns & Noble.
Borgadus, E. S.　1926　*Fundamentals of social psychology*. Century.
Brown, R. W.　1954　Mass phenomena. In Lindzey (Ed.), *Handbook of social psychology*.
Byrne, D., & Nelson, D.　1965　Attraction as a linear function of proportion of positive reinforcements. *Journal of Personality and Social Psychology*, **1**, 659-663.
Cantril, H.　1947　*Invasion from Mars. A study in the psychology of panic*. Princeton University Press.
Carter, R. F.　1962　Some effects of debates. In S. Knaus (Ed.), *The great debates*. Indiana University Press. Pp. 253-270.
Cialdini, R. B.　1988　*Influence : Science and practice*. Scott, Foresman.（社会行動研究会訳　1991　影響力の武器　誠信書房）

Cialdini, R. B. 1992 Constructing social reality. In P. Zimbardo (Ed.), *Discovering psychology 20* (VTR)（肥田野直監修　古畑和孝監　平井　久訳　心理学への招待20　社会的現実性の構築）

Deutsch, M., & Gerard, H. B. 1955 A study of normative and informational influence on individual judgement. *Journal of Abnormal and Social Psychology,* **51**, 629-636.

Deutsch, M., & Gerard, H. B. 1960 A study of normative and informational social influences upon individual judgment. In D. Cartwright, & A. Zander (Eds.), *Group dynamics : Research and theory*. 2nd ed. New York : Row Peterson.（佐々木薫訳　1969　個人の判断に対する規範的影響及び情報的影響の研究　カートライト，D.・ザンダー，A. 編　三隅二不二・佐々木薫訳編　グループ・ダイナミックス第2版　Ⅰ　誠信書房　Pp. 241-255.）

Driscoll, R., Davis, K. E., & Lipetz, M. E. 1972 Parenatal interference and romantic love : The Romeo and Juliet effect. *Journal of Personality and Social Psychology*, **24**, 1-10.

Dutton, D. G., & Aron, A. P. 1974 Some evidence for heightened sexual attraction under conditions of high anxiety. *Journal of Personality and Social Psychology*, **30**, 510-517.

Ellwood, C. A. 1918 *An introduction to social psychology*. Appleton.

Feather, N. T. 1963 Cognitive dissonance, sensitivity, and evaluatin. *Journal of Abnormal and Social Psychology*, **66**, 157-163.

Festinger, L., Schacter, S., & Back, K. 1950 *Social pressures in informal groups*. Harper.

Festinger, L. 1957 *A theory of cognitive dissonance*. Evanston : Row Peterson.（末永俊郎訳　1965　不協和の理論　誠信書房）

Fiedler, F. E. 1967 Personality and situational determinants of leadership effectiveness. In D. Cartwright, & A. Zander (Eds.) *Group Dynamics*, 3rd ed., 362-380, Harper & Row.

French, J. R. P. Jr., & Raven, B. H. 1959 The bases of social power. In D. Cartwright (Ed.), *Studies in social power*. Michigan : University of Michigan Press. Pp. 150-167.（水原泰介訳　1962　社会的勢力の基盤　千輪　浩監訳　1962　社会的勢力　誠信書房　Pp. 193-217.）

藤竹　暁　1974　パニック――流言蜚語と社会不安――　日本経済新聞社

Gold, R. L. 1964 Fashion. In J. Gould, & W. L. Kolb (Eds.), *A dictionary of the social sciences*. Free Press. Pp. 262-263.

Hall, E. T. 1966 *The hidden dimension*. New York : Doubleday.（日高敏隆・佐藤信行訳　1970　かくれた次元　みすず書房）

原岡一馬　1968　恐怖の程度と説得的コミュニケーションの効果　第32回日本心理学会発表

原岡一馬　1971　態度　八木　晃（監）水原泰介（編）　社会心理学　講座心理学13　東京大学出版会　Pp. 58-97.

Hartley, R. E. 1960 Relationships between perceived values and acceptance of a new reference groups. *Journal of Abnormal and Social Psychology*, **51**, 181-190.

Hovland, C. I., & Weiss, W. 1951 The influence of source credibility on communication effectiveness. *Public Quarterly*, **15**, 645-650.

池内　一　1968　流行　八木　晃（編）　心理学Ⅱ　培風館

Janis, I. L., & Feshbach, S. 1953 Effects of fear-arousing communications. *Journal of Abnormal and Social Psychology*, **48**, 78-92.

Katz, D. 1960 The functional approach to the study of attitudes. *Public Opinion Quarterly*, **24**, 163-204.

川名好裕　1992　態度　大坊郁夫・安藤清志（編）　社会の中の人間理解――社会心理学への招待――　ナカニシヤ出版　Pp. 82-98.

Kelley, H. H. 1950 The warm-cold variable in first impressions of persons. *Journal of Personality*, **18**, 431-439.

Kelley, H. H., & Volkart, E. H. 1952 The resistence to change of group-anchored attitudes. *American Sociological Review*, **17**, 453-465.

Kelman, H. C., 1961 Processes of opinion change. *Public Opinion Quarterly*, **25**, 57-78.

木下富雄　1977　流言　池内　一（編）　集合現象　講座社会心理学3　東京大学出版会　Pp. 11-86.

木下富雄　1992　②社会情報の処理　うわさの社会心理学（VTR）　大内茂男（監）　心の世界　現代心理学編第3部　教育文映社

Krech, D., Crutchfield, R. S., & Ballachy, E. H. 1962 *Individual in society*. New York : McGraw-Hill.

京大問題記録編纂会　1969　揺れる京大――紛争の序章――　現代数学社

神山　進　1990　第7章　服装の流行現象と流行行動　2服装の流行現象　服装と装身の心理学　Pp. 95-101.

Lang, K., & Lang, G. E. 1961 *Collective dynamics*. Thomas Y. Crowell.

Latané, B., & Darley, J. M. 1970 *The unresponsive bystander : Why doesn't he help ?* Appleton-Century-Crofts.（竹村研一・杉崎和子訳　1977　冷淡な傍観者――思いやりの社会心理学――　ブレーン出版）

Latané, B., Williams, K., & Harkins, S. 1979 Many hands make light the work : The causes and consequences of social loafing. *JASP*, **37**, 822-832.

Lee, J. A. 1977 A typology of styles of loving. *Personality and Social Psychological Bulletin*, **3**, 173-182.

Leventhal, H., & Niles, P. 1965 Persistance of influence for varying duration of exposure to threat stimuli. *Psychological Reports*, **16**, 223-233.

Leventhal, H., & Singer, R. P. 1966 Affect arousal and positioning of recomendations in persuasive communications. *Journal of Personality and Social Psychology*, **4**, 137-146.
Maslow, A. 1954 *Motivation and personality*. Harper & Row.
松井　豊　1993　恋ごころの科学　サイエンス社
McDougall, W. 1908 *An introduction to social psychology*. Methuen.
Milgram, S. 1963 Behavioral study of obedience. *Journal of Abnormal and Social Psychology*, **64**(4), 371-378.
Milgram, S. 1974 *Obedience to authority : An experimental view*. Harper & Row（岸田　秀訳『服従の心理』河出書房新社　1980）
南　博　1957　体系社会心理学　光文社　p. 442.
三隅二不二　1976　グループダイナミックス　共立出版社
三隅二不二　1984　リーダーシップ行動の科学（改訂版）雄斐閣
Moscovici, S., Lage, E. & Naffrechoux, M. 1969 Influence of a consistent minority on the responses of a majority in a color perception task. *Sociometry*, **32**, 365-380.
村田孝次　1987　5 知覚　教養の心理学四訂版　培風館　Pp. 97-120.
中村陽吉　1971　集団内勢力関係　水原泰介（編）　講座心理学 13　社会心理学　東京大学出版会　Pp. 127-152.
中嶋順子　1992　マイノリティ問題からみた今回のロス暴動について　大阪女子短期大学紀要，**17**，160-161.
Newcomb, T. M. 1961 *The acquaintance process*. New York : Holt.
Newsweek　1992　全米を揺るがしたロス暴動の衝撃　ニューズウィーク日本版　News week 1992. 5. 14　Pp. 10-11.
Nunnally, J. C., & Bobren, H. M. 1959 Variables governing in the willingness to receive communications on mental health. *Journal of Personality*, **27**, 38-45.
Nystrom, P. H. 1928 *Economics of fashion*. Ronald.
小川一夫（監修）吉森　護・浜名外喜男他（編）　1987　社会心理学用語辞典　北大路書房
Pepitone, A., & Reichling, G. 1960 Group cohesiveness and the expression of hostility. In D. Cartwright, & A. Zander（Eds.）, *Group dynamics : Research and theory*. 2nd ed. New York : Row Peterson.（蜂屋良彦訳　1969　集団凝集性と敵意の表出　三隅二不二・佐々木薫訳編　グループ・ダイナミックス第 2 版　I　誠信書房　Pp. 171-182.）
Raven, B. H. 1965 *Interpersonal relations and behavior in groups*. Basic Books.
Robinson, R. E. 1958 Fashuib theory and product design. *Havard Business Review*, **36**, 6, 126-138.
Rosenberg, M. J., & Hovland, C. I. 1960 Cognitive, affective, and behavioral components of attitudes. In C. I. Hovland, & I. L. Janis（Eds.）, *Attitude organization and change*. Yale University Press. Pp. 1-14.
Rubin, Z. 1970 Measurement of romantic love. *Journal of Personality and Social Psychology*, **16**, 265-273.（市川孝一・樋野芳雄訳　1991　愛することの心理学　思索社）
斉藤定良　1959　流行　尾高邦雄他（監）　現代社会心理学 4 ――大衆現象の心理　中山書店　p. 193.　第22表.
Sherif, M. 1935 A study of some social factors in perception. *Archives of Psychology*, No. 187.（Cited in Sherif, M. & Sherif, C. W. 1969 *Social Psychology*. Harper & Row.）
Sherif, M. 1936 *The psychology of social norms*. Harper.
Sherif, M., & Cantril, M. 1945 The psychology of attitudes. *Psychological Review*, **52**, 306-314.
Sherif, M. 1955 Group influences upon the formation of norms and attitudes. In E. E. Maccoby, T. M. Newcomb, & E. L, Hartley（Eds.）, *Readings in social psychology*. New York : Holt, Rinehart and Winston. Pp. 219-232.
Smelser, N. J. 1963 *Theory of collective behavior*. Free Press.（会田　彰・木原　孝訳　1973　集合行動の理論　誠信書房）
末永俊郎・木下冨雄　1961　Group Dynamics の発展――理論的状況，集団形成および集団構造の研究を中心として――　心理学評論 5
末永俊郎・安藤清志・大島　尚　1981　社会的促進の研究―歴史・現状・展望　心理学評論，**24**，423-457.
鈴木裕久　1977　流行　池内　一（編）　講座社会心理学 3　東京大学出版会　Pp. 121-152.
鈴木　清（編著）　1991　心理学――経験と行動の科学第 2 版――　ナカニシヤ出版
田中國夫（編）　1988　図解心理学　北大路書房
辰野千寿　1969　集団の心理　心理学 39　医学書院　Pp. 183-185.
Tesser, A. 1978 Self-generated attitude change. In L. Berkowitz（Ed.）, *Advances in experimental social psychology*. Vol. 11. Academic Press. Pp. 298-338.
TIME 1992 LA LAWLESS. TIME THE WEEK, MAY. 11. 92, Pp. 26-27
Wallach, M. A., Kogan, N., & Bem, D. J. 1962 Group influence on individual risk taking. *Journal of Abnormal and Social Psychology*, **65**, 75-86.
Walster, E., & Festinger, L., 1962 The effectiveness of overheard persuasive communications. *Journal of Abnormal and Social Psychology*, **65**, 395-402.
Walster, E., Aronson, V., Abrahams, D., & Rottman, L. 1966 Importance of physical attractiveness in dating behavior. *Journal of Personality and Social Psychology*, **4**, 508-516.

White, R. K., & Lippitt, R. 1960 Leader behavior and member reaction in three "social climates". In D. Cartwrite, & A. Zander (Eds.), *Group dynamics : Research and theory*. 2nd ed. Row, Peterson.（中野繁喜・佐々木　薫訳　1970　三種の社会的風土におけるリーダーの行動と成員の反応　カートライト，D.，・ザンダー，A. 編　三隅二不二・佐々木薫訳編　グループ・ダイナミックス第2版　II　誠信書房　Pp. 629-661）

Winch, R. F., Ktsanes, T., & Ktsanes, V. 1954 A theory of complementary needs in male selection : An analytic and descriptive study. *American Sociological Review*, **19**, 241-249.

White, R. K., & Lippitt, R. 1960 *Autocracy and democracy*. Harper & Row.

Young, K. 1930 *Social Psychology*. F. S. Crofts.

Zajonc, R. B. 1965 Social facilitation. *Science*, **149**, 269-274.

Zajonc, R. B. 1968 The attitudinal effects of mere exposure. *Journal of Personality and Social Psychology*, **9**, 1-27.

グロッサリィ（用語解説）

愛着（attachment）　ボウルビィ（Bowlby, J.）によって提唱された概念で，特定の他者との間に形成された情緒的絆のこと。乳児が主たる養育者との間に形成した愛着は，泣きや微笑などの信号行動や後追い，しがみつきなどの接近行動として観察される。これらは，養育者の養育行動や保護行動を引き出す機能を持つ。そのため，養育者は安全基地（secure base）となり，乳児は積極的な探索活動ができるのである。エインズワース（Ainsworth, M. D. S.）は，母と子，子どもの見知らぬ大人（stranger）による標準的な方法によって愛着の質を測定した。この方法はストレンジシチュエーション法と呼ばれ，観察された子どもの行動によって愛着の質がタイプ分けされている。

愛着対象との相互交渉は，自分にかかわるできごとをどう認知するかのワーキングモデルを形成する。これは，乳幼児期に重要であるのみならず，以後の人生を通して自己認知や人格形成に影響を与えると考えられている。

アパシー（apathy）　一般的には，アパシーは無感動・無関心と訳され，従来は分裂病の行動特徴の記述に用いられてきた語である。ところが最近では，特に青年期にみられる無気力状態やそれを主症状とする診断カテゴリーを指すことが多くなってきている。1961年にアメリカのウォルターズが，学業への意欲を失い，無気力，無関心な印象を与える学生の存在を指摘し，彼らの示す情緒的な引きこもり，競争心の欠如，空虚感など従来の鬱病や，離人症とは異なる特徴に対してアパシーという新しい診断カテゴリーを提唱した。大学生のアパシーは，特にスチューデント・アパシーと呼ばれ，日本でも1960年代後半から注目されている。典型像は，大学入学までは特に問題なくきた学生が，ある時期にふとしたきっかけで授業を休むようになり，学業への意欲を失っていくが，アルバイトなどの副業に対してはむしろ積極的ですらあるので，家人には気づかれず，留年を繰り返したりすることが多い。

アルゴリズム（algorithm）　アルゴリズムは，一般的には問題を解くための計算法を意味する。その語源は，9世紀に活躍したアラビアの数学者アル・フワーリズミー（al-Khwārizmī）に由来する。とりわけ心理学の分野においては，問題解決の方法の一つのタイプとして，ヒューリスティックと対案的に用いられる。

たとえば，4つの数字の組み合わせで錠をあけるような問題事態を考えてみよう。アルゴリズムによる問題解決の方法は，0～9の数字からなる4桁の番号をそのすべての可能な操作の系列を考えて，それを機械的に実行することで，有限時間内に必ず正しい答えを出して終了するという方法である。

アルゴリズムは，このように正しい結果が得られるという保証はあるが，数学の定理や物理学の法則のように，つねに成り立つ真なる知識に基づく問題解決の過程に代表されるものであって，しばしば天文学的に膨大な計算量を必要とする点で問題がある。

閾（threshold）　精神物理学では，刺激量が弱くて知覚されるかされないか，あるいは知覚される刺激の有無の境目を刺激閾あるいは絶対閾といい，逆に刺激量が多すぎて感覚の限界に達した境目を刺激頂という。そして2つの刺激量の差の弁別ができるか否かの境目を弁別閾，あるいは丁度可知差異（jnd）という。

因子分析（factor analysis）　相関分析のひとつ。たとえば能力検査の各項目間の相関係数を計算し，相関係数の行列を処理し因子負荷量を計算し，その検査の因子構造を推定しようとする。方法はさまざまあるが，セントロイド法（電卓で計算できる方法として以前はこの方法がよく使われた）や，主因子解（計算機を用いるようになりこの方法がよく使われている）などがあげられる。また歴史的には，本文中（知能検査の章参照）にもあるように，スピアマンの2因子法（1904），ギルフォードの多因子法などがある。因子分析の目的として，分類をすること，変量を少なくすること，情報を集約することを挙げることができる。

インプリンティング（imprinting）　ニワトリやアヒルなどの早成性鳥類の雛は，ふ化後間もない時期に目にした"動くもの"に対してあと追い反応を示す。この現象をインプリンティング（刷り込み，刻印付け）と呼ぶ。以下の4つの特徴は通常の学習にみられないもので，インプリンティングを特徴づけるものである。①ふ化後かなり早期のある特定の感受性の高い時期だけに成立する（敏感期の存在）。②特定の刺激状況におかれたときに，ほとんど一瞬に成立する。③一度できあがると，インプリンティングの対象となったものを，変更することができない（不可逆性）。④性成熟に達したときに，動物は刷り込んだ対象と同種の動物に対して求愛する。

ウェーバーの法則（Weber's law）　弁別閾あるいは丁度可知差異（jnd）を生じるのに必要な刺激の大きさは刺激の強さに対して一定比を保っている，というのがウェーバーの法則であり，$\triangle R/R = C$（Rは刺激量，$\triangle R$は増分）と表す。

ADHD注意欠陥多動性障害（attention deficit hyperactivity disorder）　幼児期に始まり学齢期で顕著になる不注意と集中力の欠如，衝動性と過活動という問題をもつ子どもたちのグループを指す診断用語。教室を歩き回ったり，急に大声を出したり，学校不適応が慢性的に持続するので，問題視されやすい。怠けや不適切な養育によるものではなく，神経学的な障害によるものと推定されており，専門家の介入が必要である。女子より男子に多い。青年期にも影響を残し，半数は成人期にまで問題を持ち越すといわれている。DSM-IV では①不注意と多動性-衝動性の両方をもつ混合型，②不注意が優勢な不注意優勢型，③多動性-衝動性が優勢な多動性-衝動性優勢型，の3タイプに分類している。

演繹推理（deductive inference）　前提から結論を導く思考の働きまたはその過程を推理と呼ぶ。演繹推理は，その出発点が確実であるときの推理の形式であって，この点で帰納推理と区別されている。また論理学や哲学では，一般から特殊に進む人間の精神の働きを演繹推理と定義するが，われわれが事実を集めれば集めるほど，われわれの原理もますます一般化し，確実となることから，絶対的な論理の確実性に加え，一時的な演繹の意味も含める必要がある。

演繹推理の特徴は，すでに知識をもっている人やコンピュータが得意とする仮説検証的な推理であって，三段論法に代表されるように，その結論は必然的にその前提から論理的に導かれることにある。またピアジェは，青年や成人が妥当な推論を行えるのは，子どもと違って，ある種の形式論理をもっているからで，その論理を前提として，問題を仮説演繹的に解決していくからだと考えている。

エンカウンター・グループ（encounter group）　ベーシック・エンカウンター・グループのこと。ロジャーズ（Rogers, C. R.）は個人療法の原理を集団に応用した。主に健康な人を対象に，集中的グループ体験をもつことにより自己の再発見や他者との出会いを通して，人間関係の改善，人間性の成長をはかろうとした。10名前後の参加者と1，2名のファシリテーターが合宿スタイルで集い，非日常的で受容的な雰囲気の中で素直な気持ちが表現される。

オペラント条件づけ（operant conditioning）　反応はすべて刺激によって引き起こされるわけではない。反応の結果としての刺激によってその反応の自発頻度が変化する場合がある。この過程をオペラント条件づけという。また，このような反応をオペラント反応という。反応の結果によって反応の自発頻度が増加する場合，それを強化という。自発頻度が減少する場合，それを罰という。

外延的意味（denotative meaning）　名詞や動詞，形容詞，副詞などの自立語の意味には，少なくとも外延的意味と内包的意味の2種類があると言われている。そのうちの語の外延的意味は，その語の言及する類の概念であって，その語の辞書的な定義にあたる。

たとえば，「これは猫です」という場合の名詞「猫」は，まさにその個体が属するクラスの総称であって，その範囲は，個々の特殊な猫を越えたすべての猫を含意している。

また語は，使われる文脈の違いによって，異なった意味をもつことから，語の外延的意味はまさに，ある文化圏の人々によって共有されている考えの総和であるといえる。

語の意味の第2の局面であるその語の内包的意味は，その語が象徴するところの概念，つまり語の概念的意味について，われわれがいかに感じるかといった感情的あるいは情緒的な意味を反映すると考えられる。

外向性（extraversion）　ユングによると，個人の心的エネルギー（リビドー）が外的な客観的世界に流れやすく，人の関心や興味が外界の事物や人に向けられ，それらに影響されやすい傾向を外向性という。ユングのパーソナリティ類型の一つである。

アイゼンクは，上記のユングの仮説から始まり，経験的に検討された，相互に相関が高い特性の集まり（社交性，衝動性，活動性，快活性，興奮性）を外向性とし，外向性―内向性をパーソナリティ記述のための主要次元とした。彼は，外向性―内向性の生物学的基礎として，パブロフによって考えられた大脳皮質における2つの働き，興奮と制止の概念を結びつけている。外向型の人は，制止過程が優勢であると仮定されており，多くの実験的研究によって検証されている。

典型的な外向型の人の特徴として，社交的，友達が多い，刺激を求め，そのときのはずみで行動し，衝動的である，などが挙げられる。

海馬（hippocampus）　人間の脳の中で最高度の統合を行う場所は大脳皮質であり脳幹と脊髄がこれにつぐ。脳は下から脊髄，脳幹があり，脳幹には延髄，橋，中脳とがあり，その上に間脳（視床と視床下部）がある。その間脳をとりまいているのが辺縁系であり，旧皮質と古皮質とからなる。系統発生的にみて旧皮質，古皮質，新皮質の順に古い。辺縁系は情動，記憶，本能，自律系の反応などの統合に関係している。この辺縁系には扁桃体や海馬体が含まれ，扁桃体は快や不快の情動に影響し，海馬体は記憶と深い関係を持つ。目や耳からの情報が新皮質から海馬に送り込まれ，海馬内の回路を一周し，再度新皮質に送り込まれる。そのときの海馬内の情報回路の形成が記憶と関連するのではないかとされている。

学習性無気力（learned helplessness）　ホワイト

(White, R. W., 1959) は，環境に効果的に働きかけ，自分の能力を伸ばそうとする傾向をコンピテンスとよんだが，コンピテンスの形成には，自分の働きかけが環境に効果的な変化を与えると認知することが必要である。その結果，自分の有能さ，さらには能力への自信が高まる。ところが，いくら環境（課題）へ働きかけてもその効果が現れないと，次第に行動する意欲を失い，その後新たな状況になっても有効に対処しなくなり，無気力になることがセリグマンらにより報告されている。これを学習性無気力という。ある働きかけ（行動）の成功・失敗の原因が何に帰するかを原因帰属といい，課題の困難さ・努力・能力などが要因としてあげられるが，失敗した原因帰属を課題の困難さにすると無気力になりにくい。しかし簡単な課題での成功経験だけでは無気力は解決されず，失敗と努力不足の因果関係の認知が，行動する意欲を高める。

家族療法（family therapy）　分裂病患者の家族病理の研究と，コミュニケーションの研究，一般システム論の影響や流れをうけ，展開していた心理療法の一つである。面接の対象は，「患者（不適応）とみられる人（＝Identified Patient IP）」を含む家族の場合もあれば，IP を除く家族の場合がある。個人の代わりに家族（夫婦，両親）を対象とした，家族面談とは区別される。また家族療法では，個人も一つのシステムと考えられ，従来のような，問題のある個人を，所属システムから切りとった形で相談の対象にした個人療法とは視点が異なる。セラピストは，積極的な介入や助言を行い，個人の所属する家族の構造や，その中で展開されるコミュニケーションパターンに注目し，変化をねらったり，家族の世代間（親子間，3世代にわたることもある）の葛藤の解決をはかる。

感覚一運動期（sensory-motor period）　ピアジェ（Piaget, J.）による認識の発生過程における最初の段階で，誕生からおよそ2歳までの，感覚や運動を用いた知的機能によって環境に適応する時期を指す。

　ピアジェはこの時期をさらに以下の6つの段階に分けている。把握や吸啜などの単純な原始反射を繰り返し使うことによって，環境を捉えようとする第1段階。結果を意図しない同じ行動を繰り返す（シェマによる同化）第2段階。偶然発見した興味ある結果を繰り返し再現する第3段階。シェマの協応がなされる第4段階。具体的に能動的な実験によって新しい手段を発見する（調節による新しいシェマの形成）第5段階。表象が獲得され，心的結合による新しい手段を意図できる第6段階。

　この時期には，対象物が自分の視野から消えてしまっても存在しつづけること，つまり対象の永続性（object permanence）が獲得される。

環境―刺激，行動―反応，反射　ヒトを含む動物はそれぞれをとりまく環境の中で生きている。環境の中で生きているとは環境の中でさまざまの行動をしていることである。環境には，動物の行動に関連のある要素がある。それを刺激という。刺激に関連した行動の要素を反応という。反応と関連のない刺激もあり，それを中性刺激という。中性刺激はいつもそうではなく，状況が変われば，反応と関連を持つこともある。

　熱いものに手を触れると思わず手を遠ざけるように，ある特定の刺激がある特定の反応を引き起こし，しかもその刺激とその反応との関係を変化させにくいとき，刺激と反応との，この関係を反射（reflex）という。

観察法（observation）　人や動物の行動を理解しようとするならば，まず，行動を偏見のない態度で観察し，記録することが重要である。この観察の仕方には，以下のようなものがある。①アド・リブ法。目に入ることがらをそのまま記録していく方法。目だつ個体や行動を記録しやすく，偏った観察になる危険性もあるが，予備調査などで対象動物の大まかな特徴をとらえるのには便利。②個体追跡法。あらかじめ決めた特定の個体や集団を連続して観察すること。③点観察法。1分毎や1時間毎などあらかじめ決めた一定時間毎に，個体や集団の行動の生起の有無をチェックすること。④ワン・ゼロ法。たいていは1個体を対象として観察し，10秒間や30秒間などの観察時間単位に，あらかじめ決めた行動が生起するか否かを記録すること。②と③や②と④を組み合わせて，行動を定量化することが一般的である。

桿体（rod）　比較的強い光刺激に反応し，有彩色感覚を生ずる視覚受容器で，網膜中心部に多い。

緘黙症（mutism）　身体的には言語能力を有しながら，言葉を発しない状態をいう。また，状況にかかわらず発話のない全緘黙と，場面によっては発話のある場面緘黙とに分けられる。前者は，症例としては精神分裂病や幼児自閉症などで見られる。後者は，特定の場所や人物に対して発話しない状態である。通常，家庭内や本人にとって安心できる場所であれば普通に会話ができ，学校や幼稚園など脅威を感じる場面で発話しない。また場面緘黙児の多くは，そういう場面では喋らないだけではなく，他児とうまく交流できなかったり，過度に緊張するということが見られる。発症の要因についてはさまざまな見解があるが，その症状が外界からの刺激に対する自我の防衛反応に由来することは共通の理解になっている。そこで治療に際しては，発語に重点を置かず，保護された治療空間を提供し，治療者との間で，安定し，守られた人間関係を体験できるようにすることを第一目標としなければならない。

帰属（attribution）　私たちのまわりに生じること，自分の行動，他人の行動などを因果的に解釈しよ

帰納推理 (inductive inference)

帰納推理は，演繹推理とは逆に，特殊から一般に進む精神の働きであると考えられている。たとえば，隣のポチをみてそれが犬であると教えられた子どもは，その特殊な経験に基づいて，その他の犬を含めた一般的な犬の概念を理解していく。このように，まだ知識をもたない人やあるいはなにかを知ろうとする人が行う探索的，質問的な推理の形式を帰納推理という。

帰納推理は，その出発点において確証をもって推論を展開することはできないが，ベルナール（Bernard, C., 1865）がいうように，個々の現象をみた際に生じる人間の観念は，先験的であって，人間の推理は，常に本能的に獲得した原理や仮説からつくられた原理から出発するのかもしれない。またピアジェは，具体的操作の段階の子どもの推論は，現前の具体的な事実にとらわれ，それをもとに経験的─帰納的に推理すると考えている。

帰無仮説 (null hypothesis)

計算能力に均等なA，B両群に計算力のテストを行った。A群には計算の練習を行わせ，B群には練習を行わせなかった。両群の計算力テストの結果が，A群のほうがテストの結果は85で，B群の方は80であったとすると，練習の効果があったといえるか，を検定する。「練習の効果がある」とするはじめの予想の仮定に対して，それを否定した「練習の効果はない」と言う仮説をたてる。この仮説は廃棄されることを期待してたてられた仮説であるので，帰無仮説といい，あらかじめ定めた確率（危険率）（通常5％）で棄却できるかどうかを決定する。

偽薬効果 (placebo effect)

実際には何の効果もない物質（偽薬）をあたかも何らかの効果があるように与えると，その効果が現れることがある。このような暗示，期待，投与者に対する信頼に基づく効果を偽薬効果という。

キャノン・バード説 (Cannon-Bard theory)

キャノン（Cannon, W. B., 1927）とバード（Bard, P., 1934）は，大脳皮質がなくても情動反応があること，間脳の中の視床・視床下部を除去すると情動反応が消えることに注目し，情動の中枢が視床であると考えた。外部から感覚刺激が与えられると，まず視床・視床下部が興奮し，次に視床を経由した刺激は大脳皮質で知覚される。刺激が自分にとってどのような意味があるか判断され，その判断がまた視床に伝えられる。つまりライオンが見えた，ライオンは危険な動物だと判断されると，その判断が視床を興奮させる。普段視床は大脳皮質の抑制を受けているが，刺激の内容により抑制は解除され，その興奮が内臓や骨格筋に伝えられる。ドキドキしたり体が震えたりするような生理的身体的変化（情動表出）が生じる。と同時に大脳皮質にも興奮が伝えられ，怖いという情動が生じるという。

強化スケジュール (reinforcement schedule)

自発された反応に対する強化の仕方を強化スケジュールという。

反応が自発されるたびに毎回強化されるスケジュールを連続強化（continuous reinforcement；CRF）スケジュールという。自発された反応がまったく強化されないスケジュールを消去（extinction；EXT）スケジュールという。自発された反応がすべて強化されるわけではないスケジュールを部分強化（partial reinforcement；PRF）スケジュールという。部分強化スケジュールは，自発される反応数に依存する反応比率スケジュールと，時間の要因が加わった時間間隔スケジュールとに分けることができる。

部分強化スケジュールは，オペラント反応自発の独特のパターンを生みだすことが知られている。

拒食症 (anorexia nervosa)・過食症 (bulimia)

過食と拒食とは病態は正反対だが，根底にはいずれも摂食というテーマに関わる，本質的には同じ病根を持つため，両疾患を合わせて摂食異常として捉えられる。これらの摂食異常は近年注目されるようになってきた心身症である。発症は，思春期・青年期の女性に多く，男女比は約1：10である。しかし最近では，発症の年齢層は広がりつつある。

臨床的特徴は，拒食症は一般にダイエットをきっかけとして食物を摂らなくなり，極度に痩せていく。体重の減少に伴い，月経の停止，血圧の低下など多くの身体症状が出現する。本人には痩せているという自覚がないのと，極度な痩せにもかかわらず，過活動性を示すのが特徴的である。こうした患者のうちで，ある時期から過食に転じ，拒食・過食を交互に繰り返すというものが近年では増加してきている。そして過食の後，後悔の念に駆られ，下剤の服用や嘔吐をするものも多い。

具体的操作期 (concrete operational period)

ピアジェ（Piaget, J.）による認識の発生過程における第3の段階で，操作的思考が可能になるおよそ7歳から12歳までを指す。

操作的思考は保存の概念の獲得によって端的に示される。保存の課題において前操作期の子どもは見かけの状態に影響されてしまうが，具体的操作期の子どもは知覚的な変形によらず量は不変であることを理解する。保存の概念は，あるものを加えても同じものを取り去れば変化しないという可逆性や，液面が高くなっても容器の底面が狭くなっていれば全体で変化が無い

という相補性の理解が深くかかわっている。このような論理的な規則の集合を，ピアジェは群性体と呼んだ。
　具体的操作期における思考ではある程度論理的な規則による推理が可能だが，そこには具体的な事物についての思考という制約がある。たとえば，事実に反する仮定を前提とした推理などは，この後の形式的操作期になってはじめて実現される。

クライエント中心療法 (Client-centered-therapy)
ロジャース (Rogers, C. R.) によって提唱されたカウンセリング技法で，非指示的 non-directive アプローチ。精神科医（フロイト以降）らによって主に，提示されてきた心理（精神）療法モデルではなく，ロジャース自身臨床心理学者であったこともあり，日本の臨床心理家らは強い影響を受けた。基本的な立場として，クライエント（来談者）は，本来，自ら成長し適応しうる力をもち，自己実現への欲求をもつものとしてとらえられる。面接カウンセリングの中では，教示や指示はなされず，カウンセラーは無条件の積極的関心と共感をもって，「今，ここで」のクライエントとの関係の中で，ありのまま受容する。カウンセラーはクライエントの話す内容を繰り返し反復したり励ましながら，クライエントの感情の明確化を促す。

形式的操作期 (formal operational period)
ピアジェ (Piaget, J.) による認識の発生過程の最後にあたる第4の段階で，抽象的な操作的思考（形式的操作）が可能になる約12歳以降を指す。
　形式的操作は，INRC 群という論理操作の構造を持つ。この時期は，具体的操作期とは異なり，現実と一致しない仮説でも論理的な正しさに従って推論できるようになる。また，同時に2つの操作の体系を協調させることや，系統的に可能な組み合わせをすべて考えること，つまり，科学的な思考が可能になる。
　ピアジェは形式的操作を人間の最高の知的段階としたが，青年期以降の中高年についての研究が進むにつれ，知的発達の第5の段階の存在が主張されている。この時期の思考は後形式的操作 (post-formal operation) と呼ばれ，その特徴は相対的で弁証法的，問題発見的であるとされている。

ゲシュタルト心理学 (gestalt psychology)
「全体は部分の総和以上のものである」として全体の優位を主張する心理学の立場で，それまでの要素心理学や連合主義心理学を否定した。ウェルトハイマー以後，ケーラ，コフカに引き継がれ，レヴィンによって大成された。20世紀の心理学の主要学説として心理学に新しい方向をうちだした。

効果の法則 (law of effect)
ソーンダイク (Thorndike, E. L. 1911) は空腹なネコを問題箱 (puzzle box) に閉じ込め，箱の外に餌を置いた。その箱には，紐を引いたり，レバーを押すと扉が開く仕掛けがあった。彼は，閉じ込められたネコが脱出するまでの行動を観察し，また脱出するまでの時間を測定した。ネコは初めはさまざまの行動をするが，偶然に紐を引いて箱から脱出し，餌を食べた。これが繰り返されると，ネコは紐を引く行動だけを行いその他の行動をしなくなった。その結果，脱出に要する時間も短くなった。これに基づき，彼は効果の法則を定式化した。それは次のとおりである。
　動物に満足をもたらす反応はその状況との結合が強くなり，その状況で起こりやすくなる。動物に不快をもたらす反応はその状況との結合が弱くなり，その状況で起こりにくくなる。満足が大きいほど状況と反応との結合は強くなり，不快が大きいほど結合は弱くなる。

行動主義 (behaviorism)
心理学の研究対象は直接経験される意識過程であり，心理学の課題は意識過程を内観 (introspection) という方法を用いて分析的に観察し，その構成要素を見いだし，諸要素の結合法則を見いだすことであるとヴント (Wundt, W.) は考えた。この考え方に対してワトソン (Watson, J. B.) は反対をとなえた。ワトソンの考えはこうである。心理学は自然科学の客観的な1部門であり，その対象は主観的な意識現象ではなく，観察可能な動物の行動である。心理学の目標は行動の予測と統制 (control) であり，そのために刺激 (stimulus; S) と反応 (response; R) の法則，S－R法則を見いだすのが心理学のつとめである。この考え方を行動主義という。

行動療法 (behavior therapy)
行動療法は，行動に関するいくつかの理論が臨床に導入されることによって始まったものであるため，心理療法として一つの概念として述べるのは難しい。行動療法と呼ばれる治療法に共通しているのは，人間の問題を「行動」としてとらえ，それを治療の主な対象とする点である。そして学習に関する理論や原理を応用しながら，行動の変容のための仮説をたて，治療を行いそれを検証していく。行動療法は次のような複数の理論モデルを持っている。
(1) 新行動 SR 仲介理論モデル：系統的脱感作法，フラッディングなど。
(2) 応用行動分析モデル：シェーピング，プロンプティング，正の強化・負の強化法，刺激統制法，トークンエコノミーなど。
(3) 社会学習理論モデル：モデリング，セルフコントロール，セルフモニタリングなど。
(4) 認知行動療法モデル：思考修正法，自己教示訓練，認知再構成法，自己陳述修正法，合理情動療法，認知療法など。

コミュニティ心理学 (community psychology)
コ

ミュニティ心理学は1965年のボストン会議で始まった。そこでは定義づけがなされ「コミュニティ心理学は，個人の行動に社会体系が複雑に相互作用する形で関連している心理的過程全体について研究を行うものである。この関連を理論的かつ実験的に，明確化することによって，個人，集団，さらに社会全体を改善しようとする活動計画の基礎を提供するものである」としている。心理臨床において，心理アセスメント，臨床心理学的援助と並んで第三の柱として臨床心理学的地域援助の根幹をなすものである。コミュニティ心理学においては，従来の心理臨床家としてのアイデンティティの枠を広げて，地域社会の一員でもある専門職，他の専門職との連携を行う者として，心理的不適応における社会的要因，コミュニティへの介入，精神保健の予防的側面等について重視する態度が必要である。

コンフリクト（葛藤；conflict）
ほぼ同じ強さの欲求が同時に二つ以上ある場合，どの欲求を優先させるか，行動の決定が困難な状態をいう。欲求が強いほど行動の決定は精神的緊張を生み，選択に漏れた欲求が強い欲求不満となることの不安が，さらに精神的緊張を生む。

レヴィン（Lewin, K., 1935）は次のような3つの葛藤場面を挙げている。①接近―接近の葛藤：2つの正の誘意性（人を目標に引き付ける性質）が拮抗する場合。あれもしたい，これもしたいという場合で，1つは満足できる。②回避―回避の葛藤：2つの負の誘意性（人を目標から遠ざける性質）が拮抗する場合。どちらもしたくないことから，葛藤場面からの逃避がよくみられる。③接近―回避の葛藤：1つの目標が正と負の誘意性を同時に持つ場合。正の誘意性で目標に近づくが，目標に近づくほど，負の誘意性が強く働き，不安が増す。いずれにしても，葛藤が続くとストレス状態になり，心身に問題が生じてくる。

コンプレックス（complex）
ユングは，言語連想が情動的要因によって遅れることから，意識的統制に従わない心的過程が連想を妨げると考え，そのような無意識的な心的内容の集合をコンプレックスと呼んだ。このように，コンプレックスは，一定の情動を中心に集合した物で，感情，態度，行動などに影響を与える一群の観念や記憶の集合体のことであり，日常では「劣等感」と混同されているが，「観念複合体」と訳される精神分析的概念である。

この概念はさらに，一定の共通性を持った条件や状況から生み出され，各個人それぞれに共通して働く，より普遍的に心理的な情動反応や葛藤のタイプを意味する用語として用いられるようになった（小此木，1993）。たとえば，劣等感コンプレックス，エディプスコンプレックス，阿闍世コンプレックス，シンデレラコンプレックスなどである。

サイコドラマ（psychodrama）
心理劇ともいわれ，モレノ（Moreno, J. L.）によって創始された集団療法の一種。演者，補助者（補助自我），監督，観客，舞台の要素から構成される。まず話し合いなどを含む，ウォーミングアップから始まり，演者らによってテーマが提起され，即興的，自発的にドラマが展開される。演者らは，役割演技（ロールプレイング）による，単なるスキル（行動）の学習のためではなく，ドラマの中での自分自身の演技（セリフや身体的表現など）や共演者や観客らの反応などを通して，自己への洞察を深めたり，カタルシスを体験したりする。演者（主人公）らが，現実的世界や時には非現実的（空想）世界を自ら展開してゆく過程で，監督は舞台（道具，装置）の利用や全体の演出を行い，補助自我は，演者の自己開示や洞察，感情表出などの促進を，言語化や強調などしながら助ける。舞台はどこでもよく，装置（道具）も特に必要ではないので広く適用できる。

サーカディアン・リズム（circadian rhythm）
生物が示す行動や生理機能にはおよそ24時間を周期としたリズムがある。睡眠，覚醒，ホルモンの分泌，体温調節，身体の活動性などの生物リズムがあり，これらの周期の中で約24時間の周期を持つリズムを概日リズムと呼ぶ。このリズムは視床下部交叉上核という一対の神経核により指令されている。この周期を制御しているのが生物時計・生体時計といわれる測時機構である。心理状態や気分，作業能率などにこの概日リズムはかかわっており，海外旅行で経験する時差ボケなどは，体内の生物時計は正確なリズムで動いているが社会生活のリズムとのあいだにズレが生じ，それが原因となっている。昼夜の変化や時間の経過がわからない状況では24時間の周期はより長い周期となりズレていく。一般には朝の自然光（約5000ルクス）によって24時間の周期が保たれている。

シェマ（schema）
ピアジェ（Piaget, J.）による認識の発生における主要な概念の一つで，生体が環境を捉えるために持つ図式を指す。

シェマには，反射などの運動的シェマ，概念などの表象的シェマ，操作などの論理的シェマがある。シェマは，既に持つシェマによって環境を取り込もうとする同化と，同化がうまくいかないときシェマを変形させる調節の2つの作用によってより洗練されたものへと変化していく。たとえば，"吸う"シェマは，母親の乳にもほ乳瓶のミルクにも適用される（同化）が，ほ乳瓶の果汁を吸ったときすっぱい味を経験した子どもは，ただ吸うのではなく，"味を確かめてから吸う"ようになる（調節）。すっぱい経験は"吸う"シェマによる同化がうまくいかなかったからであり，不均衡な状態である。この不均衡な状態をより適応的な状態に戻すために調節が働くのである。このように，同化と調節によってバランスが保たれることは均衡化と呼

ジェームス・ランゲ説 (James-Lange theory)

ジェームスとランゲ（James, W., & Lange, C. G., 1922）がほぼ同じ頃唱えた学説で、情動と生理的反応の関係を初めて指摘した点で重要な意味がある。われわれはライオンを見ると、怖いからドキドキすると大低考えるが、この学説は、ドキドキするから怖いと思うのだという考え方である。まず、外部からの感覚刺激は大脳皮質に送られ知覚される。知覚された情報（ライオンだ、危険だ）が内臓や骨格筋に伝えられ、身体的生理的変化（ドキドキ、震え、逃げ出す）が生じると、その変化がまた大脳皮質に伝えられ意識される。すると今度は情動が生じる、という順番である。

泣くから悲しいと思う、笑うから楽しいと思う、逃げ出すから怖いと思う。順番が逆ではないかと思われるこれらのことも、よく考えてみると、結構われわれは覚えがあるのではないだろうか。

自我同一性 (ego-identity)

エリクソン（Elikson, E. H.）の造語で「自分であること」「真の自分」「自己の存在証明」などと訳されているが、発達的に人生を8つの段階に分類し、中でも青年期の心理・社会的危機としてアイデンティティについて述べている。

乳幼児期から児童期までは、家族中心の中で発達し、青年期になると性的にも成熟し、自己の判断で行動する傾向が強まり、精神的発達とともに自己の属する集団の中で、独自性、連続性、一貫性をもった自己を確立する時期であり、これを自我同一性の確立といっている。また、青年期の考え方、生き方は、いろいろな場合に混乱や矛盾することが多く、この状態を自我同一性の拡散といっている。

青年後期は社会的活動の時期であるが、一時期その義務、役割を猶予された時期と考え、モラトリアム期といっている。

実験群 (experimental group) と統制群 (control group)

等質な被験者の群をつくり、その一群に実験条件を課し、他の群にはその条件を課さないで実験を行い、結果を両群について比較検討する。実験条件を課した群を実験群といい、課さない群を統制群という。

疾病利得 (paranosis)

クライエント（患者）の示す症状には、目的がある。心的葛藤の意識化から、疾病への逃避をしたり（一次利得）、症状によって社会的・対人的に責務から免れる（二次利得）ことがある。たとえば神経症的諸症状は、クライエントの無意識の葛藤を意識下にとどめるのに役立つ。また目に見える症状は、他者からの同情や援助、保護などを得ることを容易にする。いわゆる仮病とは区別され、本人自身の明確な自覚を伴わないため、カウンセリングの中で、強い抵抗となることがある。カウンセラーは、「もしこの症状がなかったら何がしたいですか？」などという質問の答え（ex.「この症状さえなければ、私はバリバリ仕事、家事をするのに。」）によって、クライエントが症状によって免れている課題（ex. 仕事、家事）を確認する。そして症状をめぐって構成されている、対人関係（症状の使われている相手役と）のコミュニケーションパターンを改善することが治療目標となる。

社会的促進 (social facilitation)

他者の存在によって個人の行動が促進され作業が進むことを社会的促進と呼ぶ。この社会的促進には、他者の見ているところで促進現象が生じる観衆効果（audience effect）と、他者と同じ行動に従事することによって促進現象が生じる共行為効果（co-action effect）がある。

社会的手抜き (social loafing)

人が他者と同じ作業に関わっていると意識する場面で、個人の努力量が減少することをラタネら（Latané, B. et al., 1979）は、社会的手抜きと呼んだ。この現象が生じる背景として、集団課題遂行場面で①個々人が自己に求められている努力量を小さく認知するため、②個人は努力しても評価されず、怠けても責任を回避できると認知するため、③最小の努力で集団の成果の恩恵を得ようとするフリー・ライダー効果が生じるため、などの説明がされている。

周産期 (perinatal period)

出生期以前の約10ヵ月間、すなわち受精した瞬間から1ヵ月を28日とする約10ヵ月間は、胎生期である。この胎生期間の29週から、出生後7日までの期間、すなわち12週間を、周産期という。

新生児の備えている基本的な原始反射の大部分は、この周産期に入って完成する。

したがって、満産期出生児と、未熟児で出生した後、受胎後週数として満期に達した時点における乳児の神経行動（反射）には差はなく、一般に、このような原始反射は受胎後週数を決定するのに有用であるといわれる（清水、1978）。

さらに、出生を契機に生じる障害を周産期障害という。これは、周産期に完成した中枢神経系に障害をもたらし、その後遺症として知的あるいは運動的障害を伴うことがある。

この要因の一つに仮死出生がある。

集団規範 (group norm)

人の集まりが構造化され、集団としてまとまりができてくると、その集団の成員は、やがて「こうした状況ではこうあるべきだ」といった一定の基準や価値観をもつようになる。このような認知、判断、行動の面で、集団内の大多数の成員が共有する判断の枠組みや思考様式を、集団規範と呼ぶ。

集団療法（group therapy）　一般に個人に対する心理療法である個人療法に対し，集団に対するものをさし，グループセラピー（療法）ともいわれる。個人カウンセリングと並行して行われることもあるが，個人療法の場合に比べ，クライエントとセラピストの２者関係から，集団の場という，社会的場が構成されるといえ，集団力動が働く。セラピストは，こうした集団の相互作用や場を利用し，個々のクライエントが自分の課題に取り組むことを援助する。集団の構成には，年齢や問題（症状）が共通するメンバーによる同質集団と，異質集団の場合がある。目的によってセラピストの役割も異なってくるが，基本的にはグループリーダーやファシリテーターとして，グループの進行（促進）や，守秘などのルールを通し，場の安全性や運営に関わるマネージメントを務める。またリーダーは，グループの形成プロセスに対する理解も必要で，全体の流れを把握しながら，展開の促進（ファシリテート）に役立てていく。

準拠集団（reference group）　準拠集団とは，個人が所属の有無にかかわりなくその集団の一員として心理的に自らを関係づけ，態度，判断，行動などのよりどころにしている集団をいう。関係集団ともいう。

多くの場合，身近な集団，すなわち家族，職場，サークルなどの実際に所属している集団が準拠集団となっていることが多い。すなわち人は身近な集団に自分の判断や行動などのよりどころを求めている。しかし，準拠集団は実際に所属している集団の場合もあるが，所属したいと願っている集団の場合もある。また過去所属していた集団の場合もある。ケーリー（Kelley, H. H.）によれば，準拠集団が果たす機能には規範的機能と比較機能の２つあるという。規範的機能は，個人に対して規範の形成に関与し，それに従うように仕向ける機能であり，比較機能は，個人が自分自身や他者と比較したり，評価したりする際の基準点としての機能である。

条件性強化（conditioned reinforce）　動物が経験をしなくても強化子としての働きをもつ刺激がある。そのような刺激を無条件強化子（unconditioned reinforcer），または一次強化子（primary reinforcer）という。無条件強化子と対にされることによって強化子としての働きをもつようになった刺激を条件強化子（conditioned reinforcer），または二次強化子（secondary reinforcer）という。種々さまざまの無条件強化子と関連がある条件強化子を般性強化子（generalized reinforcer）という。

情緒（emotion）　情動ともいう。外部刺激や欲求の満足・不満足などの原因で急激に生じる比較的強い感情であり，かなり短時間で終わることが多い。情動は身体的表現や生理的変化を伴う。ワトソンは基本的な情動として，恐れ・怒り・愛の３つ，プルチックは進化論の立場にたち，受容・嫌悪・恐れ・怒り・喜び・悲しみ・驚き・期待の８つをあげている。情緒は対人関係を含む環境との関わりの中で発達するので，不適切な情緒体験は，情緒の未発達や情緒障害を生む。ワトソンら（Watson, J. B. et al., 1920）はシロネズミと大きな物音を用いて，生後９カ月の坊やに情動条件づけの実験を行い，情動反応が学習されることを唱えた。このような実際の体験学習以外に，われわれは観察学習により情動反応を習得する。人が怖がるのを見て怖いと思うようになる。また言語能力が高まると，時間・空間を超えた事象が刺激となり情動が生じるようになる。情緒の発生する事態は学習により多様化する。

情報処理モデル（information-processing model）　認知心理学が心を研究する際に用いるモデル。行動主義は，心をブラック・ボックスと捉えたが，認知心理学では心を情報処理システムとして捉える。すなわち，認知心理学では，人間を情報の処理者であると考えるのである。情報処理モデルによれば，すべての人間は同一の情報処理システムを持っていると考える。また，このモデルによれば，情報は感覚受容器を通じて情報処理システムに入力され，さまざまな心的処理を受け貯蔵され，必要に応じて出力される。情報処理システムは，感覚記憶（短期感覚貯蔵），短期記憶（作業記憶），長期記憶の３つから構成される。感覚記憶は，大量の情報を極めて短期間（たとえば，視覚情報は１秒以内）貯蔵するものである。短期記憶は意識的な記憶であり，７つ程度の情報を短期間（数秒−60秒間）維持できる。長期記憶は，無限大の容量を持ち情報を何十年間も保持できる。長期記憶には，意味記憶，エピソード記憶と手続き記憶がある。

自律神経系（autonomic nervous system）　心臓や胃，腸などの内臓器官は意志による統制ができない。これらの内臓器官は自律神経系やホルモンの働きにより調整されている。自律神経系は交感神経系（sympathetic nervous system）と副交感神経系（parasympathetic nervous system）からなり，脳幹と脊髄で調節がなされ，視床下部が調節の指示を出している。この二つの神経系は働きが逆になっており，交感神経系が優勢になると動悸が激しくなり，血圧が上昇し，汗をかいたり，毛を逆立てたり，副腎からのアドレナリンの分泌が活発になったりする。一方，副交感神経系が優勢になると，心臓の動きや呼吸はゆっくりとなり，胃腸の蠕動（ぜんどう）が促進され，いわゆるリラックスした状態になる。

われわれの意志には関係なく，身体内部の環境が両神経系の協調した働きにより，常に最適の状態に保たれている。

事例研究（case study）　ケーススタディ，事例検討ともいわれ，調査研究などでの大量な被験者のデータ分析やその横断的研究に対し，一つの事例（個人データ）をもとに，分析研究（や縦断的研究）する方法。カウンセリングや心理療法における，一般的な研究方法である。面接の終結後の場合も面接が継続中の場合も行われるが，カウンセラーは，クライエントとの継続面接記録に基づき，相談のプロセスでの展開を分析し，今後の相談に生かしていく。事例検討会ケース・カンファレンスなどで，カウンセラー同士のピアビジョンや，スーパーバイザーを交えた集団（個人）スーパービジョンを受けることで，事例担当カウンセラーはクライエントをより理解したり，自分の対応についてや，カウンセリングプロセスでの問題（クライエントの抵抗の意味や，カウンセラー自身の不合理性や逆転移など）を検討し，訓練するのに役立てる。また心理療法の技法の有用性の検討などがなされる。

信号刺激（releaser）　特有の行動や感情を引き起こす刺激。解発刺激あるいは解発因ともいう。形だけでなく行動も信号刺激として作用する。たとえば，子イヌ，子ネコ，人の赤ちゃんなどは，おとなより可愛らしく見える。このような幼体はおとなに比べて，丸い顔，丸みをおびた体つきをしている。また，幼体はよちよち歩きといわれるようにぎこちない動きしかできない。つまり，丸いという形態的特徴や不安定な動作という行動的特徴が信号刺激として働き，見る者に「かわいい」という感情を引き起こさせるのである。

人工知能（artificial intelligence：AI）　人間の知的な機能や行動を機械，特に，コンピュータで代行させること。人工知能には，以下の3つの分野がある。（1）外界からの情報の認識に関する分野。視覚パターン認識，音声認識，言語認識など。（2）知識の体系化に関する分野。知識表現，推論，定理証明などの問題解決など。（3）学習に関する分野。外界からの情報を入力し知識を増やし，推論規則を自己形成することなど。人工知能研究は，人間の情報処理過程に関する心理学研究に深く関連してはいるが，その目的は知的機械を創造することにある。具体的には，チェスなどのゲームができる機械やパターン認識，定理証明などができる機械をつくることである。また，特に日常生活に影響をあたえるものとしてエキスパート・システムがある。一例をあげれば，特定の病気の診断などに関する専門的知識をコンピュータに記憶させ，あらゆる開業医が利用できるエキスパート・システムなどが実現されている。

心身症（psychosomatic disease）　日本心身医学会は心身症について「身体疾患の中で，その発症や経過に心理社会的因子が密接に関与し，器質的ないし機能的障害が認められる病態をいう。ただし，神経症やうつ病など，他の精神障害に伴う身体症状は除外する」と定義している。その治療においては，身体面・心理面からのアプローチが必要である。代表的な心身症を挙げると，次のようなものがある。①循環器系：本態性高血圧症，本態性低血圧症など。②呼吸器系：気管支喘息，過呼吸症候群など。③消化器系：消化性潰瘍，潰瘍性大腸炎，過敏性大腸症候群，神経性食思不振症，過食症など。④内分泌代謝系：肥満症，糖尿病など。⑤神経系：偏頭痛，自律神経失調症など。⑥泌尿器系：夜尿症，インポテンツなど。⑦皮膚系：慢性じん麻疹，円形脱毛症，抜毛症，皮膚そう痒症，湿疹など。さらに心身症を広義に捉えると，その発症や経過に心理的因子の関与が多少とも認められるものすべてが対象となる。

シンボル（symbol）　シンボルとは，思考の媒体であって，それ自身とは別の何かを代表するものである。たとえば，音声言語「りんご」によって，実物のりんごを代表するとか，丸太を実物の馬にみたてて遊ぶといった具合である。

シンボルの語源は，「しるし」や「割符」を意味するギリシャ語のsymbolonに由来するもので，記号学では，人類こそシンボルで思考することを始めた動物であるといっている。

オグデンとリチャーズ（Ogden, C. K., & Richards, I. A., 1923）の「意味の三角形」によると，象徴機能は，シンボルが思考を介して指示物を間接に表すということを意味している。またシンボルには，意味するもの自体に認められる何らかの特徴が，意味されるものを比喩的に表すという特徴がある。

他方精神分析学は，成人の夢の中でその人の潜在的欲望が形を変えて無意識のシンボルとして現れることを認めている。

心理査定（psychological assessment）　以前は心理診断とも呼ばれていた。面接，観察，心理テスト等からクライエントのパーソナリティや問題の所在を理解しようとする行為を指す。心理臨床はこの心理査定と臨床心理学的援助活動（カウンセリング・心理療法）が両輪となって進むものである。

心理臨床（practice of clinical psychology）　臨床心理学を基にして，援助を求める人クライエントに，心理臨床家（臨床心理士）が実際に働きかけること，すなわち臨床心理学的援助の実践を指す総称である。心理臨床は，時代，社会，文化によって，その要請されるところは異なるであろうが，基本的にはクライエントの個別性を尊重し，クライエントを取り巻く家族や社会をも対象として取り扱いながら，クライエントの問題の解決，人間的成長課題の達成の援助を行うものである。

錘体（cone） 比較的弱い光刺激に反応し，無彩色感覚を生ずる視覚受容器で，網膜周辺部，特に中心から20°に多い。

ステレオタイプ（stereotype） ある集団や人々に対して，その人々が何らかの共通した性格や特徴があるとして頭の中で勝手に作られた枠組み。通常この枠組みは極度に単純化されており，この枠組みでそのメンバー全員を判断してしまう。

生得性と学習性（innate/learned） ヒトは言葉を話せるが，この能力のどこまでが生まれながらにもっている能力（生得性）で，どこからが生まれてから後に獲得するもの（学習性）であろうか。人の赤ちゃんが日本語の世界で育てられたら，日本語を話すようになるし，英語の世界なら英語を話すようになる。しかし，知能が高いといわれるチンパンジーを日本語の世界で育てても日本語を話すことはできない。つまり，人の赤ちゃんは，生得的に言葉を聞き話す能力をもってはいるが，その能力を引き出すためには日本語や英語などの言葉の世界の中で暮らすこと（すなわち学習）が不可欠である。人や動物の行動は，多かれ少なかれ，生得的なものと学習的なものが絡み合って成立していると考えられている。

青年期（adolescence） 青年期は思春期，若者期ともいわれているが，その時期は一般的に12歳頃から20代中頃までを指しているので身体的にも心理的にも多様な変化がみられる時期である。

身体的変化としては，身長，体重などの年間増加量は中学から高校にかけて発育が著しく，性的発育は，第二次性徴の発現と性的成熟が大きな特徴であり，成熟の低年齢化傾向がわが国だけでなく外国においてもみられる。

心理的な発達については，青年期になって抽象的，論理的，批判的思考が発達し，友人関係の重視，社会的関心の拡大，知的世界の拡大とともに，大人集団と同一視するが，行動は不安定である。こういう状態を周辺人とか，心理的離乳という言葉であらわされている。また自我同一性を確立する時期でもあるが，青年の多様な行動を自我同一性の拡散という形でとらえている。

性の決定（sex determination） 生物的に受精の瞬間，性別は決定する。すなわち，身体のすべての細胞の核の中に染色体は46個，すなわち23対の染色体が存在する。性の決定は，この23番目の対の性染色体により決まる。つまり，性染色体は卵子ではXのみであるが，精子ではXまたはYの2種類があり，受精の瞬間XとYの受精卵では男性が，XとXであれば女性が誕生する。このような生物的な性は生得的特性であり，一生涯変化しないものである。しかしながら，親は子の誕生直後から当然のごとくに性の型づけ（sex typing）を能動的に行ない，性別による役割（sex role）を期待する傾向がある。子は訳のわからないままに，その期待される方向に，そして自己に適合した役割を獲得していくことになる。それは期待する側から子どもに仕掛けられた一種の圧力であり，生得的なものではない。子の性役割の内容は，生得的性別により決定するものではなく，多様に変化する歴史的社会的文化や社会的環境との関係にある発達過程で，個として獲得していくべきものである。

前操作期（pre-operational period） ピアジェ（Piaget, J.）による認識の発生過程における第2の段階で，操作的思考が出現する準備段階の約2歳から7歳までを指す。

この時期は，延滞模倣や見立て，ごっこ遊びにみられるように，実物がなくても心の中で思い浮かべる表象的思考が可能になる。しかし，この思考は前概念的で直観的であるという限界をもつ。たとえば前概念的思考をする子どもは，「母」や「祖母」が誰を指すかは理解していても，母が祖母のことを「お母さん」と呼ぶことを不思議に思ったりする。「母」と「祖母」との2つの概念を協調させ，全体として関係づけることができないのである。

前操作期の思考は，操作的思考と比較して，自己中心性，他者の視点の取得が困難，自己の思考の客観化が困難，自他の未分化，物を人間的特徴を持つものとして見る傾向（アニミズム）などの特徴を持つ。

双極細胞（bipolar cells） 両極細胞ともいわれ，網膜の桿体や錘体からの視覚情報を受け継ぎ，アマクリン細胞や神経説細胞へ送り出す細胞である。桿体や錘体と両極細胞との結合比は中心部では1：1であるが周辺部では200：1の割合になっている。両極細胞を経て神経叢においてまとめられ，80～100万本の視神経を伝わって外側膝状体を通り，大脳皮質の第一次視覚野へ送り込まれることになる。

創造性（creativity） 創造性の概念は，多様であって必ずしも明確ではないが，狭義には芸術，科学，技術などにおいて，既存の規範を脱した新しく価値のある着想を生み出す能力あるいは新規な方法で問題を解く能力をいう。たとえば，科学者や芸術家が彼らのもっとも創造的な仕事を視覚的思考を通して生み出したという話はよく聞く。その中でももっともよく知られているのが，ケクレ（Friedrich Kekulé）の夢の中のイメージによるベンゼン環の発見である。これは夢がヒントとなって科学的な問題への解答を準備した視覚的創造性（visual creativity）の例である。

創造性の高い人格の特徴として，問題に対する感受性の強さや知的好奇心の強さが挙げられている。さらにギルフォード（Guilford, J.P., 1959）は，知能検査

で測定される収束的思考に拡散的な創造的思考を加えて，問題への感受性，思考の流暢性，柔軟性などの創造的要因を知性の測定対象に取り入れた。

ソーシアル・スキル・トレーニング（SST: social skill training）
社会技能訓練ともいう。対人関係など社会生活に必要なスキル・技能をソーシアル・スキルと呼ぶ。学習理論に基づいてリバーマン（Liberman, R. P.）らが考案した，ソーシアル・スキルを身につけるためのトレーニングのこと。それは①練習の教示，②ロールプレイ，③フィードバック，④モデリング，⑤般化訓練からなる。精神障害者のデイケア，学習障害児の訓練など幅広い分野で用いられている。

第1信号系と第2信号系（primary and secondary signal system）
パブロフ（Pavlov, I. P. 1849-1936）は条件反射活動を人間の高次神経活動（精神活動）におし広めて考え，動物とは異なり，言語を用い，言語を理解し，言語による表象を持つことに高次神経活動の本質を求めた。動物では直接経験したことが条件反射として残る。人間は言葉を覚えると直接に経験しないことでも言葉によって，間接的に学習され，その学習量は増大する。動物や人間の幼児期に見られる直接経験による条件反射を第1信号系，言語による条件反射を第2信号系と呼んだ。前者は信号活動，後者は象徴活動である。人間は第2信号系を用いることにより個人が獲得した経験を他者に伝えることができる。

これが教育であり，映画，演劇，文学作品は第2信号系によって情緒反応を引き起こし，感動を与える。しかし第2信号系は第1信号系よりも疲労や睡眠の影響を受けやすい。

態度（attitude）
ある対象や状況に対して，一定の反応を引き起こさせるように方向付けること。一致の対象や状況に対する個人の種々の反応には見られる何らかの一貫性の行動傾向。ローゼンバーグとホブランド（Rosenberg, & Hovland, 1960）によると態度は認知，感情，行動という3つの成分から成るものとして示されている。態度は生まれつきのものではなく，学習・経験によって形成され，一定の対象や状況に対して形成され，つねに主体―客体関係（自己対他者の関係）を含み，態度は一度形成されると，かなりの期間持続される反応傾向である。また態度は感情や情動を伴い，広範囲な対象をもつものである。

単純細胞（simple cell）
大脳視覚皮質細胞の内，受容野の方向と位置の両方に合ったときもっとも強く反応するもの。

知覚的恒常性（perceptual constancy）
網膜像といった近刺激を越えて遠刺激の恒常的な属性に反応する傾向をいう。大きさ，形，明るさ，音等についてみられる。

注意（attention）
同時に存在する認知や思考の諸対象の1つに意識の焦点を合わせて，それを明瞭にとらえる活動。注意の本質は，意識の焦点化と集中である（James, W., 1890）。行動主義の心理学において無視されていた「注意」研究は，チェリー（Cherry, E. C., 1953）によって「カクテルパーティ効果」（パーティー会場などにおいて大勢の人々の会話のなかで，自分の関心のある会話に注意を向けるとその会話内容を聞き取れること）の研究として取りあげられた。チェリーは，追唱法を用いてこの効果を実験的に研究した。被験者にはヘッドホンで左右の耳から異なるメッセージを聞かせ，その一方を追唱する課題を行わせた。追唱の声は単調で感情のこもらないものであったが追唱そのものはかなり正確であった。追唱しなかったメッセージは何かが聞こえていたという以外はほとんど報告できない。この実験から同時に聞こえてくる2つのメッセージの1つを選択的に処理できる能力が明らかにされた。

超複雑細胞（hypercomplex cell）
大脳視覚皮質細胞のうち，一定の長さの線分刺激や角にもっともよく反応するもの。

デイケア（day care）
病院，精神保健福祉センター，保健所，診療所等で，精神障害者や痴呆性老人などに対して社会復帰・社会参加を援助するための中間施設を指す。主に昼間実施されることからデイケアと呼ばれる。精神科デイケアは精神障害者に対する通院治療の一形態であり，グループで作業療法，SST，レクリエーション，集団療法などを行う。老人デイケアでは主に痴呆老人に対して心身機能の回復，健康維持をはかるためにレクリエーションや機能訓練を行う。

登校拒否（school refusal）
不登校，学校恐怖とも言われる。さまざまなタイプがあり，登校拒否というと，積極的に拒絶の意志を持っているかのようにとられることもあるが，本人は登校する意志があり，学校に行けないことに罪悪感さえもつのに，行けなかったりする場合も少なくなく，最近では一定期間以上の長期連続欠席状態を総称して，不登校と呼ばれることも多い。タイプとしては，大きく分類して，①怠学（遊びや非行型），②分離不安や情緒不安（低学年には親との心理的分離が十分でない場合も多い），③学校に起因する（いじめや教師との関係の悪さなど），④神経症的（引きこもりや対人恐怖など），⑤無気力，⑥その他，あるいは複合型などがある。最初は身体的訴え（腹痛や頭痛）から始まることも多く，原因追究したり登校を要求しがちであるが，まずどの様な状況にあるかの見極めが大事である。学校（教師）や家族，カウンセラーらが時には連携した対応が望まれる。

同調 (conformity)

ある成員の意見，判断などが他の集団成員のそれと異なる場合，自分の意見，判断などの方を押し通そうか，それとも他の集団成員のそれに合致する方向に自分の方を変えようか迷う。その結果，他の集団成員の判断，意見の方向に自分の方を変えていくことを同調という。ドイチュ（Deutsch, M., et al.）らは，同調をそこに働く動機づけによって情報的影響による場合と規範的影響による場合とに分けている。他者の判断，意見の方が正しいだろうということから同調する場合は前者であり，他者の期待に応える方向に同調する場合が後者である。またケルマン（Kelman, H. C.）は，同調をそこに働く心理機制によって，①内面化による場合，②対人魅力による同一視の場合，③服従，の3つに整理している。同調の研究ではアッシュ（Asch, S. E.）の研究が有名で，自己の判断などが集団圧力のもとでは，いかに押し通しにくいかを指摘している。

独立変数 (independent variable) と従属変数 (dependent variable)

実験条件など，実験者が制御できる変数は独立変数といい，この独立変数によってあらわれる被験者の反応の変化などを従属変数という。

内向性 (introversion)

リビドーが内的な主観的世界に流れやすい，つまり人の関心が内界の主観的要因に重きをおく傾向を内向性という。

アイゼンクは，上記のようなユングの仮説から始め，因子分析によって見いだされた相互に相関が高い特性（持続性，硬さ，主観性，シャネイス，易感性）の集まりを内向性と呼んだ。内向性―外向性は，大脳皮質における興奮過程と抑制過程の平衡と関連しており，内向型の人は，興奮過程が優勢であると仮定されている。内向性の人は，外向性の人に比べて条件づけが速やかに行われるなど，この仮説は実験的に検証されている。

典型的な内向性の人は，物静か，内気，内省的，親しい友達は別として，無口でよそよそしい。実行する前に予め計画を立て，非常に慎重である，などの特徴を示す。

認知科学 (cognitive science)

心を知，情，意の働きと定義するならば，認知科学は，「知」の働きから心の働きを明らかにしようとする科学であると定義できる。歴史的には，1970年代末期に，心理学，コンピュータ科学，生理学，文化人類学，認識論哲学，言語学などの諸科学が統合させて認知科学が生まれた。1977年には学術雑誌「認知科学」（cognitive science）が創設され，79年には，国際的な学会である認知科学会が誕生した。80年に東京で開催された「認知科学に関する日米シンポジウム」においてノーマン（Norman D. A.）は認知科学を「人間，動物，機械をふくめたすべての知的構造物の認知，すなわち，知能，思考，言語を研究する分野」と定義した。また，研究テーマとして，知覚，記憶，情緒，意識，言語，思考，遂行，信念，学習，発達，外的環境との交互作用とした。認知科学の中心的学問は，認知心理学とコンピュータ科学，特に人工知能研究である。

認知心理学 (cognitive psychology)

認知心理学は，読んで字の如く「認知」の心理学である。認知とは"cognition"の訳語であり，知ることの行為ならびに能力である。すなわち，知覚，記憶，推論，問題解決，言語理解のように個体が既存の情報にもとづいて，外界からの情報を選択的に入力し，それを処理・貯蔵したり，適切に行動したりする活動をさす。認知心理学は，1930年代から1960年代までもっとも影響力のあった行動主義にかわり60年代から現在にいたるまで一般心理学の主流である。認知心理学は，ゲシュタルト心理学の影響を受けているが，60年代からコンピュータ科学，情報科学，言語学からの知見を積極的に取り入れ，特に情報処理モデルに立脚した心理学でもある。認知心理学は，行動主義が心理学の研究対象として除外していた「心像」，「理解」，「概念」，「注意」などを積極的に研究対象として，真に人間の高次精神活動を研究する「心の科学」として確立された。

認知地図 (cognitive map)

ある環境の物理的空間に関する心的表象。認知地図により，個人は自己の位置を認識したり，移動する際にプランを立てることが可能となる。トールマン（Tolman, E. C., 1948）は，学習を刺激と反応の結合とする行動主義的理論を批判し，学習は手段と目的の関係を知ることであると主張した。たとえば，ネズミの迷路学習において，ネズミは反応を学習したのではなく，迷路の空間的関係（目標への道を示す内的地図）を認知的に学習したのである。この手段（迷路の特徴）と目的（餌の摂取）の関係を知ることを認知地図（認知構造）という。個体は，認知地図を利用してさまざまな環境に適応できるのである。認知地図は，環境を心の中に描いた絵のようなものであるが，写真のように環境を正確に反映したものではないことが多い。たとえば，大学生に自分の大学のキャンパスを描いてもらうと実際のキャンパスとは異なるものを描くことが多い。

認知的不協和 (cognitive dissonance)

事柄についての認知とそれに対する行動が不一致の時，認知不協和にあるという。たとえば，ホンダの車が好きなのに，実際にはトヨタの車を買い求めたというものや，共産党を支持しているのに自民党の候補の事務所で選挙のバイトをするようなものである。しかしこれはあくまでも認知のレベルであるから，自分の信念と行動の不均衡に気付かなければ，認知的不協和には陥っているとはいわない。人は認和と行動との間で一貫性を

求める欲求があるので，認知的不協和に陥ると不快感や心理的緊張感が起こる。そこでその不協和の状態を解消・低減しようする。解消・低減の方法としては，①不協和となっている行動を止める。つまりトヨタの車を買うのをやめる。②認知を変える。トヨタもホンダと遜色ないほど良い。また自民党の政策も決して共産党と相容れないものではないと思う。③行動の価値を強調する。自民党を応援することは非常に有意義で共産党を支持していてもなお余りあると思う。

認知療法 (cognitive therapy)　認知の変化によって行動の改善をはかろうとする，学習理論に基づいた心理療法。ベック(Beck, A. T.)がうつ病の治療法として開発した。彼はある出来事に出会うと自然に浮かんでくる考えを自動思考と呼び，その基底にあるものをスキーマと呼んだ。うつ病患者は外界をことさら悲観的にとらえる自動思考がある。クライエントの感情や行動に影響を及ぼしている歪んだ自動思考，またその原因であるスキーマを変えることにより，不快な感情と不適切な行動を改善しようというものである。①感情(不安，抑鬱)，行動(引きこもり)，歪んだ思考(認知の仕方)の三者が結びついていることを認識させ，②この関係の生じる原因を調べさせ，③この関係の生起，消去の方法を探し，④歪んだ認知を現実的なものに変え，⑤世界観を変容することを学習させる，という手順で行う。

脳幹 (brain stem)　脳幹は生きている状態を維持する部分であり，間脳と中脳と橋と延髄とからなる。間脳には視床，視床下部などが含まれ，視床下部には摂食行動や本能行動を制御する中枢がある。たとえば空腹感を引き起こす中枢は外側視床下部にあり，満腹感は視床下部腹内側核により制御されている。中脳と延髄の中心部には網様体がある。脳幹と脊髄が分担する「生きている」といういのちの保証は意志が作用する体性神経系による反射活動と意志が及ばない自律神経系による調節作用で営まれている。脳幹・脊髄系の働きには脊髄反射，姿勢保持反射，防御反射，自律神経による調節，ホルモン系による調節などがあり，これらにより生きている状態が保たれている。脳幹には意識の程度を調節している脳幹網様体があり，目覚めや注意の程度を統制している。

脳波 (electroencephalogram : EEG)　ドイツの精神科医ベルガー(Berger, H. 1873-1941)が1929年にヒトの脳から出る電気活動の測定を行い，睡眠によって変化すること，酸素欠乏や麻酔によっても影響を受けることなどを見いだし，安静にして目を閉じているときに出現する$30〜60\mu V$の$8〜13 c/s$の規則的な波をアルファー波と名づけ，目を開けてものを見つめると低振幅の$50\mu v$より小さい振幅の$14〜25 c/s$の波が現れこれをベータ波と呼んだ。覚醒水準に対応してその波形が変化することが見いだされ，睡眠の研究を進展させることになった。心的状態を反映して変化することなどから，行動の心的活動の生理的研究にとって重要な研究指標となっている。その他注意や期待，構え，認知活動を反映する指標として陽性電位変化(p300)，随伴陰性変動(CNV)などがあり，事象関連電位と呼ばれている。特定の刺激に対する変化を加算平均して得られる。

媒介変数 (intervening variable)　仲介変数ともいう。同じ外界刺激から異なる有機体の間に同じ反応が生ずるとは限らないし，逆に刺激が異なっても複数の有機体が同じ反応をすることがある。つまり反応は客観的に制御できる刺激のみにより規定されるだけでなく，有機体のもつ直接観察できない内的条件によっても影響される。この内的条件を媒介変数と呼ぶが，これは操作的に明らかにされるだけで，直接観察されることのない構成概念である

箱庭療法 (sand play therapy)　この療法は，内法$57 cm \times 72 cm \times 7 cm$の内側が青色の箱に砂を入れ，そこに人物，動物，植物，建物，乗物，石，柵，怪獣など，あらかじめ用意した玩具を用いて患者に自由に作品を作らせることによって治療を行う心理療法である。これはローウェンフェルトが子どもの心理療法として発表した世界技法を基とし，後に分析心理学者のカルフが，ユング心理学を背景として発展させたものである。日本へは，1965年に河合によって導入され，以後急速に広まり発展している。箱庭療法では，患者と治療者の間の人間関係が重要であるため，制作はあくまでも治療の流れの中で患者の気持ちに従ってなされるべきものである。「自由にして守られた空間」が与えられることによって，患者の自己治癒力が活性化され，治療者は，作品に対して言語的な解釈を与えることを避け(理解は必要であるが)，患者とともに自己治癒の過程を見守りつつ歩む態度で臨むことが重要である。

ハロー効果 (halo effect)　他人の1, 2の顕著な特徴でその人全体を判断し，その人に対する認知・判断をある特定の方向に歪めてしまう傾向のことである。

パンデモニアム理論 (pandemonium theory)　セルフリッヂ(Selfridge, O. G., 1959)が提唱したパターン認識に関する一モデル。パターン認識とはさまざまに形が異なるものを同じ一つのものとして認識すること。たとえば，数人に「A」という文字を書いてもらうと厳密には大きさや傾きが異なるにもかかわらず人は直ちにそれらを「A」として認識できる。セルフリッヂは特徴分析モデルにもとづきコンピュータによるパターン認識のプログラムを作成した。それがパン

デモニアム・モデルである。このモデルは4種類のデーモンから構成されている。第1デーモンはイメージ・デーモンで入力したイメージを記録する。第2デーモンは特徴デーモンでイメージを調べ特定の特徴を捜し出す。第3デーモンは認知デーモンで特徴デーモンの反応を監視し自分の担当するパターンに適合していれば叫び声をあげる。第4デーモンは決定デーモンでもっとも大きな声をあげている認知デーモンを選択しパターンを認識するのである。

反応形成（shaping）　オペラント反応は自発される反応であり、その自発頻度は自発後の刺激─強化子によって変えられる。オペラント条件づけでは反応が自発されないかぎり強化されず、条件づけは進まない。自発頻度が低い反応を条件づけする場合、反応形成といわれる方法を用いて、自発頻度をある程度高めることが必要である。自発頻度のある程度高い反応のうち、目標の反応に近い反応だけを選択的に強化して、目標の反応に近づける方法であり、逐次接近法（method of successive approximation）という。この方法は、水泳や自転車の練習などヒトに新しい行動を習得させる場合や、動物に複雑な芸を仕込む場合にも使われている。

PTSD外傷後ストレス障害（post traumatic stress disorder）　災害・事故などの急性あるいは虐待など慢性のトラウマ（心的外傷体験）により引き起こされた心身の障害を指す。人は強い衝撃を受けると、こころの一部を麻痺させることでやり過ごそうとするが、適切な治療を受けられずにいると、その麻痺が持続してさまざまな心理的・身体的症状があらわれる。トラウマとは、①実際の死や深刻な負傷が生じる事態、もしくはそれらが予測される事態を経験したり、目撃している、②その人が強い恐れ、無力感、恐怖感を示している、という2つの条件を満たしている場合をいう。そしてその体験後の症状として以下の症状が1ヶ月以上持続する場合をいう。①侵入（再体験）：悪夢やフラッシュバックなど外傷体験がよみがえる体験。②回避（逃避）：外傷体験の苦痛を回避するため、事件がなかったように考えたり、現実から逃避する傾向。③覚醒の亢進：神経が興奮し続けることによる、不眠、集中困難、刺激への過敏性等の症状。

ヒューリスティック（heuristic）　ヒューリスティックは、アルゴリズムに対して、必ずしも成功すると保証はされていないが、多くの場合に、目の前の問題とすでに経験的な知識から答えのわかっている問題とのアナロジーを発見することで、有限時間内に問題が解決される確率を大きくするような問題解決の一つの方法である。それゆえ、ヒューリスティックは、問題解決における経験的方法あるいは発見的方法と呼ばれている。

たとえば、囲碁や将棋の定石は、ヒューリスティックな知識であって、対戦相手の過去の方略に関する経験的な知識をもとに、それとの類推からより成功する可能性の高い攻めの手を発見する方法がとられる。また人工知能の多くの問題や自然言語の文脈処理にも、ヒューリスティックが使われている。

またこのような意味のヒューリスティックを研究する学問の分野をヒューリスティックス（発見学）と呼んでいる。

不安（anxiety）　不安とは、主観的な、意識された緊張や憂慮といった感情であり、動悸、息切れ、発汗、不眠、疲労感などのさまざまな生理的変化をともなう。臨床心理学的には、不安は、内的な欲求の葛藤から生じる心理的な現象であり、漠然とした、対象のはっきりとしない予感や恐れであり、一定の生理的反応をともなう。しかしながら、恐れには、それを引き起こす特定の対象があるが、不安にはこのような対象が存在しないという点で、恐怖と区別すべきであるともいわれている。

不安は、反応であり、一時的な状態であるので、これを状態不安と呼び、不安を経験する頻度や強度の個人差、つまり、不安傾向の個人差を特性不安と呼び、状態不安と特性不安に区別される。（スピールバーガー、Spielberger, C. D., 1972）。もちろん現実には、ある不安傾向を持った個人に、反応としての不安状態が喚起されるのであるから、上記の分類を別々の不安と理解してはならない。

フェヒナーの法則（Fechner's law）　ウェーバーの法則を、弁別閾を越えて感覚全体にまで一般化しようとしたのがフェヒナーの法則である。この法則は刺激が幾何級数的に増加すれば、感覚は算術級数的に増加するというものである。この関係は中等度の刺激に対してはあてはまるけれども、非常に強い刺激や弱い刺激に対しては成り立たないことがわかっている。

フェロモン（pheromones）　同種内の動物の間で情報伝達に使われる外分泌物のこと。たとえば、イヌの雄が雌の尻をかぐのは、誰でも目にしているだろう。これは発情期の雌の肛門腺から分泌されるフェロモンに、雄が引きつけられているのである。イヌが電柱などいたる所で少量の排尿をするのは、匂いつけ（マーキング、marking）といわれるものでテリトリー（なわばり）の確保や、個体確認と結びついている。このように、フェロモンは繁殖期に雄と雌を引きつけたり、個体確認や所属する社会や階級の確認のために使われるだけでなく、外敵の襲来を伝えるなど情報伝達に深く関与している。

複雑細胞（complex cell）　大脳視覚皮質細胞のうち、受容野の中の最適な方位に合った線分刺激に反応する

服従 他の人の命令または意志に従うことで，集団内において地位の上の人が下の人に命令を下したり，両者が集団の成員でなくても何らかの目的で，圧力をかけて，あるいは脅迫をして意のままに従わすこと。

フット・イン・ザ・ドア・テクニック（Foot-in-the-Door technique） 相手を説得するときに，最初は相手に受け入れられる小さな要請を行い，それが受け入れられると，その次に大きい要請が行われた時に，大きい要請が単独に行われた時よりも受け入れられやすくなる。このような段階的な説得のことをフット・イン・ザ・ドア・テクニックという。逆に，まず，拒否されることを見越して大きい要請を行い，拒否させた後，小さい要請を受け入れさせやすくする説得技術をドア・イン・ザ・フェイス・テクニック（Door-in-the-Face technique）という。

フラストレーション（frustration） 欲求不満や欲求阻止ともいう。ローゼンツァイク（Rosenzweig, S., 1938）は欲求不満の原因として①欲求を満足する対象や個人の能力などの欠如，②欲求を満たしていた対象や個人の能力などの喪失，③２つ以上の欲求の葛藤，の３つを挙げている。これらの原因に加え，客観的には何の欠如，喪失，葛藤とは見えない状況であっても，主観的に欲求不満の原因になる場合がある。要求水準が高い，劣等感が強い，自信の喪失などで欲求の満足が不可能と思う場合や，さして重要に思えない欲求を重視し，葛藤状態になる場合である。人はフラストレーションになると，障害に積極的に挑戦する，直接障害に立ち向かわず迂回する，代わりの目標をたてる（代償）等の行動をとり，緊張を解消する。フラストレーションに耐える力は個人差があり，学習により発達する。フラストレーション事態への個人の対応を知る方法として，絵画欲求不満テストがよく使われている。

フラストレーション―攻撃仮説（frustration-aggression hypothesis） かつて，攻撃性は本能として考えられていたが，ダラードら（Dollard, J. *et al.*, 1939）は多くの実験を重ね，攻撃性は欲求不満に対する反応と考え，フラストレーション―攻撃仮説を主説した。①フラストレーションの強さに比例して攻撃性が強くなる，②攻撃の方向は，欲求を阻止した対象に向けられる，③攻撃に対する罰や攻撃で生じる問題を予想すると，攻撃性は抑制される，④欲求を阻止した対象への攻撃性が抑制されたとき攻撃の転移が起こり，八つ当り，自傷，自殺等が生じる，⑤攻撃性の抑制はフラストレーションの追加になるので，逆に攻撃性を強め攻撃行動をとらせると，フラストレーションは減少し，攻撃性は低下するという。

動物には攻撃の抑制プログラムが生得的に組まれており，相手の敗北の信号を受け取ると攻撃行動は抑制されるが，人間にはそのメカニズムがほとんど見られないようで，攻撃が無制限になる可能性はある。

分離不安（separation anxiety） 乳児は，生後４カ月頃になると，自分の母親と他人とに対して，微笑や，手足の動き，凝視の長さなどで異なった行動をとる。母子間に愛着行動（アタッチメント；Bowlby, J., 1969）が生起したのである。この行動は，定位行動，信号行動，接近行動，目標修正的協調性の形成の４つの段階を経て発達する。

しかし，母親（母親代理者）と乳幼児間の具体的な相互交渉の行動パターンは，母子関係の違いによってかなり異なる。

極端な場合，何らかの理由で母子関係が喪失した乳幼児には，愛着行動の形成は阻害される。周囲に対する関心の減退，無表情などの症状があらわれ，母親との分離期間が長くなるほど，その影響は深刻化し心身発達上の障害となる。特に対人関係障害を発生しやすいパーソナリティを形成する。また，生得的，外的，内的諸要因などに生起した障害児では，多くの場合，母親は正負の両方向に揺れ動きながらも，全体の流れとしては発達促進的に作用し合い，健全な母子関係を築いていくことが重要である。

偏見（prejudice） 一定の集団の全部か大部分の成員が共通に持っている強固な集団態度に規定され，論理的客観的な根拠がないのに，論理的・客観的な批判や説得にも容易に変容しない意見・判断であるが，特定の対象に対してネガティブな意味をもつ。偏見はその規模に応じて，家族のような小さい集団が共通にもつ集団的態度から宗教団体，国民，民族・人種のような大きな集団的態度まである。民族・人種の場合，例えば，ナチの時代の反ユダヤ主義，あるいはアメリカにおける少数者集団（minority group）への偏見などは民族・人種偏見である。男性の女性偏見，身体的な面についての偏見も一種の少数者への偏見である。

弁別刺激（discriminative stimulus） 動物をとりまく環境には，オペラント反応を自発する機会を示す手掛りとしての刺激がある。それを弁別刺激という。弁別刺激は，条件刺激や無条件刺激と違って，反応を引き起こすことはない。

弁別刺激によく似た刺激も弁別刺激と同じ働きをすることがある。これを刺激般化（stimulus generalization）という。よく似た刺激が弁別刺激としての機能を持つ程度は，般化勾配（generalization gradient）によって示される。

傍観者効果（bystander effect） 人が緊急事態に直面した時，その個人の周辺に傍観者が多くいる場合

ほど，援助行動が行われにくくなる傾向があることを傍観者効果という。ラタネら（Latané, B., & Darley, J. M., 1977）が提唱した。

保存 (conservation) ピアジェ（Piaget, J.）による認識の発生段階における，具体的操作期の思考を特徴づける概念的シェマの一つ。保存のうち，液量の保存についての課題は以下のような手続で行われる。2つの同じ形，大きさの容器に同量の液体を入れておく。液面の高さがどちらの容器でも同じであることを確認させた後，片方の容器の液体をより底面積の小さい容器に移し換える。すると，液面はもとの容器のものよりも上にくるが，ここで子どもにどちらの容器の液体が多いか質問する。保存の概念が獲得されていれば，知覚上の変化によらず量は不変であることが理解される。保存は，数，量，長さ，重さ，体積についても成り立つが，それぞれが獲得される時期は同じではない。数の保存は比較的早くおよそ6歳で獲得されるが，体積の保存はもっと遅く約9歳といわれている。この獲得時期のずれは，水平的デカラージュと呼ばれている。

ホメオスタシス (homeostasis) あらゆる生命体は，自らの生命を維持し環境に適応するため，それぞれ固有の生理状態を平衡に保っている。何かの原因で平衡状態が乱れると，それを元に戻すための機能が自動的に働く。この自己調節の機能が働き平衡が保たれている状態のことをキャノン（Cannon, W. B., 1932）はホメオスタシスと呼び，自律神経系の機能に注目した。外気温の変化に合わせた体温調節のための反応，運動量に合わせた呼吸や脈拍の変化のように，われわれの体は生理的にバランスをとっている。動物の行動の多くは，このホメオスタシスに基づく生理的欲求を満たす方向で生じている。空腹や渇きの状態を操作し，学習の動機づけとして利用する実験も多く行なわれた。

セリエ（Selye, H., 1935）は，生理的平衡状態が崩れた状態のことをストレスと呼んだ。ストレス状態ではストレスホルモンの分泌が高まり，継続するとストレス性の身体症状を引き起こすことになる。

遊戯療法 (play therapy) この療法は子どもを対象とし，遊びを表現やコミュニケーションの手段とした心理療法である。治療者によって守られた時・空間の中で遊ぶことで子どもに内在する自己治癒力が活性化されていく。しかしただ遊ぶのではなく，子どもを見守っている治療者との人間関係を基盤として，子どもが創造的な世界を広げ，また，それを遊びの中に象徴的に表現していくことが重要である。形態としては，個人で行う場合と，集団で行う場合とがある。また，集団では，治療者も複数で行うやり方もある。子どもの問題や治療者の個性によって適当な方法を選ぶ。また，子どもの問題は親やそのほかの家族とのかかわりが大きいので，子どもの治療と並行して親の面接が行われることが多い。

遊戯療法の理論的立場については，精神分析的な遊戯療法，関係療法，非指示的療法，行動療法などの四つに大別できる。

抑うつ (depression) はっきりとした原因無しに，気分が憂うつになりすべてが面白くなくなるのを抑うつ気分というが，気分だけではなく，感情や行動など抑うつを特徴づけるさまざまな症状がある。

感情的な側面として，悲哀，憂うつ，喜びの喪失，絶望，不安，無力感，罪悪感などが現れる。思考過程としては緩慢となり，思考制止，決断力の低下，集中力の低下，などがみられ，身体面では，はっきりした理由もなく身体的エネルギーが低下する。倦怠感，疲労感が続いたり，不眠，食欲不振，頭痛，胃の傷みなども見られる。行動的には，活動性の低下，意欲の減退などが現れる。うつの程度を測定する検査としては，ベックうつ病尺度があり21の症状に関する質問からなっている。セリグマン（Seligman, E. P., 1975）は，学習理論を基礎においたうつ病の行動学を展開している。

ラポール (rapport) ラポートともいう。カウンセリングや心理療法の建設的な展開のためには不可欠な，カウンセラーとクライエントの間の協働関係を指す。両者の関係は，カウンセラーがクライエントの上に立ち，教え導き，クライエントはそれに従う（依存する）といった縦の関係ではなく，共通の目的（心理相談の目標の一致）をもった，相互信頼と相互尊敬に基づく横の関係である。こうした関係が下地にあることで，カウンセラーの様々な働きかけはクライエントを無視した操作とは区別される。また共依存関係とも異なり，互いに自立した関係である。ラポートの形成は，心理相談の初期における重要な課題の一つで，その後の展開に影響し，不十分なままであると，ドロップアウトになりかねない。もちろん初期のみでなく，相談の全体を通して維持されることが大切で，カウンセラーはクライエントとの関係を，絶えず検討し配慮する必要がある。

リーダーシップ (leadership) リーダーシップとは，集団がその課せられた目標を達成しようとする際に，ある個人が他の集団成員や集団の活動に働きかける過程をいう。したがって集団に所属する成員は誰でもがリーダーシップを取り得ることになる。その中で特に他の集団成員と比べて比較的影響力が強く，しかも中心的な役割を果たしている個人をリーダーという。

リーダーシップの研究は，初期段階ではリーダーの性格特性についての研究が中心で，その後ホワイトとリービット（White, R. & Lippitt, R.）の社会的風土の研究が始まった。三隅は，課題達成機能（P機能）と集団維持機能（M機能）の2つの集団機能を取りあげたPM型リーダーシップ論を展開している。フィー

ドラー（Fiedler, F. E.）は，リーダーシップが有効に発揮されるべき条件について研究し，それはリーダーの特性と集団状況の適合性に依存するという条件即応モデル論を提唱している。

臨床心理学モデル（clinical psychology model） 人間は誰一人として同一ではなく個別，固有の存在である。臨床心理学的援助はその生きた人間の個別のこころを対象とするわけなので，医学モデルのような「原因→結果」という直線的な因果関係では解決できないことが多い。「原因→ブラックボックス→結果」のように，心というブラックボックスを設定せざるをえないわけである。そのため臨床心理学的援助では「事例」の個別性を重視する。臨床心理学研究では個々の「事例」の記述を通して，普遍性を探求しようとする方法を取るのである。このような臨床心理学特有のモデルを臨床心理学モデルと呼んでいる。

臨床心理士（clinical psychologist） 1990年文部省により認可された財団法人日本臨床心理士資格認定協会が審査して認定した心理臨床に関する有資格者。臨床心理学の知識と臨床経験を有する専門家を指す。基礎受験資格は大学院の臨床心理学専攻コース修士課程修了後1年以上の心理臨床経験を経た者に与えられる。心理学近接領域修了者または医師免許取得者は2年以上の心理臨床経験が求められる。5年ごとに資格更新が必要で，その間に15ポイント以上の研修実績が求められる。スクールカウンセラーやHIVカウンセラーとしての活動等で社会的認知も高まり，その重要性も年々増している。

レスポンデント条件づけ（respondent conditioning） 刺激には，ある反応を生得的に引き起こす刺激があり，それを無条件刺激という。中性刺激と無条件刺激とを時間的に接近して繰り返し提示すると，中性刺激が反応を引き起こすようになる。このようになった刺激を条件刺激，条件刺激によって引き起こされた反応を条件反応という。なお，無条件刺激によって引き起こされた反応を無条件反応という。条件反応と無条件反応とは同じ様な反応である場合は少なく，条件反応と無条件反応とが大きく異なっている場合もある。

条件づけができるために，中性刺激と無条件刺激とが時間的に接近することは条件反応と無条件反応とは，必ずしも必要ではなく，両刺激が時間的に離れていても条件づけができることもある。

REM（rapid eye movement）睡眠 睡眠と覚醒のリズムは概日リズムの典型である。睡眠は入眠時の浅い眠りから深い眠りに至るまで幅がある。睡眠中の状態を脳波，筋電図，眼球運動で分析すると最初は覚醒時に見られるα波，より速いθ波，δ波と変化してゆき，筋電図は減少し，眼球運動は生じなくなる。このような変化は睡眠が深くなっていくことを示している。しかし睡眠中にまぶたを閉じたまま眼球を急速にキョロキョロさせたり，指や顔の筋肉の動き，覚醒時の脳波の出現，血圧や脈拍の不規則な変化が生ずるときがある。急速な眼球の動きを伴うことからレム（REM）睡眠とかパラ（逆説）睡眠と呼ばれている。朝方になるにつれてレム睡眠の出現回数が多くなり，眠りが浅くなる。このレム睡眠中の眼球運動が起こっているときには夢を見ていることが多い。

ロールプレイ（role play） モレノ（Moreno, J. L.）のサイコドラマから発展してきた，カウンセリングの実習訓練のひとつで役割演技と訳される。カウンセリングでは理論学習だけではなく，体験実習が大変重要である。クライエントやカウンセラーのロール（役割）をプレイする（演じる）ことによりそれぞれの立場の気持ちを感じ取り，カウンセラーの応答の質，面接過程の改善を目的とする。基本的には3人一組になり，クライエント役，カウンセラー役を決めてカウンセリング場面を設定して演じる。もうひとりは観察者となり，ふたりのプレイを観察する。各役割は順に交代し，お互いに感じたことを話し合って共有する。

索 引

(グロッサリィ所収の用語は太字にしてあります)

ア行

愛着　71,139
アイデンティティ　77,94
アイヒマン実験　116
アガペ　112
明るさ　22
遊び　72,73
圧覚　20,24
アッシュ(Asch, S. E.)　115
圧縮　97
圧点　24
アドラー(Adler, A.)　6,95,99,100
アドレナリン　64
安倍兆夫　124
アニマ　99
アニミズム　72
アニムス　99
アーノルド説　65
アパシー　139
アマクリン細胞　21
アリストテレス(Aristoteles)　5
アルゴリズム　39,139
α波　13
暗示・模倣説　124
怒り　60,63
閾　137
育児様式　90
意見変容　116
意識　97
一致　102
遺伝　89
　――子　89
イド　96
移動　96
異方性　27
イメージデーモン　53
陰影　29
因子分析　88,139
インプリンティング　15,139
ウェーバー(Weber, E. H.)　6
　――の法則　21,139
ヴェルトハイマー(Wertheimer, M.)　6
ウォルフ(Wolff, C.)　6
ヴント(Wundt, W.)　6
運動
　――遠近法　28
　――感覚　20
　――検出器　30
　――視差　28
　――失語　12
　――神経路　10
　――野　12
　――仮現　25,30
　　実際――　30
　　自動――　31
　　歩行――　70
　　誘導――　30
HIVカウンセリング　107
ADHD　138
エクマン(Ekman, P.)　19
エス　98
M機能　118
エリクソン(Erikson, E. H.)　94
エルウッド(Ellwood, C. A.)　128
エレンベルガー(Ellenberger, H. F.)　97
エロス　111
演繹　37
演繹推理　140
エンカウンター・グループ　105,140
エンジェル(Angell, J.R.)　6
延髄　10,11
置き換え　97
オキシトシン　16
恐れ　60,63
オペラント条件づけ　140
温覚　20,24
温点　24

カ行

快　63
外延的意味　140
外言　46
外向　99
外向者　87
外向性　89,140
外耳　23
外傷体験　95
ガイダンス　106
既知対象の大きさ　29
概念　46
　――化　72
外胚葉型　86
灰白質　8
海馬　65,140
解発因　13
快楽原則　97
カウンセラー　101
カウンセリング　100,104
　――・マインド　102
可逆的操作　73
可逆的な論証　73
蝸牛　23
学習　32
　――能力　63
　――理論　105
学習性無気力　140
覚醒　40
影　99
過激性　123
仮現運動　25,30
重なり　29
過食症　142
下垂体ホルモン　11
仮説検証　38
家族療法　105,141
カタルシス療法　96
価値観　59
学級崩壊　94
学校恐怖症　77
活性化拡散理論　52
葛藤(コンフリクト)　60,76
括約筋　97
カテゴリー　46
　――の基本水準　46
亀口憲治　105
空の巣症候群　81
からだの眠り　40
河合隼雄　95,100,101,105
感覚　20,99
　――運動期　141
　――運動的シェマ　46
　――運動的知能　70
　――器官　20
　――系　20
　　――辞書的知識　52
　――失語　12
　――神経路　10
環境―刺激　141
観察法　141
観衆効果　113
干渉説　54
感情　63,99
　――体験　63
　――的成分　119
冠状動脈性心臓疾患　87
汗腺　24
桿体　21,141
間脳　11
眼灰　22
願望充足の試み　96
緘黙症　141
関連痛　25
期
　感覚・運動――　82,141
　具体的操作――　82
　形式的操作――　82
　　――の思考　82
　思春――　74
　児童――　73

新生児—— 68
　　青年—— 73,74
　　前操作—— 73,82
　　胎芽—— 67
　　胎児—— 67
　　胎生—— 67
　　喃語—— 44
　　乳児—— 68
　　反抗—— 76
　　　　第一—— 72
　　　　第二—— 73
　　モラトリアム—— 77
　　幼児—— 71
　　卵体—— 67
　　若者—— 74
記憶　47
　　アイコニック（映像的）—— 48
　　意味—— 49
　　エコイック（音響的）—— 48
　　エピソード—— 49
　　感覚—— 48
　　作業—— 48
　　自伝的—— 50
　　宣言的—— 50
　　短期—— 48
　　長期—— 48,49
　　手続き—— 50
器官劣等　100
　　——性　99
拮抗作用　127
気質　85
　　躁うつ—— 86
　　粘着—— 86
　　分裂—— 86
希少の価値　127
帰属　141
キティ・ジェノヴェーズ事件　113
基底板　23
帰納　37
帰納推理　142
規範的影響　116
気分　63,64
基本的生活習慣　71
帰無仮説　142
記銘　47
きめの勾配　29
逆転移　97,102
客観テスト　88
偽薬効果　142
逆向干渉　55
キャッテル（Cattell, J. M.）　6
キャノン・バード説　64,142
ギャング時代　73
嗅覚　20
橋　10,11
協応動作　71
境界人　76
強化

　　——子　34,35
　　——スケジュール　35,142
　　——の随伴性　34
　　　　正の——　34
　　　　負の——　34
　　　　部分——スケジュール　35
　　　　連続——スケジュール　35
共感　96,101,104
共感的理解　101
虚偽尺度　91
共行為効果　113
狭心症　87
強制勢力　117
競争　59,61
　　個人間——　61
　　個人内——　61
　　集団間——　62
共通の関心　123
強度　23,127
協同　61
共同体感覚　100
強迫神経症　97
興味　59
共鳴動作　17
協力　62
拒食症　140
拒絶　63
距離
　　意味的——　51
　　公衆——　112
　　個体——　112
　　社会——　112
　　親密——　112
　　対人——　112
金銭欲　59
具体的操作期　142
虞犯少年　78
クライエント　95,102,103
クライエント中心療法　95,143
グリア細胞　8
黒川由紀子　107
黒須正明　105
群因子　89
群集　123
　　——行動　122,123,124
　　能動的——　123
経験論　6
形式的操作期　141
芸術的情操　64
芸術療法　105
形成異常　85
形態　25
傾聴　102
契約　103
ゲシュタルト心理学　143
血液脳関門　10
決定因　92
決定デーモン　53

ケーラー（Köhler, W.）　6
ケルマン（Kelman, H. C.）　116
権威　114
　　——の法則　127
　　——への服従　116
元型　99,105
言語　37,42
　　——生得説　45
　　——相対仮説　45
　　——の発達　45
検査
　　アイゼンク性格——（EPI）　91
　　内田—クレペリン作業——　92
　　カリフォルニア心理目録（CPI）
　　　　91
　　言語連想——　98
　　コーネル医学インデックス（CMI）
　　　　91
　　16パーソナリティ因子質問紙
　　　　（16PF）　91
　　主題統覚——（TAT）　92
　　ミネソタ多面人格目録（MMPI）
　　　　91
　　矢田部—ギルフォード（Y-G）性格
　　　　——　91
　　ロールシャハ・テスト　92
検索　47
小池真紀子　107
好意　113
　　——的評価　111
合一　63
効果
　　——の法則　34,143
　　カクテルパーティ——　52
　　寛大（化）——　91,109
　　光背——　91,109
　　サブリミナル——　126
　　新近性——　121
　　スリーパー——　120
　　単純接触——　110
　　ハロー——　109
　　ブーメラン——　121
　　文脈——　31
　　免疫——　122
　　ロミオとジュリエット——　111
効果の法則　143
交感神経　8
後形式的操作　83
攻撃　59
広告　126
虹彩　21
（知覚的）恒常性　26
　　位置の——　30
　　大きさの——　26
甲状腺刺激ホルモン　11
構成概念　90
行動
　　——観察法　91

索　引

──基準　115
──主義　143
──反応　139
──標本　91
──療法　105, 143
　一面的な──　76
　概念──　46
　種に特有な──　13
　接近──　61
　選択──　37
　母性的──　15
　本能的──　57
効用　127
高齢化社会　80
高齢者へのカウンセリング　107
刻印づけ　15
心の構造　97, 99
個人の統合　101
個人の独立性　101
個人差　89
個性　59, 84
固着　39
骨相学　11
語の汎用　44
コフカ(Koffka, K.)　6
個別性　84, 127
鼓膜　23
コミットメント　127
コミュニケーション
　──の提示順序　121
　一面的──　121
　二面的──　121
コミュニティ　106
コミュニティ心理学　106, 143
固有色　23
固有灰色　22
コルティ器官　23
コンセンサス　127
コンサルテーション　106
コンフリクト　142
コンプレックス理論　98, 144

サ行

ザイアンス(Zajonc, R. B.)　113
サイコドラマ　105, 144
再統合(喪失)　63
サーカディアン・リズム　144
サブリミナル効果　127
催眠状態　128
サクラ　116
作業検査法　92
残像　27
三段論法　38
シェマ　70, 144
ジェームズ(James, W.)　6
ジェームス・ランゲ説　64, 145
ジェラード(Gerard, H. B.)　116

シェリフ(Sherif, M.)　114, 115, 119
視覚　20
　──化　97
自我　72, 98, 99
　──同一性　76, 77, 145
　　──の拡散　77
　──の防衛機制　98
　──防衛機能　119
視覚化　97
刺激閾　21
刺激頂　21
刺激般化　34, 37
自己洞察　103
自己実現　99
　──機能　119
自己発生的態度変化　111
自己評定　88, 91
思考　37, 99
　──の発達　45
　拡散的──　42
　具体的──　73
　自己中心的──　71
　指向的──　40
　実用的──　83
　収束的──　42
　象徴的──　71, 72
　創造的──　42
　相対的──　83
　直観的──　71
　発語──　38
　弁証法的──　83
　問題発見的──　83
試行錯誤反応　57
自己懲罰　98
自殺　78
指示的療法　96
視床　11, 64
　──下部　11, 64
事象関連電位　13
耳小骨　23
脂腺　24
θ波　13
実験協力者　115
実験群と統制群　145
失錯行為　97
叱責　61
実体視　28
疾病利得　145
疾風怒濤の時代　73
　──紙法(パーソナリティ目録法)　91
16パーソナリティ因子──紙(16 PF)　91
実利機能　119
児童相談所　106
児童虐待　94
児童福祉法　78

シナプス　8
自発的回復　34
社会性　62, 73
社会の影響　116
社会的現実性　127
社会的刺激　58
社会的勢力　117
社会的促進　113, 145
社会的促進現象　113
社会的怠惰　117
社会的手抜き　113, 145
社会的風土　117
シャクター・シンガー説　65
射精　75
習慣的反応　89
宗教的情操　64
集合体　122
周産期　145
集団　114
　──圧力　115
　──過程　114
　　──維持　118
　──基準　114, 115
　──規範　114, 115, 145
　──施行　91
　──内協同　62
　──療法　146
周波数　23
自由連想法　97
主体−客体関係　119
手段目的関係　37
準拠勢力　117
準拠集団　146
順向干渉　55
純粋性　101
順応
　暗──　23
　明──　23
瞬発力　75
昇華　98
消去
　──スケジュール　35
　実験的──　34
状況即応モデル　118
条件刺激　32
条件性強化　34, 146
条件即応的モデル論　118
条件づけ
　オペラント──　34
　逆行──　34
　痕跡──　34
　時間──　34
　遅延──　34
　同時──　34
　レスポンデント──　32
条件反応　32
上行性脳幹網様賦活系　10
賞賛　61

索引

少数者影響過程　117
少数者集団　124
　　──への社会的距離尺度　119
情操　63,64
象徴　97
　　──遊び　72
　　──化　97
　　──的思考　71,72
情緒　146
情緒性　124
情緒的・人格的理由　73
情動　63
　　──の理論　64
情熱　63,64
少年法　78
小脳　8,11
情報処理システム　47
情報処理モデル　48,146
情報勢力　117
情報的影響　116
　　──経験　57
触法少年　78
初潮　75
所有欲　59
自律神経　8
　　──系　146
　　──活動　11
事例研究　147
人格　84
　　暗黙の──理論　84,109
新奇性　127
親近感　123
心筋梗塞　87
神経細胞　8
　　──の配線　43
神経症　97,100
神経症的傾向　89
神経節細胞　21
神経伝達物質　8
信号検出理論　21
信号刺激　13,147
人工知能　147
心身症　64,147
人生移行　80
人生周期　79
人生設計　79
身体緊張型　86
身体の表出　63
心的外傷　96
真皮　24
シンボル　147
シンボル使用　45
親密性　73
信頼性　93
心理学
　　個人──　100
　　作用──　6
　　トランスパーソナルな──　7

　　人間性──　7
　　分析──　98
　　臨床──　101
心理査定　106,147
心理社会的課題　80
心理的離乳　73,76
心理療法　100,101
心理療法家　101,102,105
心理臨床　147
心理臨床家　102
水晶体　21
錘体　21,148
睡眠　40,96
　　逆説──　40
　　REM──　40
スクールカウンセリング　107
ステッピング反応　70
ステレオタイプ　109,148
ストーゲイ　112
ストレス　64
　　──ホルモン　64
頭脳緊張型　86
スーパービジョン　106
刷り込み　15
性愛理論　96
斉一性への圧力　115
性格　84,85
生活記録　88
生活周期　79
精神病の傾向　89
精神分析　6,96,105
精神分裂病　85
生殖　63
性腺刺激ホルモン　11
正当勢力　117
生得性と学習性　148
青年期　148
性の決定　148
正の罰　34
生理的欠乏　61
生理的反応　63
生理的変化　65
生理的零度　24
勢力　117
脊髄　10
絶対閾　21
説得　112,120,128
節約法　54
前意識　98
線遠近法　29
全か無　8
前操作期　148
全体報告法　48
先端医療でのカウンセリング　107
宣伝　126
　　間接的──　126
　　直接的──　126
腺毛　23

専門勢力　117
躁うつ病　85
双極細胞　21,148
相互作用性の同期現象　17,44
喪失体験　81
走性　57
双生児　89
　　一卵性──　89
　　二卵性──　89
創造性　148
創造の病い　95
相補性　111
走力　75
ソーシャル・スキル・トレーニング　105,149

タ行
第一次視覚野　21
第1信号系と第2信号系　149
対応法則　37
体格　85
大気遠近法　30
退行　98
対人認知　109
対人ネットワーク　81
対人魅力　110
体性神経　8
態度　118,149
　　──の形成　119
　　──の変容　119
　　──変容への抵抗　121
大脳　8
　　──半球　11
　　──皮質　8,11
　　──辺縁系　11,65
対比　127
タイプA　87
タイプB　87
タイプ論　98,99
体毛　75
代理母実験　15
高田知恵子　105
他者評定　91
立ち直り反応　70
妥当性　93
短期感覚貯蔵　48
探索　63
単純細胞　149
男性的抗議　100
短命性　128
知覚　20,25
　　──過程　20
　　──的推論　25
　　──的恒常性　149
　　──の構え　31
　　運動──　30
　　奥行き──　27
　　空間──　27

想貌的―― 72
逐次接近法 34
知識機能 119
知識構造 44
知識の表象機能 46
知性化 98
チャンク 53
注意 48,52,149
中耳 23
中心窩 21
中心化傾向 91
中枢神経系 8
中脳 10
中胚葉型 86
聴覚 20,23
超自我 98
聴衆 123
調節 28
丁度可知差異 21
超複雑細胞 149
貯蔵 47
直観 99
痛覚 20,25
痛点 24
定位づけ 63
デイケア 105,149
ティンバーゲン(Tinbergen, N.) 13
デカルト(Descartes, R.) 6
適当刺激 20
デマ 125
δ波 13
テロ 123
転位 102
てんかん 85,98
ドイッチュ(Deutsch, M.) 116
同一化 98
動因 61
投影 98
　――法 91,92
動機 61
　――づけ 61
　　外発的―― 61
　　内発的―― 62
瞳孔 21
登校拒否(不登校) 77,78,149
闘士型 85
同質性 124
同調 114,115,116,150
　――性 127
逃避 98
独自性 84
特殊因子 89
特殊エネルギーの法則 20
特殊反応 88
特性 88
　――論 87
　　アイゼンクの―― 88

オルポートの―― 88
キャッテルの―― 88
共通―― 88
個別―― 88
根源―― 88
中心的―― 109
表面―― 88
特徴デーモン 53
独特の行動傾向 59
匿名性 124,126
独立変数と従属変数 150
突然死 64
徒党時代 73
友田不二男 100
トラウマ 96
トランスパーソナル 7

ナ行

内言 46
内向 99
内向者 87
内向性 89,150
内向的 99
内省法 91
内臓感覚 20
内臓緊張型 86
内臓痛 25
内胚葉型 86
仲間意識 62
乳腺 24
ニューカム(Newcomb, T. M.) 119
ニューロン 8
人間性心理学 7
認知
　――科学 150
　――革命 7
　――心理学 150
　――地図 150
　――的経済性の仮説 51
　――的成分 119
　――的手がかり 65
　――的不協和の理論 122,150
　――デーモン 53
　――普遍説 45
　――療法 105,151
ネットワークモデル 51
脳 8
　――の眠り 40
　――幹 10,151
　――・脊髄神経 8
　――波 13,64,151
野島一彦 105
NREM期 40

ハ行

媒介変数 119,151
破壊 63

波及痛 25
白質 8
箱庭療法 105,151
パーソナリティ 84
　――構造 88
　――次元 88
　――の測定 91
　――理論 85
パターン認識 52
発生的認識論 82
発達
　――加速現象 76
　生涯―― 80
　情動の―― 65
発話の長さ 44
パニック 123
パラシュート反応 70
ハロー効果 151
般化勾配 37
半球優位性 42
反射 57,141
　吸啜―― 68
　原始―― 68
　口唇探索―― 17
　四方―― 68
　脊髄―― 10
　探索―― 68
　把握―― 17
パンデモニアムモデル 52
パンデモニアム理論 151
反動形成 98
反応形成 34,152
反応領域 92
反復 127
被暗示性 124
皮下組織 24
P機能 118
PM理論 118
PTSD 外傷後ストレス障害 152
引きこもり 94
非行 78
非指示的療法 96
皮質 8
ヒステリー 96
微調整運動 70
批判性 124
皮膚 24
　――感覚 20,24
　――電気反応 64
肥満型 85
ヒューマン・エソロジー 13
ヒューリスティックス 39,152
標準化 91
表象 70
表情 19,64
評定尺度法 91
表皮 24
敏捷性 75

不安　60, 152
　　——感情　126
フィードラー（Fiedler, F. E.）　118
フェヒナー（Fechner, G. T.）　6
　　——の法則　21, 152
フェロモン　152
不快　63
普及過程　127
副交感神経　8
複雑細胞　152
服従　153
復唱　53
副腎皮質刺激ホルモン　11, 64
輻輳　28
　　——角　28
伏魔殿モデル　52
フット・イン・ザ・ドア・テクニック
　　153
不適応行動　105
不適当刺激　20
不登校　77, 78, 94
負の罰　34
部分報告法　48
普遍的無意識　105
ブーメラン効果　121
プラグマ　111
フラストレーション　153
フラストレーション—攻撃仮説
　　153
フランシス・ベーコン（Bacon, F.）
　　5
フリース（Fließ, W.）　97
プレイ・セラピー　105
プレグナンツの法則　26
ブレンターノ（Brentano, F.）　6
フレンチ（French, J.R.P. Jr.）　117
ブロイアー（Breuer, J.）　96
フロイト（Freud, S.）
　　6, 95, 96, 100, 105
プロトタイプ理論　46
分化　34
文化　89
文検証課題　51
分析心理学　98, 105
分離不安　153
　　母子——　77
平衡感覚　20
平衡機能　71
ペイシェント　95
ベキ法則　21
β波　13
ペルソナ　99
偏見　153
弁別閾　21
弁別刺激　35, 153
返報の法則　127
防衛機制　60, 98
妨害　54

傍観者効果　113, 153
忘却　54
　　——曲線　54
報酬勢力　117
暴動　123
保健所　107
保護　63
母子関係　70
保持曲線　54
細長型　85
保存　154
保存課題　82
ボディ・ランゲージ　63
哺乳　97
ホメオスタシス　57, 154
ホワイト（White, R. K.）　117
本能エネルギー　98

マ行
マズロー（Maslow, A. H.）　7
末梢神経系　8
マニア　112
味覚　20
三隅二不二　118
耳　23
ミューラー（Müller, G. E.）　20
ミルグラム（Milgram, S.）　116
無意識　96, 97, 98, 105
　　——的推論　25
　　家族的——　78
　　個人的——　99
　　普遍的——　99
無条件刺激　32
無条件の肯定　101
無条件反応　32
無責任性　124, 126
無批判性　123
無名性　123
眼　21
名誉欲　59
面接法　91
網膜　21
　　——像　25
　　——非対応　28
網様体筋　21
目標達成　118
モスコヴィッチ（Moscovici, S.）
　　117
モップ　123, 124
問題状況　37

ヤ行
矢永由里子　107
山中康裕　101, 105
山本和郎　106
誘因　61
遊戯療法　105, 154
友情　62

夢　40
　　——判断　97
　　——分析　99
　　顕在——　96
ユング（Jung, C.）
　　6, 95, 98, 100, 105
要因
　　共通運命の——　26
　　近接の——　25
　　閉合の——　26
　　よい形の——　26
　　よい連続の——　26
　　類同の——　25
要求　61
幼児図式　18
様相　20
抑圧　55, 96, 98
　　——説　55
抑うつ　154
欲求　57, 61
　　——-圧力理論　93
　　——感情の解放　123
　　——不満（フラストレーション）
　　　60
　　愛情——　59
　　安全——　59
　　一次的——　57
　　親（養育者）の母性的な——　59
　　個体の生存にかかわる——　57
　　自己実現——　59
　　失敗回避の——　61
　　支配の——　59
　　自分の存在や強さを顕示する——
　　　59
　　集団所属の——　59
　　習得的な——　59
　　承認の——　59
　　所属——　59
　　親和の——　59
　　生理的——　59
　　接触——　15, 59
　　尊敬——　59
　　対人的（社会的）——　59
　　達成（成功）の——　59, 61
　　二次的——　57, 59
　　服従の——　59
　　優越の——　59

ラ行・ワ行
来談者中心療法　105
ライフイベント　80
ライフスタイル　100
ライフサイクル　79
ラタネ（Latané, B.）　113, 114
ラポール　102, 103, 104, 154
卵体期　67
リーダー　117, 118
　　——シップ　117, 118, 154

ＰＭ型——論　118
リハーサル　53
　維持——　54
　精緻化——　54
リピット（Lippitt, R.）　117
リビドー　86
流言　125
　——集団　125
流行　127
両眼視差　28
療法
　家族——　105, 141
　カタルシス——　96
　行動——　105
　催眠——　96

心理——（サイコセラピー）
　　　94, 100, 105
　来談者中心——　105
臨床心理学　94
臨床心理学モデル　101, 155
臨床心理士　102, 155
リンチ　123
料金　103
類型　85
　——次元　89
　——論　85
　　クレッチマーの——　85
ルダス　111
冷覚　20, 24
冷点　24

レイブン（Raven, B. H.）　117
レスポンデント条件づけ　155
劣等感　99
劣等機能　99
劣等コンプレックス　99
ＲＥＭ期　40
ＲＥＭ睡眠　155
ロジャーズ（Rogers, C. R.）
　　　7, 95, 96, 100, 101, 105
ローレンツ（Lorenz, K.）　15
ロールプレイ　155
論理的過誤　110
「私」の心理学　95, 100
ワトソン（Watson, J. B.）　7

執筆者一覧

編　者
鈴木　　清　　元立命館大学

執筆者（執筆順）

鈴木　　清	元立命館大学	1章
岩内　一郎	元広島女学院大学	2章1
中道　正之	大阪大学	2章2
柏原　恵龍	元関西外国語大学	3章1
宮原　清水	元相愛大学	3章2
坂根　照文	元愛媛大学	4章1
大岸　素子	元京都ノートルダム女子大学	4章2
兵藤　宗吉	中央大学	4章3
古矢　千雪	元広島文化学園大学	5章
杉本千代子	元姫路学院女子短期大学	6章1
西野　証治	元大阪経済大学	6章2
柴田　直峰	児童発達支援ののはな教室	6章3
岸本　陽一	元近畿大学	7章
松浦　隆志	カウンセリングルーム　オフィス松浦	8章1
髙田知恵子	元大妻女子大学	8章2
菅原　康二	元園田学園女子大学	9章1
高橋　良博	元駒澤大学	9章2
中嶋　順子	元大阪女子短期大学	9章3

人間理解の科学［第2版］

2002年5月10日　第2版第1刷発行
2024年4月20日　第2版第23刷発行

定価はカバーに表示してあります

編　者　鈴木　清
発行者　中西　良
発行所　株式会社ナカニシヤ出版
〒606-8161 京都市左京区一乗寺木ノ本町15
telophone　075-723-0111
facsimile　075-723-0095
郵便振替　01030-0-13128
URL　http://www.nakanishiya.co.jp/
Email　iihon-ippai@nakanishiya.co.jp
装丁＝平井秀文／印刷・製本＝創栄図書印刷
Printed in Japan
Copyright © 1995, 2002　by K. Suzuki
ISBN 978-4-88848-715-3 C3011

◎本書のコピー，スキャン，デジタル化等の無断複製は著作権法上での例外を除き禁じられています。本書を代行業者等の第三者に依頼してスキャンやデジタル化することは，たとえ個人や家庭内での利用であっても著作権法上認められておりません。